LICHTSCHLAG 43

Quellen

„Das Recht auf Rauchen: Eine historische Sicht" wurde im Original („The Right To Smoke: An Historical View") erstmals von FOREST, London, 1990 veröffentlicht. „Das Recht auf Rauchen: Eine christliche Sicht" wurde im Original („The Right to Smoke: A Christian View") erstmals von FOREST, London, 1989 veröffentlicht. „Das Recht auf Rauchen: Eine konservative Sicht" wurde im Original („The Right to Smoke: A Conservative View") erstmals von FOREST, London, 1989 veröffentlicht. „Kommerzielle Werbung: Ein bedrohtes Menschenrecht" wurde (als „Commercial Advertising: A Threatened Human Right") für die Campaign against Censorship geschrieben, aber – soweit erkennbar – niemals tatsächlich veröffentlicht. „Rettet die Kinderlein, versklavt die Erwachsenen" erschien im Original („Saving The Kiddies, Enslaving Adults") als „Free Life Commentary No.73", Oktober 2002, bei: www.seangabb.co.uk/.

Übersetzung und Einführung: Robert Grözinger
Umschlag: Martin Moczarski

Anmerkung des Übersetzers: Bibelverse sind, wenn nichts weiter angegeben ist, aus der Einheitsübersetzung, Katholische Bibelanstalt GmbH, Stuttgart 1980. Der Vers 1. Kor., 11:14 (Fußnote 52) stammt aus „Die Heilige Schrift des Alten und des Neuen Bundes", Matthias-Grünewald-Verlag, Mainz, 14. Auflage 1958. Der Vers Matt. 19:12 (Fußnote 110) stammt aus der Elberfelder Übersetzung, R. Brockhaus Verlag, Wuppertal, 8. Auflage 2001.

LICHTSCHLAG 43

Umschlag: Lichtschlag Medien Düsseldorf
Printed in Germany.

ISBN: 978-3-939562-69-6

Sean Gabb

Das Recht auf Rauchen

Freiheit, Klassenkampf und Herrschaft

Mit einer Einführung des Übersetzers

Robert Grözinger zur deutschen Ausgabe

Inhaltsverzeichnis

Einführung des Übersetzers zur deutschen Ausgabe

Seit etwa zehn Jahren ist in Deutschland das Nichtraucherschutzgesetz in Kraft. In allen Behörden und Gebäuden des Bundes, in öffentlichen Verkehrsmitteln und Bahnhöfen, an Hochschulen, Schulen, Krankenhäusern und in der Gastronomie ist das Rauchen verboten. Außerdem haben Arbeitgeber dafür Sorge zu tragen, dass nichtrauchende Angestellte nicht vom Zigarettenrauch rauchender Kollegen beeinträchtigt werden (Siehe: „Rauchergesetze auf der ganzen Welt", mr-smoke.de, 01.10.2014). In Sachen „Nichtraucherschutz" hinkt Deutschland den meisten anderen europäischen Ländern hinterher. So ist hier die Plakatwerbung für Tabakprodukte noch erlaubt, die in England seit Jahren schon verboten ist.

Als lebenslanger Nichtraucher gebe ich zu, dass ich den Qualmgestank in meiner Kleidung nach einem Gaststättenbesuch eher nicht vermisse. Was ich aber sehr vermisse, und das wiegt viel schwerer, ist die Freiheit, die mit dem Qualm verschwand. Es gibt Leute, die meinen, in ihrer Freiheit eingeschränkt zu sein, wenn in einer Kneipe geraucht werden darf. Weil sie, als Nichtraucher vom Rauch belästigt, sich genötigt fühlen, einen privaten, aber „öffentlich zugänglichen" Raum zu meiden. Das ist Unsinn. Nichts hindert sie daran, eine Nichtraucherkneipe aufzumachen. Wenn solche Kneipen selbst in Zeiten, als das Rauchen dort noch erlaubt war, keinen Zulauf fanden, so war es den meisten Menschen wohl doch nicht so wichtig, ihre Lungen rein zu halten, während sie den Alkoholpegel in ihrem Blut steigerten.

Aber der Markt hatte trotzdem eine Lösung parat. Lange bevor es den Politikern gefiel, uns mittels eines umfassenden Rauchverbots ihre Macht spüren zu lassen, hatten viele Gaststätten ihre Räumlichkeiten in Raucher- und Nichtraucherbereiche aufgeteilt.

Ganz freiwillig, allein dem Druck des schnöden Geldes folgend. Aber das reichte den Puristen unter den Nichtrauchern, militante Utopisten, die sie sind, nicht. Warum nicht, und warum auch Nichtraucher für die Freiheit des Rauchens einstehen müssen, darüber gibt uns das vorliegende Buch reichlich Auskunft.

Der Autor, der britische Historiker Dr. Sean Gabb (geboren 1960) ist ein überaus produktiver Publizist und freiheitlicher Denker, und ein guter Freund von mir. Seit über einem Jahrzehnt hat er sich im Vereinigten Königreich als Direktor der dortigen „Libertarian Alliance" einen Namen gemacht. 1979 sah er, wie viele andere auch, in der Wahl Margaret Thatchers zunächst eine Wende weg vom schleichenden Sozialismus und eine neue Ära des Liberalismus anbrechen. Im Verlauf der Jahre jedoch erkannte er im Thatcherismus zunehmend den Versuch, den Staat nicht einzuschränken, sondern effizienter und somit für den Normalbürger weit gefährlicher als je zuvor zu machen. Gleichzeitig erkannte er, dass sich entscheidende Bereiche der Gesellschaft wie Bildung, Medien und Kommunalbehörden weiterhin fest in der Hand einer gewissen Sorte von Menschen befanden, die sowohl dem Konservatismus als auch dem klassischen Liberalismus gegenüber feindlich gesinnt waren; Menschen nämlich, die ihre Lebensaufgabe darin sehen, anderen Menschen die ihrer Meinung nach richtige Lebensführung vorzuschreiben. Während die Thatcher-Regierung staatliche Unternehmen privatisierte und das Wirtschaftsleben deregulierte, einige Steuern senkte und andere erhöhte, kümmerte sie sich nicht um das Tun der vielen elitären, utopistischen Gesellschaftsklempner, die entweder direkt oder indirekt steuergeldfinanziert waren und sind. Ähnliches passierte in Deutschland während der Kohl-Jahre, und das nicht erst nach der Wende.

Dies ist der Kontext, in dem der Großteil der vorliegenden Aufsätze entstand, nämlich in den Jahren 1988 bis 1990. Gabb erkennt im „Krieg gegen den Tabak", der „seit Jahrhunderten geführt wird", eine von vielen Möglichkeiten, wie die „herrschende Klasse" dem Volk Ressourcen entnimmt und Macht über es ausübt. Am Beispiel Großbritanniens können wir aus den Schriften Gabbs lernen, wie unsere Freiheit scheibchenweise genommen wird, immer unter dem Vorwand, nur das Beste für uns und unsere Kinder zu wollen.

Aber der Autor geht noch viel weiter. Der Leser erfährt die faszinierende Geschichte des Tabaks, einschließlich seiner erstaunlich schnellen Verbreitung bis in den letzten Winkel der Welt, nachdem die Europäer das Rauchen von den amerikanischen Ureinwohnern übernommen hatten. Wir lernen, dass es keinen anderen Brauch gibt, der weltweit so alltäglich ist wie der Akt des Rauchens. Wir lernen, dass es neben dem Genuss gute Gründe dafür gibt, nämlich auch die sehr wichtige soziale Komponente: Das gemeinsame Rauchen, das Geben und Nehmen von Zigaretten und Feuer, hilft, Sprach- und sonstige zwischenmenschliche Barrieren zu überwinden und sogar Freundschaften zu schließen. An diesem Aspekt des Rauchens haben der moderne Staat und seine utopistischen Instrumentalisierer natürlich rein gar kein Interesse: Eine Gesellschaft, in der spontane Zusammenschlüsse erschwert sind, erleichtert das üble Werk der Sozialklempner.

Gabb befasst sich darüber hinaus mit den religiösen Impulsen der Freiheitsfeinde. Er widerlegt sie nicht nur, er liefert dem Leser fast nebenbei eine umfassende, stringente und überzeugende christlich fundierte Verteidigung der individuellen Freiheit als solcher.

Gabb leugnet nicht, betont sogar, dass das Rauchen nicht ungefährlich für die Gesundheit ist. Aber er macht uns nicht nur klar, dass es auch für dieses Problem marktgerechte Lösungen gebe. Er warnt uns vor der viel größeren Gefahr, in die wir uns begeben, wenn wir weiterhin widerspruchslos zulassen, dass Erwachsene wie Unmündige behandelt werden, die nicht über ihren eigenen Körper verfügen dürfen. Ich wünsche jedem Leser viel Erkenntnisgewinn und Vergnügen mit diesem Buch. Ob mit oder ohne Tabakgenuss dabei.

Robert Grözinger
Bath, England, März 2017

Vorwort: Rauchen, die herrschende Klasse und legitimierender Diskurs

Von den hier nachgedruckten Texten wurden die drei längsten in den Jahren 1988 und 1990 für die Freedom Organisation for the Right to Enjoy Smoking Tobacco (FOREST) geschrieben, die damals von Dr. Chris R. Tame geführt wurde. Zur Zeit ihrer Veröffentlichung wurden sie ausführlich in den Medien besprochen, sind aber jetzt vergriffen. Da der Handel für gebrauchte Exemplare lebhaft zu sein scheint – eine Suche bei Amazon beweist es –, habe ich mich entschieden, diese in einer neuen Auflage gebündelt zu veröffentlichen und einige meiner späteren Schriften über Tabak hinzuzufügen.

Rückblickend auf die vergangenen 15 Jahre kann ich viele Mängel in den FOREST-Schriften erkennen. Am offensichtlichsten sind die stilistischen Mängel. Dies waren so ungefähr meine ersten zur Veröffentlichung bestimmten Texte, und meine ersten Aufsätze nach mehreren Jahren. Sie waren faktisch die Schriften eines Anfängers. Nun, ein Autor kann viele Jahre brauchen, um seinen eigenen Stil zu finden. Sätze zu schreiben, die alleine für sich gut zu lesen sind, ist einfach. Sie so zusammenzustellen, dass sie sowohl logisch als auch reibungslos zu verstehen sind, angemessene Betonungen haben und einen insgesamt gleichmäßigen Ton besitzen, ist viel schwerer. Ich bin nicht in der Lage, zu beurteilen, ob ich das jetzt geschafft habe. Aber ich weiß, dass ich dies weder 1988 noch in mehreren Jahren danach geschafft habe. Der Stil ist oft behäbig. Schlimmer noch, er ist oft ausschweifend.

Ein weiterer offensichtlicher Mangel sind meine Verweise. Dies ist eine rein technische Fertigkeit, und ich glaube nicht, dass es Prahlerei ist, wenn ich sage, dass ich dies so gut kann wie jeder andere, vielleicht sogar besser als die meisten. Damals, 1988, war ich offensichtlich noch dabei, mich zurechtzufinden. Der Verweis auf Bücher – Autor, Titel, Verlag, Datum und Ort der Veröffentlichung und Seite oder Abschnittsnummer – war kompetent. Aber ich wünsche, ich hätte besser auf Verweise auf Zeitungen und Zeitschriften geachtet. Diese können aufgrund der von mir gegebenen Hinweise gefunden werden, aber ich hätte wirklich vollständigere Hinweise geben müssen.

Wichtiger jedoch, obwohl vielleicht weniger offensichtlich, sind die Mängel meiner Analyse. Meine Abhandlung der sekundären Gründe des Krieges gegen den Tabak – Puritanismus, fehlerhafte Wissenschaft und so weiter – ist gut genug. Aber ich hatte mir bis dahin wenig Gedanken über die Natur der modernen Klassenherrschaft gemacht, noch über die „Public choice"-Theorie der politischen Ökonomie. Dies bedeutet, dass ich das, was ich heute für die Hauptursache des Krieges gegen den Tabak halte, fast gänzlich unberücksichtigt lasse.

Die Legitimierung des Staates

Die Hauptfunktion eines Staates in jeder Gesellschaft ist es, die herrschende Klasse mit Status und Einkommen zu versorgen. Wie auch immer sie rekrutiert werden, die Mitglieder einer solchen Klasse werden von einer Abneigung motiviert sein, ihren Lebensunterhalt durch freiwilligen Tausch zu erwerben, oder von einer Freude an der Erzwingung von Handlungen anderer, oder von einer Kombination aus beidem. Ihr Umfang und ihre Aktivitäten werden von den physischen Ressourcen festgelegt, die sie dem Volk wegnehmen können, von der Menge an Gewalt, die sie ihm gegenüber einsetzen können, und von der Natur und Akzeptanz der Ideologie, die ihre Existenz legitimiert. Keiner dieser Faktoren für sich wird entscheidend sein, aber jeder Faktor ist notwendig. Wird irgendeiner geändert, wird die Funktion der anderen beiden eingeschränkt oder völlig ausgebremst.

Wir können das in vielen altertümlichen und orientalischen Gesellschaften beobachten. In diesen stand der herrschenden

Klasse uneingeschränkte Gewalt zur Verfügung, und es gab eine allgemeine Akzeptanz ihrer Legitimität als Regierungsinstrument. Aber eine fast allumfassende Armut schränkte die Ressourcenentnahme ein. Selbst Steuern und Regulierungen, die das Volk am Rand des Hungertodes hielten, konnten nur eine winzige herrschende Klasse finanzieren – und dies ist der Grund, weshalb der Zutritt zur herrschenden Klasse von jenen, die dazugehörten, so eifersüchtig überwacht wurde.

Wir können das in weiten Teilen Europas des 18. Jahrhunderts beobachten. Hier gab es sowohl einen wachsenden Überschuss für die Entnahme als auch verschiedene Ideologien der Unterwerfung. Aber aufgrund der Fähigkeit ihrer Untertanen zur Flucht – entweder zu Nachbarstaaten, wo die Anpassung ziemlich einfach war, oder zu den entfernteren Kolonien der seefahrenden Mächte – waren Staaten in der Praxis eingeschränkt.

Und wir können es in weiten Teilen des protestantischen Europas während der Reformation sehen. Es gab einen zu entnehmenden Überschuss, der oft größer war als für die Beibehaltung des Lebensstils nötig, an den sich die weltlichen Herrscher gewöhnt hatten, und den Regierungen stand ein erhebliches Gewaltpotential zur Verfügung. Aber es reichte nicht aus, um die neuen Kirchen mit all dem Wohlstand und den Privilegien der verdrängten Römischen Kirche auszustatten: Keine Verzerrung der Doktrin konnte gefunden werden, die selbst die geringfügigste Unabhängigkeit der Urteilskraft mit dem alten Establishment in Einklang zu bringen vermochte.

Die soziale Konstruktion „sozialer Probleme“

Es gibt einen vierten, wenn auch untergeordneten Faktor. Dies ist die Fähigkeit, „Probleme“ zu entdecken, die eine praktische Anwendung der legitimierenden Ideologie zulassen. Manchmal können diese Probleme echt sein – die Gefahr einer feindlichen Invasion zum Beispiel. Öfter sind es Probleme, die so offensichtlich fabriziert sind, dass spätere Generationen Schwierigkeiten haben können, zu verstehen, wie irgendjemand sie zur Sprache bringen oder wie irgendjemand an sie hat glauben können – Ketzerei zum Beispiel, oder Hexerei oder sexuelle Nonkonformität. Aber der spezifische Inhalt der Probleme ist unwichtig, solange er bei der öffentlichen Meinung der Zeit und des Ortes, wo er zur Sprache gebracht wird, Anklang findet. Wesentlich ist, dass die Probleme „Lösungen“ in sich bergen, die eine Aktivität des Staates nötig machen. Noch besser ist es, wenn Probleme angekündigt werden, die so gravierend und unlösbar erscheinen, dass eine Anwendung der legitimierenden Ideologie nicht ausreicht und sie stattdessen der Entstehung einer neuen und nützlicheren Ideologie der Weg bereiten.

Wir wollen auf das Beispiel der feindlichen Gefahr zurückkommen. Die meisten Menschen stimmen darin überein, dass es die Pflicht der Regierung ist, Schutz vor einem feindlichen Überfall zu bieten. Aber diese Zustimmung allein rechtfertigt noch keine spezifische Politik. Dazu bedarf es einer spezifischen Gefahr. Wenn diese gefunden und erklärt wird, kann es erhebliche Ausgaben für das Militär geben, sowie Angriffskriege und Eroberungen, und selbst eine Militarisierung des Lebens in der Nation, die sonst nicht zu rechtfertigen gewesen wäre.

Wenn wir frühere Zeiten oder fremde Orte betrachten, können wir diesen Vorgang leicht erkennen. Diesen in unseren eigenen Gesellschaften zu erkennen, ist schwer, weil langfristige Trends hinter einer Menge nebensächlicher Einzelheiten versteckt sind. Für eine sehr lange Zeit war die Tatsache der Klassenherrschaft so relativ klein, dass wir uns den Glauben leisten konnten, dass sie auf uns nicht zutraf. Aber sie trifft auf uns zu, wenn auch kaum jemals so brutal wie anderswo.

Klassenmacht und Klassenlegitimierung

Seit dem 17. Jahrhundert hat England, zusammen – wenn auch oft indirekt – mit den von England beeinflussten Ländern, einen glücklichen Zufall der Umstände genossen. Es fand ein erhebliches Wachstum an Wohlstand statt, und zwar bis vor kurzem ohne ein entsprechendes Wachstum der Ansprüche unserer herrschenden Klasse. Eingeschränkt wurden sie lange Zeit aufgrund der großen kolonialen Eroberungsgrenzgebiete, und dann von der beträchtlichen Erleichterung des Reisens innerhalb einer dezentralisierten englischsprachigen Welt, deren Teile in mehr oder weniger aktivem Wettbewerb miteinander standen. Außerdem gab es eine höchst ungewöhnliche Aufstellung ideologischer Kräfte.

Die herrschende Klasse Englands hatte sich immer als Hüter einer alten und eingeschränkten Verfassung legitimiert. Nach der politischen und religiösen Schlichtung von 1689 wurde dieser Legitimierung mehr Ausdruck verliehen. Von da an war die legitimierende Ideologie der herrschende Klasse auch eine Ideologie des Widerstandes, die dem Umfang und dem Wesen des Staates weitgefächerte Beschränkungen auferlegte. Das Recht eines Ausschusses von Großgrundbesitzern, Gesetze gegen Wilderei durchzusetzen, war unauflöslich mit dem Recht eines jeden auf richterliche Haftprüfung und eine Schwurgerichtsverhandlung verbunden.

Die etablierte Ordnung der Dinge wurde von den außerhalb der herrschenden Klasse Stehenden akzeptiert, weil sie mit ungewöhnlicher Klarheit erkennen konnten, dass der Staat für den Wohlstand und die Privilegien der wenigen da ist. In den besseren Zeiten unserer Nation gab es wenig Illusionen über die Fähigkeit der Regierungen, Gutes zu tun. Die Ordnung wurde von der herrschenden Klasse akzeptiert, zum Teil, weil aufrichtig geglaubt wurde, dass sie die Verkörperung der Wahrheit in menschlichen Institutionen war – und das war sie letztlich auch –, und zum Teil, weil die intelligenteren Mitglieder jener Klasse verstanden, dass jedwede Ansprüche, die über die Privilegien des Großgrundbesitzes und eine vage gesellschaftliche Vorrangstellung hinausgingen – was während der Regentschaft der späteren Stuarts beinahe geschah –, zum Aufstieg einer alternativen herrschenden Klasse führen würden.

Während der ersten Hälfte des 20. Jahrhunderts brach diese Ordnung der Dinge in England zusammen. Die Gründe für den Zusammenbruch sind komplex, und es fehlt hier der Raum, auf die Einzelheiten einzugehen. Aber Wirtschaftswachstum hatte das Entstehen großer Gruppen ermöglicht, die aufgrund ihrer

Bildung qualifiziert und geneigt waren, sich der herrschenden Klasse anzuschließen, für die es aber, angesichts des eingeschränkten Umfangs des Staates in England, keinen Platz gab. Folglich fühlten sie sich zu diversen Ideologien staatlichen Aktivismusses – Sozialismus, Imperialismus, nationale Effizienz, Eugenik und so weiter – hingezogen, und sie trugen zu einem intellektuellen Klima bei, in dem Probleme entdeckt werden konnten, die nur durch einen ausgeweiteten Staat gelöst werden konnten. Gleichzeitig wurden innerhalb der weiteren englischsprachigen Welt die Grenzen geschlossen, und eine Flucht wurde zunehmend schwerer. Der Vorgang wurde durch zwei große Weltkriege beschleunigt, während derer die alte Ordnung sowohl moralisch als auch finanziell bankrottging. Was ansonsten mehr als ein Jahrhundert gedauert hätte, oder sogar hätte vermieden werden können, wurde innerhalb von etwa 40 Jahren erreicht; und das englische Freiheitsexperiment wurde gedankenlos beendet.

Es gab keinen definierenden Zeitpunkt des Wandels – keinen Ballhausschwur oder Sturm auf die Bastille. Anfangs fand die Zunahme der Staatsmacht langsam statt. Obwohl Ideologie nie entscheidend ist, ist sie eine autonome Kraft und kann zumindest eine Zeitlang selbst dann eine Wirkung entfalten, wenn sich ihre koordinierenden Faktoren geändert haben. Für eine längere Zeit haben die Gruppen, die die alte herrschende Klasse herausforderten, versucht, deren Verhaltensweise und allgemeine Kultur zu imitieren, und dies bedeutete, dass sie jene liberalen Werte ein Stück weit akzeptierten, die ihnen nicht unmittelbar ungelegen waren. Zu einem gewissen Grad ist dies immer noch der Fall.

Und es half, dass die Hauptideologien des staatlichen Aktivismus jenes Jahrhunderts eine herrschende Klasse möglich machten, die so parasitär war, dass sie Ressourcen schneller verbrauchte, als sie erschaffen werden konnten. Der gelenkte Kapitalismus des späten 20. Jahrhunderts dagegen hat ein dauerhaft stabiles Gleichgewicht zwischen Parasit und Wirt ermöglicht. Den Menschen ist es erlaubt, Ressourcen herzustellen. Ein zunehmender Anteil dieser wird dann von der herrschenden Klasse entnommen, um sie der Lösung von Problemen zuzuführen, die mit den Voraussetzungen der dominanten Ideologie übereinstimmen.

Paternalismus und Klassenlegitimierung

Weil der Begriff der herrschenden Klasse noch immer mit einer Ordnung in Verbindung gebracht wird, die nicht mehr existiert, lohnt sich die Präzisierung, dass die herrschende Klasse in unserer Zivilisation nicht mehr aus Großgrundbesitzern und den nicht-exekutiven Würdenträgern der alten Kirche und des alten Staates besteht. Individuen aus diesen Gruppen mögen zur herrschenden Klasse gehören, aber solche Mitgliedschaft beruht nicht auf der Stellung innerhalb der alten Gesellschaftsordnung, sondern auf anderen Fundamenten. Die herrschende Klasse des modernen Englands besteht aus solchen Politikern, Bürokraten, Anwälten, Pädagogen und angegliederten Medien-Leuten und Unternehmern, die von einem vergrößerten und aktiven Staat Einkommen und Status beziehen.

Und es lohnt sich auch die Präzisierung, dass die Massenmedien ein integraler Bestandteil des Systems sind. Was immer in unserer liberaleren Vergangenheit gewesen ist, die jetzige Funktion der Medien ist nicht, über die Realität zu berichten, sondern eine Parallelrealität zu fabrizieren, in der die legitimierende Ideologie als Selbstverständlichkeit vorausgesetzt wird. Solche Propaganda ist üblicherweise nicht so unverhohlen wie die der großen totalitären Gewaltherrschaften des 20. Jahrhunderts. Die Beeinflussungsmethoden wurden seither stark optimiert. Die Nachrichten werden vermeldet, und das scheinbar fehlerfrei. Die Propaganda besteht aus der Selektion und Präsentation der Nachrichten. Ein geschickter Journalist kann eine Geschichte so präsentieren, dass kein Faktum unwahr ist und abweichende Meinungen vollständig wiedergegeben werden – und es kann ihm dennoch gelingen, einen Artikel zu produzieren, der so verzerrt ist, dass er einer Lüge gleichkommt. Es ist eine Frage der Auswahl der richtigen Adjektive, oder der Andeutung von

Zweifeln oder Motiven, der Gewichtung der Zitate, des sorgfältigen Umrahmens von akkurat berichteten Worten und Meinungen auf eine Weise, die das Gegenteil suggeriert.

Aber, ob subtil oder offensichtlich, die Absprache mit den Medien ist maßgeblich. Herrschende Klassen haben immer ihre zahmen Intellektuellen gebraucht, die ihre Legitimierungsideologien zusammenstellen und artikulieren – um Massenmord und Plünderei als „parcere subiectis et debellare superbos" (die Unterworfenen zu schonen und die Hochmütigen niederzukämpfen) zu verschleiern. Aber bis vor kurzem sah sich keine herrschende Klasse einer wohlhabenden und einigermaßen gebildeten Mehrheit gegenüber, die formal die Macht hat, ihr per Wahl die Existenzgrundlage zu entziehen. Daher werden die Medien effektiv als Teil der herrschenden Klasse gebraucht, um zu helfen, die Demokratie zu annullieren. Das Volk ist zu konsultieren und seine Antworten als bindend hinzunehmen – aber die Antworten haben in allen Fällen auf Fragen zu sein, die von der herrschenden Klasse gestellt und debattiert werden.

Was die legitimierende Ideologie betrifft, so hat diese sich im Verlauf der Zeit geändert. Einst ging es in ihr hauptsächlich um Wohlfahrt für die arbeitende Klasse – um die Ausführung der angeblichen Wünsche der Mehrheit. Jetzt geht es vielmehr um die Förderung „demokratischer Werte" – was bedeutet, dass, im Namen dieser höheren Werte, die eigentlichen oder wahrscheinlichen Wünsche der Mehrheit missachtet werden können. Diese Werte bestehen aus der Achse der anti-liberalen, anti-westlichen, anti-wissenschaftlichen, anti-aufklärerischen und pro-kollektivistischen Werte und der erzwungenen Sozialklempnerei, die wir „politische Korrektheit" nennen. In den meisten entwickelten Gesellschaften hat diese mit dem Niedergang des traditionellen Sozialismus eine zunehmende und hegemonische Rolle erlangt. Als Ideologie fördert sie offenkundig Macht und Privilegien der herrschenden Klasse. Die Ideologie wird eingesetzt, um jegliche abweichende Meinung zu stigmatisieren und zu dämonisieren, und um sie zu zensieren und verstummen zu lassen; und Informationen werden sozial konstruiert, um die Gesellschaft in angebliche „Opfergruppen“ zu balkanisieren, die für die herrschende Klasse tribalistische Stützpunkte zur Ausübung politischer Macht und Ressourcenentnahme bilden.

Dies ist der Hauptstrang innerhalb der legitimierenden Ideologie, aber ein wichtiger und weiterhin bestehender Nebenstrang ist der Glaube, dass es die Pflicht und daher das Recht des Staates sei, Menschen vor ihrer eigenen Ignoranz oder Dummheit zu retten.

Das ist die Erklärung für das Wesen der in den vergangenen paar Generationen entdeckten Probleme. Viele davon sind gar keine Probleme gewesen. In fast allen anderen Fällen sind sie weniger ernst, als behauptet wurde. Eine auf freiwilligen Tausch basierte Wirtschaft ist weder von Natur aus instabil, noch bedarf sie eines Nachfragemanagements oder eines Wohlfahrtsstaates. Menschen verschiedener Nationalitäten können zusammenleben, ohne dass sie vom Gesetz gemobbt werden müssen, so zu tun, als hätten sie sich lieb. Uns gehen die natürlichen Rohstoffe nicht aus, und unsere industrielle Umweltverschmutzung bedroht nicht das gesamte Leben auf der Erde. Es gibt keine satanischen Kinderschänder. Sexueller Missbrauch von Kindern – das heißt, in dem Sinne, der Eltern wirklich Sorgen macht – ist statistisch unbedeutend. Rauchen und Trinken und der Konsum anderer Drogen und fettreicher Nahrung sind zumindest weniger gefährlich als behauptet, und es gibt keinen Grund für den Glauben, dass es Passivrauchen überhaupt gibt.

Aber ob ein Problem real ist, ist weit weniger wichtig als die Frage, ob Menschen dazu gebracht werden können, an seine Realität zu glauben sowie an die Notwendigkeit von Lösungen, die das Einkommen und den Status der herrschenden Klasse und ihrer verschiedenen Anhängergruppen rechtfertigen.

Der Krieg gegen den Tabak

Daher der Krieg gegen den Tabak. Seine Funktion ist es, für die Entnahme von Ressourcen vom Volk und die Machtausübung über es eine Reihe von plausiblen Ausreden zu liefern. Nichts an diesem Krieg ist neu oder einzigartig. Er wird, mit

Unterbrechungen, seit Jahrhunderten geführt. Er ähnelt den etablierten Kriegen gegen Alkohol und Drogen und dem sich abzeichnenden Krieg gegen angeblich ungesunde Lebensmittel. Obwohl wir nun, mit dem Verfall der öffentlichen Vernunft, unsere eigenen Hexen und Ketzer haben – oder, um es deutlich zu sagen, unsere Rassisten und Pädophilen –, ist Regulierung unseres Lebensstils immer noch die plausibelste Ausrede für die Steigerung des Einkommens und des Status unserer herrschenden Klasse.

Um gegen diesen Krieg zu argumentieren, ist es notwendig, nachzuweisen, dass die konkreten Behauptungen über Schäden unbegründet sind. Aber es ist außerdem notwendig, zu erklären, weshalb diese Behauptungen, angesichts ihrer fortgesetzten und überwältigenden Widerlegung, weiterhin aufgestellt werden.

In den hier neu publizierten Schriften stelle ich die Gegenargumente der ersten Art auf. Ich mache geltend, dass die konkreten Behauptungen hinsichtlich der Schäden unbegründet oder übertrieben sind, und dass sie, sofern sie tatsächlich existieren, durch freiwillige Kooperation vermieden werden können. Aber die zweite Art der Verteidigung nehme ich nicht vor. Ich beschreibe nicht die übergreifenden Kräfte, die im Krieg gegen den Tabak am Werk sind. Es gibt Hinweise hier und dort, dass ich mir dieser Kräfte bewusst bin, aber es gibt keine Vordergrundanalyse. Das ist, nehme ich an, der Unterschied zwischen einem 28-jährigen und einem 45-jährigen Autor – oder vielleicht haben die sich entfaltenden Ereignisse lediglich das, was sich hinter den zufälligen Einzelheiten versteckte, offensichtlich gemacht.

Als ich erstmalig über den Tabak schrieb, bezog sich der Hauptstreit auf die Höhe der Steuer und auf das Recht von Tabakunternehmen auf Werbung. Dieser Streit ist nun verloren. Nun gibt es ein umfassendes Tabak-Werbeverbot. Die Steuer auf Zigaretten ist heute so hoch, dass es großen Teilen der arbeitenden Klasse nur noch aufgrund umfangreicher Schmuggelei möglich ist, weiterhin zu rauchen. Der Hauptstreitpunkt heute bezieht sich auf das Recht, in öffentlich zugänglichen Räumen zu rauchen. Die Antwort, dass solche Räume in Privatbesitz befindlich sind, und dass die Behörden kein Recht haben, darüber zu befinden, was einwilligende Erwachsene in privaten Räumlichkeiten tun, wird nicht ernst genommen. Dieser Streit wird verloren werden.

Im nächsten Streit, daran habe ich keine Zweifel, wird es um das Rauchen in den eigenen vier Wänden gehen. Innerhalb von fünf Jahren wird es eine ernsthafte Kampagne geben, das Rauchen dort, wo immer sich Kinder aufhalten oder wo sie anwesend sein könnten, zu ächten. Dies wird ein Beispiel dafür sein, was Stuart Goldsmith den „Rettet die Kinderlein"-Vorwand nennt. Er wird verstärkt durch die Änderungen bei den Regulierungen für den Hausbau sowie Sicherheits- und Gesundheitsschutzmaßnahmen. Unter dem Vorwand, Brände und andere Schäden an Immobilien zu verhindern, werden Kommunalbehörden ihre Mieter zu Nichtraucher-Vereinbarungen zwingen; diese werden unter Androhung der Zwangsräumung durchgesetzt und mit aller Billigkeit und Raffiniertheit unseres technologischen Zeitalters überwacht werden. Versicherungsunternehmen werden privaten Vermietern ähnliche Verpflichtungen auferlegen und vielleicht auch Haus- und Wohnungseigentümern.

Es kann argumentiert werden, dass die herrschende Klasse das Rauchen nicht wirklich verbieten will. Schließlich bringt die Tabaksteuer etwa zehn Milliarden Pfund Sterling ein, oder etwa zwei Prozent des gesamten Staatshaushalts. Wie können diese unter Vermeidung einer höchst unpopulären Umstrukturierung der Steuern ersetzt werden? Hierauf gibt es mehrere Antworten.

Die offensichtlichste ist die, dass herrschende Klassen keine monolithischen Abstraktionen sind, sondern aus Individuen und Gruppen bestehen, deren Interessen im Detail nicht notwendigerweise harmonieren. Innerhalb der herrschenden Klassen und in ihrem Umfeld gibt es Gruppen, die ein Interesse daran haben, dass Tabak und andere Produkte zumindest stark reguliert werden, und die sich nicht um die fiskalischen Konsequenzen kümmern. Wie gesagt, wir leben in einer ungemein wohlhabenden Gesellschaft, die in der Lage ist, eine herrschende Klasse zu versorgen, die viel größer ist als je zuvor. Daraus ergibt sich eine Vielfalt von, und sogar Konflikte zwischen, lokalen Interessen. Wir leben nicht mehr in einer Gesellschaft, die so arm ist, dass die herrschende Klasse klein genug ist, dass nahezu eine Gemeinsamkeit der Interessen vorliegt – etwa zur Durchsetzung der Jagdgesetze oder zur Aufrechterhaltung des Erstgeburtsrechts. Obwohl in unserer eigenen herrschenden Klasse in wesentlichen Punkten Meinungsübereinstimmung existiert – über die Geringschätzung des freiwilligen Tausches und den Wunsch, auf andere Zwang auszuüben –, ist sie für eine vollständige Einheitlichkeit des Denkens und Handelns zu groß.

Eine weitere Antwort ist die Aussage, dass der Tabak nicht verbannt werden kann und dass die nachdenklicheren Mitglieder unserer herrschenden Klasse dies wissen. Die fiskalischen Konsequenzen dämpfen immer den Eifer der Durchsetzung. Und eine Durchsetzung des Verbots übersteigt, wie im Fall anderer Freizeitsubstanzen, die physische Fähigkeit einer jeden herrschenden Klasse.

Das bedeutet jedoch nicht, dass der Krieg gegen den Tabak in irgendeiner Weise nur zum Schein stattfindet. Er kann sehr effektiv für den Zweck eingesetzt werden, jene, die das Rauchen fortsetzen, mit Schuldgefühlen und Selbsthass zu belasten, was sie in allen anderen Bereichen zu gehorsamen Schafen werden lässt. Ich habe in Fernsehdebatten Rauchern gegenübergesessen und habe beobachtet, wie sie sich vor den Nichtrauchern erniedrigen. Sie heulen auf, dass sie, entgegen dem gesunden Menschenverstand und der allgemeinen Erfahrung, süchtig und hoffnungslos versklavt sind. Sie beabsichtigen nicht, aufzugeben, und entschuldigen sich dafür, indem sie die Geldmittel und die Macht derjenigen, die sie zur Aufgabe zwingen wollen, nie in Frage stellen.

Die Nutzlosigkeit der Tabakunternehmen

Als ich für FOREST schrieb, schien die Hoffnung noch angemessen zu sein, dass die Tabakunternehmen auf die Angriffe auf sie reagieren würden, indem sie mehr von ihrem Profit in

Verteidigungskampagnen stecken würden. Ich erkenne jetzt, dass dies auf einem Missverständnis des Wesens von Großunternehmen beruhte. Von einem Unternehmer, der ein Unternehmen gründet oder erbt, kann man erwarten, dass er es gegen Angriffe verteidigt. Es ist Teil seines Lebens, und sein Verlust würde eine Lücke hinterlassen. Eine Führungskraft einer Aktiengesellschaft hat andere Interessen. Sie hat in ihrer gegenwärtigen Position ein Gehalt zu verdienen und eine Karriere, die sie in Funktions- statt in Produktbegriffen auffasst. Sie muss sicherstellen, dass der Gewinn ihres Unternehmens ausreichend ist, um die Aktienbesitzer zufriedenzustellen. Aber sie muss dem Unternehmen oder seinen Produkten gegenüber keine Zugehörigkeit empfinden. Sie wird daher dazu neigen, bei Angriffen mit kurzfristigen Kompromissen zu antworten. Das langfristige Ergebnis kann das Scheitern des Unternehmens und seines gesamten Sektors sein, aber das ist nicht ihr Problem. Wenn Verteidigung billiger zu haben ist als ein Kompromiss, wird sie möglicherweise verteidigen. Sobald zu den Kosten der Verteidigung gehört, dass es ihr unmöglich ist, das Unternehmen zu wechseln, ohne dass ihr sein vorheriges Handeln vorgehalten wird, wird sie einen Kompromiss schließen.

Ich glaube, das erklärt zum Teil, weshalb der Alkohol-Prohibitionismus in den Vereinigten Staaten erfolgreicher war als in England. Wir können die stärkere Kraft des moralischen Puritanismus in Amerika nicht vernachlässigen. Aber in Amerika gibt es die Körperschaftsform von Unternehmen viel länger als hier. In England waren die Getränkeunternehmen hauptsächlich kleine Familienbetriebe. Selbst wenn sie Körperschaften waren, wurden ihre Anteile nicht auf dem Aktienmarkt gehandelt. Stattdessen wurde die Körperschaft eingesetzt, um die Vorteile der beschränkten Haftung für etwas zu nutzen, was im wesentlichen ein Familienbetrieb blieb. Jeder Ruf nach Alkoholprohibition – sogar jeder Ruf nach einer wirksamen Lizenzvergabe für Wirtshäuser oder einer höheren Besteuerung des Alkohols – provozierte eine oft überwältigende Reaktion. Die amerikanischen Unternehmen dagegen waren in den meisten Fällen echte Körperschaften. Ihre Manager kämpften, dann gaben sie auf. Die Alkoholprohibition wurde nicht aufgrund eines Drucks irgendwelcher Unternehmensinteressen beendet. Sie wurde beendet, weil es unmöglich war, dem amerikanischen Volk die Einsicht ihrer Legitimität aufzudrängen, und aufgrund der Erkenntnis, dass sämtliche Vollzugsbehörden und die Verstöße gegen das Recht dadurch legitimiert werden konnten, dass anstatt des Alkohols andere, weniger weit verbreitete, Freizeitdrogen verfolgt wurden.

Gegen Ende der 1980er Jahre hätte also klar sein müssen, dass die Tabakunternehmen kein Interesse daran haben, eine solide Verteidigung ihres Rechts, Geschäfte zu machen, zu finanzieren. Die Unternehmensbürokraten, mit denen wir verhandelten, wollten immer nur eine Vereinbarung – oder vielleicht eine Reihe von Vereinbarungen, von denen jede für einige Jahre gültig wäre. Zum Beispiel gaben sie bald ihren Widerspruch gegen ein Werbeverbot auf und begrüßten es vielleicht insgeheim sogar. Wenn eines der Unternehmen auf eigenen Wunsch hin die Werbung eingestellt hätte, hätte es zwar Kosten gespart, aber auch möglicherweise Marktanteile an jene verloren, die ihre Werbung fortsetzten. Wenn alle gleichzeitig aufhören könnten, würden sie ihre Kosten senken und gleichzeitig ihre relativen Marktanteile beibehalten. Obwohl das Werbeverbot von allen Seiten als Angriff auf die Tabakunternehmen dargestellt wurde, hat es im Endeffekt die Kartellbildung des Sektors verstärkt. Die Unternehmen machen größere Gewinne, weil der Umsatz unverändert ist und die Kosten niedriger sind. Wie mit den finanziellen Kosten der Tabaksteuer trägt der Konsument die Informationskosten des Werbeverbots.

Ich bin froh über das Geld, das ich von den Tabakunternehmen entgegennahm, die immer die Hauptunterstützer von FOREST waren. Ich habe damit mehr für die Verteidigung der Rechte der Raucher getan, als es die Unternehmen allein getan hätten. Ich wünsche nur, ich könnte heute mehr von ihnen erhalten. Leider wird von dort nichts mehr kommen.

Besprechung der Schriften

Nun zu den Schriften selbst. Meine Geschichte des Tabakverbots ist eine kompetente Zusammenfassung. Heute könnte ich vieles daran verbessern. Selbst damals war ich mit der Struktur unzufrieden. Aber sie ist gut genug. Sie zeigt, wie der Krieg gegen den Tabak beinahe mit seinem ersten Export aus Amerika begann, und dass der Krieg mit einer Brutalität und Missachtung der Wahrheit geführt wurde, die weit über das hinausgehen, was in den gegenwärtigen Schlachten geschieht.

Die konservative Verteidigung des Rechts auf Rauchen wurde zuerst unter dem Namen eines konservativen Parlamentsmitglieds veröffentlicht, bringt aber Meinungen zum Ausdruck, die ich damals zum größten Teil teilte. Ich glaubte damals, dass es das Programm der Thatcher-Regierung war, das britische Volk zu befreien, aber dass dieses Programm auf verschiedene Weisen korrumpiert worden war. Inzwischen glaube ich, dass das Programm darin bestand, eine sozialdemokratische Ordnung, von der sich herausgestellt hatte, dass sie den Interessen der herrschenden Klasse nicht diente, durch eine andere Ordnung zu ersetzen, die dies tat. Auch wenn diese neue Ordnung der Rationalität des Marktes ein stärkeres Gewicht beimaß, so war sie nicht grundsätzlich liberal, sondern nur ein stabileres Mittel dafür, dem Volk Ressourcen wegzunehmen. Sie war, was Dr. Tame einen „hochentwickelten Merkantilismus“ nennt. Wenn man hinter die Rhetorik über „die Macht des Staates zurückdrängen“ schaut, sieht man keine Verringerung der Gesamtsteuerlast für normale Bürger, sondern stattdessen eine Erosion des Rechtsstaatsprinzips, womit ein Präzedenzfall für die schwerwiegenden Eingriffe der Blair-Regierung geschaffen war, sowie den ersten echten Machttransfer von zumindest formal rechenschaftspflichtigen nationalen Körperschaften zu verschiedenen supranationalen Institutionen und den unangefochtenen Aufstieg der politischen Korrektheit als legitimierende Ideologie. Als ich meine konservative Verteidigung schrieb, stellte ich mir Margaret Thatcher als eine Art Kaiser Julian der Apostat vor. Trotz ihrer elendigen Vertreibung aus dem Amt kann ich sie jetzt als eine Art Diokletian betrachten. Sie brachte Stabilität, wo Zerbröselung stattfand. Sie optimierte den Staat nicht – sie machte ihn nur effizienter. Was ich damals für Makel im Programm hielt, war, wie ich jetzt erkenne, das Programm selbst.

Die Verteidigung der Werbung wurde von der Campaign Against Censorship in Auftrag gegeben, aber nie veröffentlicht. Ich wurde auch nicht dafür bezahlt. So wie ich es verstehe, verbrachte der Vorstand so viel Zeit mit der Diskussion darüber, ob er den Text veröffentlichen solle, bis er schließlich nicht mehr aktuell war. Ich füge ihn hier bei, weil er ungefähr zur selben Zeit wie die FOREST-Texte geschrieben wurde und meine Diskussionen über Tabak ergänzt.

Ich habe eine viel bessere Meinung über meine religiöse Verteidigung des Rechts, zu rauchen, die von FOREST im Jahr 1989 veröffentlicht wurde. Obwohl sie eine meiner frühesten ist, ist dies die Schrift, mit der ich am wenigsten unzufrieden bin. Sie ist sogar die einzige, von der ich hoffen kann, dass sie mich überlebt. Obwohl sie formal das Recht, zu rauchen, behandelt, geht sie weit darüber hinaus. Sie ist eine Meditation über das Verhältnis von Theologie zur Politik. Ihr Fazit ist, dass der Liberalismus die gottgefälligste Ideologie ist. Ich denke, dass dies auf der Grundlage jedes vernünftigen Verständnisses des christlichen Glaubens zutreffend ist. Auch im Hinblick auf die politische Wirkung lohnt es sich, dieses Argument vorzubringen.

Religion und Widerstand

Ideologie ist, wie gesagt, selten eine entscheidende Kraft in der Politik. Aber die Hinzufügung religiöser Sanktionen kann ihre Kraft erheblich steigern. Ich bin zum Beispiel sehr gegen die Einführung eines Personalausweises. Im Kampf gegen Verbrechen oder Terrorismus oder jedes andere Übel, wogegen er die Antwort sein soll, ist er unbrauchbar. Seine spezifische Funktion ist die Ermöglichung einer effektiveren Überwachung, und somit Steuerung, unserer Handlungen, und seine allgemeine Funktion ist es, uns ohne Zweifel wissen zu lassen, wer der Boss ist. Ich habe ausführlich gegen die im Verlauf des vergangenen

Jahrzehnts gemachten Vorschläge angeschrieben und in Radio- und Fernsehstudios gesprochen.

Bedeutet dies, dass ich mich weigern werde, einen Personalausweis zu tragen, sollte er eingeführt werden? Die Antwort ist: Ich werde mich nicht weigern. Wir können alle darüber phantasieren, John Hampden zu spielen – mit der Hoffnung auf Ruhm in den kommenden Jahrhunderten in der Gegenwart im vollen Glanz der Öffentlichkeit gegen Unterdrückung zu kämpfen. Das kann uns darin bestärken, einen einzigen und kurzen Akt des Märtyrertums zu begehen. Aber die Auferlegung von Personalausweisen wird nicht zu einem solchen Märtyrertum führen – jedenfalls nicht in England. Aufgrund der Weigerung, einen Personalausweis zu tragen, wird es allmählich schwierig werden, Mitglied einer Bibliothek zu werden, ein Bankkonto zu eröffnen, Verträge mit Versorgungsunternehmen zu schließen oder Verträge zum Verkauf von Immobilien zu unterzeichnen. Personalausweise werden ungeachtet dessen bei einer ganzen Reihe von Transaktionen die Haupt- oder einzige Form der Identifizierung werden. Nach einer Weile werden diejenigen, die sich weigern, sie zu tragen, erkennen, dass es unmöglich ist, ihren täglichen Geschäften reibungslos nachzugehen. Und ihnen wird weder Verständnis noch Mitgefühl entgegengebracht werden. Die Mehrheit wird sich daran gewöhnen, ihren Personalausweis ein halbes Dutzend Mal am Tag zu zeigen, wird das nicht als regelmäßige Belästigung empfinden und wird die Demütigung nicht bemerken. Sie wird die Weigerung, einen Ausweis zu tragen, als Zeichen für Verschrobenheit werten und wird zur staatlichen ihre eigene Sanktion hinzufügen. Werde ich mich daher in meinem Privatleben jeden Tag für den Rest meines Lebens zum Märtyrer machen? Ich denke nicht. Ich werde protestieren, ich werde meckern. Aber ich werde schließlich den Personalausweis ebenso akzeptieren, wie ich heute einen Pass, Führerschein und die Einkommenssteuererklärung akzeptiere.

Religiöse Skrupel ändern die Sache völlig. Wenn ich glaube, dass Personalausweise das in der Offenbarung prophezeite Malzeichen des Tieres sind, wird mich nichts davon überzeugen, einen zu tragen. Was ist eine lästige Unannehmlichkeit im jetzigen Leben im Vergleich zu den unendlichen Strafen und Belohnungen im nächsten? Was kümmert es mich dann, wenn die Zeitungen meine Protestbriefe niemals veröffentlichen und wenn die Leute mich für einen Langweiler und Verrückten halten? Sie sind nicht mein Publikum. Ihre Meinung ist unwichtig. Gott beobachtet mich, und Gott ist mein Richter. Wenn mir ein Arbeitsvertrag verweigert wird, weil ich keinen Personalausweis habe, oder wenn ich jedes Mal, wenn ich meine Telefonrechnung bezahlen will, einen Stapel alternativer Identifikationen vorweisen muss, werde ich mich an die Märtyrer aus Zeiten aktiverer Verfolgung erinnern und beten, dass ich, in diesen weit milderen, wenn auch langgezogeneren Prüfungen, dieselbe Festigkeit im Geist aufweisen kann.

Jede Religion kann dem Umfang und dem Wesen des menschlichen Staates gewisse Grenzen auferlegen. Die christliche Religion jedoch ist für diese Funktion fast wie geschaffen. Sie entstand in einer bereits zivilisierten und regierten Welt. Fast im gesamten Verlauf ihrer ersten drei Jahrhunderte wurde sie verfolgt. Als sie schließlich die etablierte Religion der römischen Welt wurde, lebte sie fort neben einem Staat, der nicht von ihr gestaltet war, und ihre Verwaltungsstrukturen und ihre Theologie waren von jenen des Staates getrennt. Keine Integration an der Spitze – nicht die Gewährung rechtlicher Privilegien für die Bischöfe, nicht die Proklamation des Kaisers als Gesalbter des Herrn – konnte diese grundlegende Trennung von Kirche und Staat aufheben. Mit den Sätzen „So gebt doch dem Kaiser, was des Kaisers ist, und Gott, was Gottes ist“ (Lukas 20:25) und „Mein Reich ist nicht von dieser Welt“ (Johannes 18:36) wurde das Prinzip der Trennung in theologischen Stein gemeißelt.

In vielerlei Hinsicht war die kaiserliche herrschende Klasse nach dem 3. Jahrhundert tyrannischer als zuvor. Dies war weitgehend die Folge des größeren Drucks auf die nördlichen und östlichen Grenzen, der falschen Fiskal- und Wirtschaftspolitik, die eingesetzt wurde, um mit diesem Druck fertig zu werden, und des daraus resultierenden Rückgangs der Bevölkerung. In mancher Hinsicht jedoch war die kaiserliche herrschende Klasse stärkeren Einschränkungen unterworfen.

Damit meine ich nicht, dass die christlichen Kaiser persönlich weniger tyrannisch waren als Tiberius oder Caligula oder Nero oder Domitian oder Commodus oder Heliogabalus. Das waren sie, aber während diese früheren Tyrannen in der Geschichte ihrer Zeiten grell herausragen, beschränkte sich ihre Missherrschaft weitgehend auf Mord und Plünderung anderer innerhalb der herrschenden Klasse: Einige von ihnen – Tiberius und Domitian zum Beispiel – waren effizient und, innerhalb der vorherrschenden Voraussetzungen, im Hinblick auf das Volk bemerkenswert gerechte Herrscher.

Was ich meine, ist, dass die Tyrannei der herrschenden Klasse im ganzen durch das Christentum gedämpft wurde. Sklaven und eroberte Völker wurden weniger grausam behandelt als in der vorangegangenen Zeit. Korrupte und tyrannische Beamte wurden öfter zur Rechenschaft gezogen. Die herrschende Klasse des heidnischen Kaiserreichs war oft duldsamer, und ihre finanziellen Eintreibungen waren weniger massiv. Aber sie bestand darauf, die Entstehung jeglicher neuer Institutionen dessen zu unterbinden, was wir heute die Zivilgesellschaft nennen – selbst bis zu dem Punkt, den Bürgern von Nikomedia die Einrichtung einer durch Privatbeiträge finanzierten Feuerwehr zu verbieten. Institutionen, die schon existierten, wurde der weitere Bestand erlaubt – aber nur formal: Die Substanz wurde ihnen ungeachtet dessen entzogen. Es gab in jener Zeit keine öffentliche Meinung, die dem Staat unüberwindbare Schranken setzte. Es gab kein imperium in imperio.

Der Triumph der Kirche führte zu einem echten Gleichgewicht in der Verfassung. Konstantin konnte sich zwar mit Bischöfen umgeben und sie mit Geschenken überhäufen, und sie mögen ihm erlaubt haben, das erste allgemeine Konzil einzuberufen. Aber er konnte diese Bischöfe nicht zum Tode verurteilen. Er konnte kirchliches Eigentum nicht in die Hände bekommen. Er konnte die im ganzen Reich stattfindende Bildung monastischer Orden weder verhindern noch regulieren. Sein Nachfolger stellte Ägypten auf den Kopf, um Athanasius zu fassen: Das Volk setzte ihm einen mauernden Widerstand entgegen. Ambrosius von Mailand konnte Theodosius I. zwingen, für seine Sünden öffentlich Buße zu tun.

Fast 1.000 Jahre lang hatten Philosophen über das Recht als etwas von menschlicher Regierung Getrenntem und ihr Überlegenem geschrieben. Jetzt, zum ersten Mal, waren Volksmenge und Priester bereit, gegenüber der Regierung darauf zu bestehen. Es gab Zufluchtsstätten und gestiftete Widerstandsinstitutionen. Als Institution war die Kirche der spätrömischen Welt eine parodistische Variante des Neuen Testaments. Sie war korrupt. Sie verfolgte Ketzer. Sie reproduzierte alle Fehler des heidnischen Volksglaubens und fabrizierte bedeutungslose theologische Abgrenzungen, die uns noch immer begleiten. Dennoch bot sie dieser Welt die ersten effektiven Beschränkungen der Staatsmacht seit dem Zusammenbruch der athenischen Demokratie.

Dies ist der Grund, weshalb die politischen Auswirkungen des christlichen Glaubens heute so wichtig sind. Der Glaube mag wahr sein. Er mag falsch sein. Aber er kann jeglicher säkularen Ideologie, mit der er verbunden werden kann, erhebliche Kraft hinzufügen. Es ist das Christentum, das den römischen Staat in seinen letzten Jahrhunderten einschränkte, das die Barbaren zivilisierte und das zu einer Humanisierung des Krieges, des Staates und der sozialen Beziehungen in unserer eigenen Zivilisation führte.

Wir stehen einer herrschenden Klasse gegenüber, die mit technischen Ressourcen ausgestattet ist, wie sie keine andere zuvor hatte. Es gibt keinen Ort, wohin wir fliehen können – zumindest nicht, bis auf den inneren Planeten und dem Asteroidengürtel Siedlungen errichtet werden können. Unsere einzige Hoffnung im Augenblick ist, dass den Plünderungen dieser herrschenden Klasse resolut Einhalt geboten werden kann. Der säkulare Liberalismus hat viel Wahrheit auf seiner Seite. Aber die Wahrheit reicht oft nicht aus, um sich gegen die Macht zu verteidigen – und fast nie gegen organisierte Macht. Der Liberalismus für sich allein ist unzureichend.

Text im Kontext

Ich wende mich nun den Texten zu. Wenn ich diese heute schreiben würde, so weiß ich, dass sie ganz anders wären. Nachdem ich sie zum ersten Mal seit 15 Jahren gelesen habe, erkenne ich, dass ich zutiefst unzufrieden mit ihnen bin. Das einzige, was mich daran hindert, Neufassungen zu schreiben, ist Faulheit und die Sicherheit, dass ich genauso unzufrieden sein werde, wenn ich jetzt damit begönne und ich in weiteren 15 Jahren noch am Leben sein sollte, um sie zu lesen. Daher reproduziere ich hier alles im Haupttext so, wie es damals geschrieben wurde, wobei ich jedoch die Fußnoten standardisiert habe. Die Verteidigung der Werbung ist exakt so, wie ich sie damals schrieb. Die Geschichte der Verfolgung des Tabaks wurde von jemandem bei FOREST stark redigiert, so dass etwa ein Drittel herausgenommen wurde. Hier folge ich meinem eigenen Text. Die religiösen und konservativen Verteidigungsschriften sind eine andere Sache. Diese wurden ebenfalls bearbeitet. Manchmal bedeuteten die Kürzungen Verbesserungen. Ein- oder zweimal störten sie den Argumentationsfluss. Weil meine Originaldateien auf Disketten und in einem Format gespeichert wurden, das es unmöglich macht, sie wiederzuerlangen, und weil die einzigen Manuskripte in verblasstem Punktmatrixdruck sind, der nicht leicht einzuscannen ist, habe ich entschieden, dem wie bei FOREST veröffentlichten Text zu folgen – obwohl ich jene Kürzungen, die ich für unklug halte, stillschweigend wieder zurückgenommen habe. Und natürlich habe ich verschiedene Druckfehler korrigiert.

Chris Tame: Sein Anteil an meinem Niedergang!

Schließlich möchte ich meinen Dank an Dr. Tame zu Protokoll geben. Wie gesagt, die religiösen und konservativen Verteidigungsschriften waren meine seit mehreren Jahren ersten Aufsätze. Ich hatte die meiste Zeit in meinen Zwanzigern damit verbracht, schreiben zu wollen und zu glauben, dass ich ein guter Autor sein könne. Ich schrieb einen Roman, der nie veröffentlicht wurde und der jetzt wahrscheinlich von den 5¼-Zoll-Disketten verdunstet ist, auf denen er gespeichert wurde, und ich veröffentlichte in sehr kleinen Auflagen zwei Bände mit Gedichten. Abgesehen davon hatte ich jedoch nichts getan. Ich war von der libertären Bewegung abgeschnitten und erneuerte mein Abonnement der Libertarian Alliance nur gelegentlich; und der Kreisverband der Konservativen Partei sah meinen Nutzen nur als Türklopfer in Wahlkampfzeiten. Ich wusste, dass ich etwas tun sollte, aber mir fehlte es an Motivation, irgendetwas zu tun.

Im Oktober 1988 besuchte ich eine Konferenz im Imperial Hotel in London, wo ich Dr. Tame und Brian Micklethwait nach vielen Jahren zum ersten Mal wieder sah, und empfand nichts als verzweifelten Neid, als ich so viele Menschen in meinem Alter oder jünger sah, die sich als Autoren und Aktivisten einen Namen machten. Keiner dort kannte mich. Keiner schien sich darum zu kümmern, wer ich war. Ich war nur irgendeiner dieser jungen Männer, die in den 1980er Jahren auf libertären Veranstaltungen auftauchten und gut genug waren, um Sitze zu füllen und die gelegentliche Frage zu stellen und vielleicht andere mit ihren unausgereiften Meinungen darüber zu langweilen, was in der Welt passiert und was im Hinblick darauf zu tun sei.

Ich war daher überrascht, als ich an einem Morgen im Dezember einen Auftrag von Dr. Tame erhielt. Warum hatte er mich gebeten, etwas so Wichtiges zu tun? Was in aller Welt konnte er in mir sehen? Ich hatte keine Ahnung. Aber obwohl er mir ein lächerliches Entgelt für jede Verteidigungsschrift anbot, wusste ich, dass dies eine Gelegenheit war, die nicht abgelehnt werden durfte, und ich setzte mich mit Antrieb ans Werk. Am Ende des Monats waren beide Schriften fertig, und ich weinte fast vor Freude, als ich sie in den Zeitungen veröffentlicht und dann diskutiert sah.

Dies war der Beginn meines Lebens, wie ich es immer gewollt hatte. Dafür bin ich Dr. Tame dankbar und werde es immer bleiben. Ohne ihn könnte ich noch immer ein gelangweilter und frustrierter Jurist im öffentlichen Dienst sein. Dank ihm wurde ich innerhalb von zwei Jahren von meinem Arbeitsplatz vertrieben und habe seither keine gänzlich normale Karriere mehr gehabt. Ich bin als Fanatiker verachtet worden. Ich bin von Zeitungen verklagt worden. Ich habe sogar, beeinflusst von den Quellen, die er mir von FOREST zukommen ließ, das Rauchen aufgenommen. Für manche mag sich das wie die Andeutung einer Schuldzuweisung anhören. Aber eine solche ist nicht beabsichtigt. Ich habe bislang jede Minute genossen. Entsprechend widme ich ihm diesen gesamten Band.

Sean Gabb
Januar 2005

Vorwort zur zweiten Ausgabe

In der Zeit, als ich dem obigen Text seinen letzten Schliff gab, begann sich Chris Tame über Schmerzen in seinem Rücken und rechten Oberschenkel zu beschweren. Wie alle seine Freunde glaubte ich, dass dies die Wirkung fortgeschrittenen Alters sei. Sämtliche Vitamine und Leibesübungen der Welt, tröstete ich ihn, konnten einen 55-jährigen Mann nicht davor schützen, zumindest ein wenig rheumatische Schmerzen zu haben.

Aber die Heftigkeit der Schmerzen nahm zu. Chris zog sich für längere Zeiten in sein Bett zurück und konsumierte die stärksten Codeintabletten, die er kaufen konnte. Er konsultierte auch einen Chiropraktiker und einen Reiki-Wunderheiler.

Es nutzte alles nichts. Schließlich wurde Chris von Freunden überredet, einen Arzt aufzusuchen, und zwar am Tag des ersten Londoner Bombenattentats, im Juli 2005. Wir waren überzeugt, dass er irgendein degeneratives Leiden hatte, das einer konventionellen Behandlung bedurfte. Wir dachten, es könnte eine septische Arthritis oder eine zusammengepresste Bandscheibe sein.

Wir erfuhren die Wahrheit am Tag des zweiten Londoner Bombenattentats. Chris rief mich an und erklärte, dass er Knochenkrebs im Endstadium hatte und innerhalb von drei Wochen tot sein könnte. Er sprach mit einer mir damals schwer verständlichen, eiskalten Gemütsruhe. Jetzt, da ich seine Papiere habe und in der Lage bin, seine medizinische Vorgeschichte zu rekonstruieren, hege ich den Verdacht, dass er lange gewusst hat, dass er Krebs hatte, und sogar, dass er vor noch längerer Zeit akzeptiert hatte, dass er kein reifes Alter erleben würde.

Ich brauchte fünf Stunden, um mich durch den aufgrund der Attentate auf die M25-Autobahn umgeleiteten Verkehr durchzukämpfen und das Krankenhaus zu erreichen, in das Chris eingeliefert worden war. So begannen die bis heute schwersten acht Monate meines Lebens. Ich war fast jeden Tag bei Chris. Wir sprachen über sein früheres Leben, und ich nahm formale Interviews für seine Biographie auf. Wir sprachen über seine Pläne, mir die Vervollständigung einiger seiner Projekte zu überlassen, wenn er nicht mehr war. Meistens sprachen wir über nichts Besonderes.

Ich saß neben ihm bei all den entsetzlichen Behandlungen, die der medizinische Berufsstand für Krebs im Endstadium verordnet. Ich beobachtete den Verfall von Chris von einem starken, athletischen Mann zu einer fisteligen, keuchenden Hülle. Immerhin wurde mir der Schrecken erspart, den andere, die ihn weniger oft sahen, angesichts des rapiden Verfalls seiner Gesundheit empfanden.

Endlich, im März 2006, zogen David Carr und ich zu Chris ins Krankenhaus und schliefen abwechselnd auf dem Boden in seinem Zimmer. Wir waren entschlossen, ihn nicht alleine sterben zu lassen. Er starb am 20. März 2006. Es war ein friedvolles Ende.

Chris übernahm die Führung von FOREST unter der Annahme, dass er eingestellt worden war, um bedrohte Unternehmensinteressen zu verteidigen. Er erkannte zu spät, dass FOREST keinesfalls mehr sein sollte als ein Druckmittel bei Verhandlungen zwischen im wesentlichen einem unternehmerischen Bereich und mehreren politischen und ärztlichen Bereichen derselben herrschenden Klasse. Seine Entlassung von FOREST im Jahr 1995 war eine Schande, jedoch etwas, das er inzwischen erwartet hatte. Er sagte mir später mehrfach, dass er weniger über seine Entlassung überrascht war als darüber, wie spät sie kam.

Aber auch wenn seine Führung von FOREST nicht der Erfolg war, den er anfangs erhoffte, so war seine Führung der Libertarian Alliance ein eindeutiger Erfolg. Er schrieb wenig, aber er begeisterte viel. Wenn der Libertarismus heute in England als Engagement für freie Märkte und Bürgerrechte definiert wird, hat das sehr viel damit zu tun, dass Chris dafür sorgte, dass jeder dieses Wort so definierte. Wir Libertäre sind weit davon entfernt, den allumfassenden Kampf für die Freiheit zu gewinnen. Wir haben sogar eine Schlacht nach der anderen verloren. Aber insofern wir eine zusammenhängende und organisierte politische Kraft bleiben – und bisher können wir hoffen, dass unsere Anstrengungen, oder die Anstrengungen der Generation, die unserer eigenen folgt, schließlich mit Erfolg gekrönt werden –, wird das das wahre von Chris R. Tame hinterlassene Erbe sein.

Sean Gabb
Juni 2011

Das Recht auf Rauchen: Eine historische Sicht

I Eine rein private Angelegenheit, aber . . .

Am Montag, den 18. September 1989 nahm die britische Sparte der Ford Motor Company eine recht bedeutsame Änderung der Vertragsbedingungen vor, unter denen 12.500 ihrer Büroangestellten beschäftigt waren. Es wurde verkündet, dass vom folgenden Januar an das Rauchen am Arbeitsplatz verboten sein würde, abgesehen von gekennzeichneten Bereichen – und dort nur „unter der Voraussetzung, dass die Mitarbeiter in den Nichtraucherbereichen nicht beeinträchtigt werden“.[1]

Ich schenkte dieser Ankündigung Beachtung, nicht, weil ich davon betroffen sein könnte, und auch nicht, weil ich jemand bin, der glaubt, ungeachtet der Wünsche anderer das Recht zu haben, überall zu jeder Zeit eine Zigarette anzuzünden. Ich arbeite nicht für Ford und werde es wahrscheinlich nie tun. Ich bin kein Raucher. Mit Ausnahme von Schnupftabak – den ich mentholhaltig für meine Nebenhöhlen nehme, und der gegenwärtig aus keiner Richtung angegriffen wird.[2] Nebenbei füge ich hinzu, dass es Schnupftabakmarken gibt, die gefährlich sind. Die Bayern haben, oder hatten, eine, die „Schmaltzer“ genannt wird und deren Basis brasilianisches Tabakmehl ist, dem Kalk und zerriebenes Glas hinzugefügt wurde. Die Gefahr jedoch geht hier offensichtlich nicht vom Tabak aus. Meine Erfahrungen mit Tabakprodukten sind normalerweise unangenehm gewesen. Ich gebe bereitwillig zu, dass einige von ihnen fast sicher schlecht für die

Gesundheit sind. Mein Interesse an Tabak, und an sämtlichen Nachrichten über ihn, erwächst fast gänzlich aus dem libertären Prinzip. Ich glaube, dass Menschen das Recht haben sollten, sich anzutun, was sie wollen, ungeachtet irgendeines möglichen Schadens für sie. Es ist ihre Verantwortung allein, eine Risikokalkulation vorzunehmen. Selbst wenn gezeigt werden könnte, dass die Ausatmungen der Raucher gefährlich für Nichtraucher sind – und die gegenwärtige Beweislage ist so, dass nur Narren und Fanatiker das jemals akzeptieren könnten[3] –, gäbe es keinen Grund für staatliches Handeln, sondern nur mehr Druck für die Formulierung privater Vereinbarungen.

Auf dieser Grundlage kann und will ich nicht behaupten, dass Ford kein Recht hatte, sein Verbot auszusprechen. Freiheitsaspekte sind hiervon nicht betroffen. Eine Gruppe von Menschen – nämlich die Direktoren des Unternehmens – verkündete die Bedingungen, unter denen sie in Zukunft mit einer anderen Gruppe von Menschen – nämlich der Bürobelegschaft des Unternehmens – Umgang pflegen werden. Soweit ich weiß, genießt das Unternehmen keine Subventionen oder besonderen Schutz seitens des Staates von der Art, die mich berechtigen würde, als besorgter Steuerzahler zu intervenieren. Auch habe ich, nach meiner Kenntnis, kein Geld in das Unternehmen investiert. Ich kann, als Konsument, alle Ford-Produkte boykottieren, bis das Verbot aufgehoben wird – und das werde ich vermutlich tun. Darüber hinaus, so gebe ich gerne zu, ist das, was Ford getan hat, nicht meine Angelegenheit.

Dennoch hat mich die Nachricht tief beunruhigt. Denn obwohl die Entscheidung an sich eine private war, wurde sie von einer der groteskesten, jedoch bösartigsten Organisationen des öffentlichen Lebens in Großbritannien als Sieg gefeiert. Ford auferlegte nach eigener Entscheidung einem Großteil seiner Belegschaft Beschränkungen auf das Rauchen. Die Führung von Action on Smoking and Health (ASH) applaudierte sofort und lautstark. Ich habe keine Zweifel, dass, wenn Ford gesetzlich gezwungen worden wäre, das Rauchen einzuschränken, der Applaus nicht weniger prompt und lautstark gewesen wäre.

Der einzige Unterschied hätte im Objekt ihres Applauses bestanden – in dem Fall die Regierung anstatt des Unternehmensvorstands. Wir haben es hier mit Menschen zu tun, denen die normale Unterscheidung zwischen dem, was ihre Angelegenheit ist, und was nicht, eine bedeutungslose Spitzfindigkeit ist. Man beachte, wie David Simpson, der ASH-Direktor, die Nachricht des Verbots bei Ford begrüßte: „Zum ersten Mal", schwärmte er, „habe ich wirklich das Gefühl, dass nichts uns aufhalten kann".[4]

II Die Fragen

1. Das erhoffte Ziel der Anti-Raucher-Bewegung

In diesem Papier nehme ich mir vor, zwei Fragen zu stellen. Erstens frage ich: Was ist mit diesen Worten gemeint: „dass nichts uns aufhalten kann“? Was würde für diese Leute der Endsieg in ihrem Krieg gegen den Tabak sein? Die Antwort ist ganz einfach: Es wäre das vollständige Verbot der Verwendung von Tabak, in der Öffentlichkeit und im privaten Raum. Trotz all seiner anderen Fehler ist Simpson, das gestehe ich zu, kein Dummkopf. Er weiß ganz genau, wie weit er in seinen öffentlichen Aussagen gehen kann; und er wird, sollte er jemals meine Anklage lesen, sie leugnen, falls es ihm die Mühe wert erscheint. „Wann habe ich das je gefordert?“, könnte er fragen. „Wann habe ich jemals mehr gefordert als stärkere Eindämmung der Werbung, des Rauchens in der Öffentlichkeit und höhere Steuern auf Tabakprodukte?“

Wenn ich jemals in eine Debatte dieser Art hineingezogen werden sollte, könnte ich antworten, dass Simpson Worte benutzt hat, die, angesichts ihrer klaren grammatikalischen Bedeutung, eine Prohibition fordern. In einem Auftritt in der Channel-Four-Sendung „Right to Reply“ am 17. Februar 1990 erklärte er: „Wenn Zigaretten heute erfunden würden, würde ihre Produktion nie im Leben erlaubt werden, ganz zu schweigen von Werbung oder jeder anderen Art der Verkaufsaktion . . . Keine anständige Gesellschaft würde einfach so die Werbung für ein Produkt tatsächlich erlauben, das auch nur ein Zehntel so gefährlich ist wie Zigaretten. Deshalb wollen wir sie verbieten.“[5] Dies aber steht im Widerspruch zu seinen anderen protokollierten Aussagen; und ich kann mir vorstellen, dass er, mit ihnen konfrontiert, behaupten würde, dass man seinen im Fernsehen gemachten spontanen Äußerungen nicht ihre klare, grammatikalische Bedeutung beimessen sollte – dass das plurale Objekt des Verbs „verbieten“ nicht Zigaretten sein sollten, sondern die

Aktivitäten der Werber und Promoter. Alles in allem bin ich geneigt, diese zu vermutende Ausrede zu akzeptieren. Mit einer Nachsicht für Simpson, die er mir gegenüber nie zeigen würde, werde ich diese eine Abweichung von seiner allgemeinen Vorsicht übersehen. Aber ansonsten brauche ich dies kaum zu tun. Wenn wir nur seine überlegten öffentlichen Äußerungen nehmen, erkennen wir die extrem illiberale Natur der Ziele seiner Bewegung.

Klar ausgedrückt bedeutet „Eindämmung der Werbung“ Zensur. Es gibt keinen Unterschied im Prinzip zwischen dem Verbot einer Zigarettenwerbung und dem Verbot einer Kritik der Regierung. Beide bedeuten, dass einem Verleger gesagt wird, was er tun darf und was nicht. Eindämmung des öffentlichen Gebrauchs von Tabak erfordert eine Verletzung der Eigentumsrechte, da viele „öffentlich zugängliche Orte“ – Kinos, Theater, Gaststätten und so weiter – in Wirklichkeit Privateigentum sind. Im Hinblick auf die niedrigeren Einkommensgruppen kann ich nicht erkennen, wie eine höhere Verbrauchssteuer auf Zigaretten sich von einem gänzlichen Verkaufsverbot unterscheidet. Die bereits jetzt aufgrund von Steuern auferlegte Last erhöht die Preise um durchschnittlich 200 Prozent. Ich bezweifle, dass eine Erhöhung dergestalt, dass eine Packung fünf Pfund oder sogar zehn Pfund oder 20 Pfund kosten würde, auch nur ansatzweise den bei den Haushaltsberatungen lautstark erhobenen Forderungen genügen würde.

Und, so illiberal diese Ziele an und für sich sind, sie weisen ganz eindeutig auf das eine, endgültige Ziel des Verbots. Wer glaubt, dass die engagierteren Mitglieder der Anti-Raucher-Bewegung weniger wollen als dies, hat sich von den Samthandschuhen täuschen lassen. Die Absicht ist, Raucher zu einer kleinen Minderheit hinabzudrücken. Aber wenn die Minderheit erstmal klein genug ist, wird die eiserne Faust mit größter Sicherheit zum Vorschein gebracht werden.

Als Beweis dafür erinnern wir uns an das Schicksal von Skoal Bandits – jener merkwürdigen Tabakbeutel, die in den Mund genommen und gelutscht wurden. Sie haben nie Anklang gefunden. Sie trafen offenbar den Geschmack einer Minderheit. Es gab keine Millionen von Nutzern, die sie verteidigten, und so waren sie Freiwild. Nach der ersten Andeutung, dass es eine Verbindung zwischen ihnen und Mundkrebs geben könnte, erhob sich der Ruf nach einem Verbot. Der Ruf war wirksam. Am 13. März 1990 wurde der Verkauf von oralem Schnupftabak zur Straftat erklärt.

Erinnern wir uns auch an das drohende Schicksal von Senior Service, Capstan und Gold-Flake-Zigaretten – Marken, die, aufgrund ihres Teergehalts, seit Jahren an Beliebtheit eingebüßt haben. Am 13. November 1989 schlug der Ministerrat in Brüssel eine Obergrenze von 15 Milligramm Teer pro Zigarette vor; dieser Grenzwert soll Ende 1992 in Kraft treten, was effektiv ein Verkaufsverbot für die eben erwähnten Marken bedeutet.[6] Ein Sprecher des Tobacco Advisory Council kommentierte: „Was wir in dieser EWG-Gesetzgebung sehen, ist praktisch das Ende der filterlosen Zigaretten im Vereinigten Königreich.“[7]

Sein Kommentar enthüllte wohl nicht die volle Wahrheit. Es wurde ferner entschieden, dass von 1997 an der Grenzwert auf zwölf Milligramm Teer pro Zigarette gesenkt werden würde. Welche Marken dadurch verboten werden, vermag ich augenblicklich nicht zu sagen – obwohl eine nur geringfügige weitere Einschränkung dieses Maßes sogar Rothmans, Benson & Hedges stark gefährden würde. Der einzige Widerspruch kam – wie zu erwarten war – von der britischen Regierung. Die Grundlage ihres Einspruchs war jedoch nicht eine Achtung der tradtionellen, blutig erkämpften und verteidigten Rechte der Engländer, sondern die Behauptung, dass die Entscheidung über Gesundheitsangelegenheiten den Regierungen der Mitgliedsstaaten der Europäischen Gemeinschaft obliege: Die einzige Frage, die debattiert wurde, war die, ob wir von Brüssel oder von London unterdrückt werden sollten. In dieser Hinsicht ist das Verbot von Tabakprodukten keine Möglichkeit der Zukunft, sondern etwas, das schon begonnen hat.

2. Der intellektuelle Stammbaum der Anti-Raucher

Als ich erstmals hörte, wie der Begriff „Gesundheitsfaschismus“ benutzt wurde, um die Anti-Raucher-Bewegung zu beschreiben, war ich über die Angemessenheit etwas in Zweifel. Das Wort „Faschist“ war so sehr übernutzt worden, dass es, abgesehen davon, ein starkes, wenn auch ungenaues, Schimpfwort zu sein, sämtliche Bedeutung verloren zu haben schien. Aber ein wenig Nachdenken ließ mich erkennen, dass ich, in diesem Fall, unrecht hatte. Denn mit einem solchen intellektuellen Stammbaum, wie ihn die Anti-Raucher haben, lassen sie sich eindeutig auf nichts Englisches, auch auf nichts innerhalb der allgemeineren westlichen Tradition der vergangenen zwei Jahrhunderte zurückverfolgen, sondern auf den deutschen Nationalsozialismus.

Fast alles, was diese „besorgten Fortschrittlichen der Mittelschicht“ übernehmen und auf den Seiten des „Guardian“ und von „New Statesman and Society“ veröffentlichen, haben die Anhänger Adolf Hitlers vor ihnen aufgegriffen. Tierschutz, Vegetariertum, Vollkornbrot und andere „organische“ Lebensmittel, natürliche Kindsgeburt – die Nationalsozialisten waren die ersten modernen Förderer all dessen. Ebenso ist es mit dem Rauchen. Sowohl Hitler als auch Himmler hassten den Tabak aufs extremste und erlaubten niemandem, in ihrer Anwesenheit zu rauchen. Parteiideologen, die seine echten und eingebildeten Gefahren für die Gesundheit betrachteten, verurteilten ihn als „Rassengift“ und forderten Einschränkungen.[8] Anders als die Führer von ASH hatten sie Schönfärberei nicht nötig; sie konnten offen als „liberale Perversion“ die Ansicht angreifen, dass man das Recht haben sollte, mit dem eigenen Körper so umzugehen, wie man es für richtig hielt – das „Recht auf den eigenen Körper“. Sie sprachen stattdessen von der „Pflicht zur Gesundheit“.[9] Da Gesundheit nun ein integraler Bestandteil des deutschen nationalen Interesses war, so argumentierten sie, könne es nicht länger möglich sein, Substanzen zu tolerieren, die der Gesellschaft als ganzer schadeten, ungeachtet der Wünsche der sie konsumierenden Individuen.[10] Man vergleiche dies mit den Worten von Sir George Young aus dem Jahr 1980, der damals

Staatssekretär im Gesundheitsministerium in der Regierung Margaret Thatchers war:

> „Die traditionelle Rolle der Politiker ist es gewesen, zu verhindern, dass Individuen anderen Schaden zufügen, aber es ihnen zu erlauben, sich selbst zu schaden. Da jedoch die moderne Gesellschaft uns abhängiger voneinander gemacht hat, unterliegt diese Ansicht nun einem Wandel."[11]

Als im Jahr 1944 F.A. von Hayek seine berühmte Warnung aussprach, dass England sich immer mehr Deutschland angleiche, wurde er ausgelacht. Welchen besseren Beweis als die Debatte über das Rauchen könnte man jedoch haben wollen, um zu zeigen, wie unsere traditionelle Achtung individueller Rechte allmählich durch ein autoritäres Regierungssystem verfinstert wird?

3. Ob das Ziel erreicht werden kann

Aber ich schweife ab. Nach der Feststellung, dass es das wahrscheinliche, wenn auch noch nicht eindeutig erklärte, Ziel der Anti-Raucher ist, Tabak zu verbieten, wende ich mich der zweiten Frage zu, die wie folgt lautet: Ist es wahrscheinlich, dass diese Menschen Erfolg haben werden? Wenn ich meine eigene bisherige Lebenszeit betrachte, sowie ungefähr ein Jahrzehnt vor meiner Geburt, könnte ich meinen, dass die Antwort „Ja" sein muss. Abgesehen von den Steuereinnahmen haben sie die Unterstützung des Staates. Die Tabakunternehmen sind, unter Androhung von Strafmaßnahmen, gezwungen worden, „freiwillig" einen Werbeverhaltenskodex zu übernehmen. Sie sind gezwungen worden – zum Teil gesetzlich, zum Teil durch illegal ausgeübten Druck –, durch Aufdrucken gesundheitlicher Warnhinweise ihre Produkte niederzuschreien. Sowohl die Regierung als auch die Kommunen geben große Summen unseres Geldes für Propaganda gegen das Rauchen aus. Von verschiedenen Seiten wird Druck auf staatliche Angestellte ausgeübt, am Arbeitsplatz nicht zu rauchen.[12] Es hat echte Verbote gegeben. Wenn ich allein dieses in Betracht ziehe, habe ich, in die Zukunft blickend, jeden Grund zum Trübsinn. Die Anti-Raucher-Bewegung scheint in der Position einer Armee zu sein, die, nach einer lange und heftig geführten Schlacht, dabei ist, den Feind aufzureiben. „Nichts kann uns aufhalten“, sagt David Simpson. Er glaubt wirklich, dass eine Zeit unweigerlich kommen wird – und eher früher als später –, in der niemand mehr die Nikotinverfärbung von den Fingern abschrubben muss.

Dies ist eine schreckliche und deprimierende Aussicht. Aber ich bezweifle, dass ich oder sonst irgendjemand der gegenwärtig Lebenden diese jemals sehen wird. Es hat Bräuche gegeben, die, von Millionen in einer Generation nach der anderen beachtet, mit der Zunahme unseres Wissens oder aufgrund ihrer Unterdrückung durch eine überwältigende Gewalt, ausgestorben sind. Aber ich bezweifle, dass der Gebrauch von Tabak den Weg gehen wird oder muss, den das Handauflegen durch den Monarchen in England oder das Binden von Frauenfüßen in China gegangen sind. Er ist etwas gänzlich anderes. Wenn wir unsere Sicht auf die vergangenen 40 Jahre schriller Kampagnen beschränken, werden wir einen Pfad erkennen, der unweigerlich zum Verbot führt. Wenn wir aber stattdessen die gesamte Periode betrachten, von der die vergangenen 40 Jahre weniger als ein Zwölftel ausmachen, seit der Tabak und die Alte Welt Bekanntschaft schlossen, werden wir solide Gründe für einen Optimismus erkennen. Wir werden sehen, dass der Reiz des Tabaks für die Nutzer immer so unmittelbar und tiefgründig war, dass jegliche Hoffnung auf seine Ächtung völlig vergeblich war.

III. Der Tabak und die Menschheit

1. Die Entdeckung durch Europa

Diese Bekanntschaft wurde kurz nach Freitag, dem 12. Oktober 1492[13] gemacht. An jenem Tag, nach einer 71-tägigen Fahrt, erblickte Christoph Kolumbus zum ersten Mal Amerika. Um die Mittagszeit gingen er und seine führenden Offiziere auf der Insel San Salvador an Land, pflanzte das Kreuz und die Fahne Kastiliens ein, beanspruchte das Land im Namen von Ferdinand und Isabella, den gemeinsamen Monarchen eines erst kürzlich vom Islam zurückeroberten Spanien, das rasch dabei war, die führende Macht der Christenheit zu werden. Die Eingeborenen, die an den Strand kamen, um sich diese Zeremonie anzuschauen, ahnten in dem Moment nichts von ihrer Bedeutung; und sie hießen die Fremden, unter der Annahme, dass sie in Frieden gekommen waren, willkommen, indem sie ihnen Perlen und erlesene Früchte und andere für wertvoll erachtete Gegenstände anboten.

Unter diesen Gegenständen waren die getrockneten, gelben, seltsam aromatischen Blätter einer unbekannten Pflanze. Die Seefahrer nahmen diese mit allen anderen Gaben mit, aber da sie für sie keine Verwendung sahen, warfen sie sie über Bord ins Meer. Sie waren hauptsächlich auf der Suche nach Gold. Es war ihr Verlangen nach Reichtümern, das sie während der 71-tägigen Überquerung des Atlantiks aufrechterhalten hatte. Im großen und ganzen kehrten sie enttäuscht heim. Aber, auch wenn es die Verbrechen von Cortés und Pizarro waren, die die große und im Endeffekt ruinöse Flut von Edelmetall auf die iberische Halbinsel auslösten, so hatten Kolumbus und seine Männer dennoch gewissermaßen Gold gefunden.

2. Rauchen vor Kolumbus

Es wäre falsch, zu sagen, dass die Praxis des Rauchens mit diesem Datum begann. In der Alten Welt war seit langem viel über die verschiedenen Verwendungszwecke von Rauch bekannt. Seit frühesten Zeiten war Weihrauch als begleitender Bestandteil des Gebets verbrannt worden. Soweit bekannt, begann seine Verwendung in Ägypten oder Babylonien, und dies wurde von den anderen Nationen des Altertums kopiert. Wenn Gott die umherziehenden Israeliten für irgendeinen Übertritt mit einer Plage strafte, wurde sein Zorn mit einer Weihrauchgabe abgewendet.[14] Später, im Tempel von Jerusalem, brannte kostbarster Weihrauch Tag und Nacht in einer Vase außerhalb des Allerheiligsten. Unter den Griechen und Römern stieg sein Preis so stark an, dass die alexandrinischen Weihrauchveredler in ihre Arbeitskleidung versiegelt wurden, sich aber dennoch am Ende ihrer Schicht einer Leibesvisitation unterziehen mussten.[15] Im Mittelalter setzten sowohl Christen als auch Moslems die Praxis der Weirauchverbrennung fort und tun das bis zum heutigen Tag. Aber ein Weihrauchstab, so angenehm sein Geruch oft sein mag, hat jenseits des Zeremoniellen oder der Raucherzeugung wenig Nutzen.

Von der Priesterin des Orakels von Delphi wird gesagt, dass sie von Dämpfen benebelt war, die aus einer Spalte in den Felsen unter ihren Füßen aufstiegen, als sie ihre Prophezeiungen äußerte. Eine derartige Spalte ist nie gefunden worden, und es scheint wahrscheinlich, dass, was immer sie inhalierte, die Priester es hineinbrachten, deren Lebensunterhalt es war, ihr irres Gerede in kompetente, wenn auch oft bedeutungslose, Hexameterverse zu setzen. Aber, obwohl ihr Amt respektiert wurde, war es nicht beliebt. Wenige nahmen es freiwillig an.[16] Die beobachteten Wirkungen des Rauchs auf sie ermutigten auch nicht zu einer Nachahmung.

Rauch wurde von den Ärzten empfohlen, kann aber nie mit viel Freude eingenommen worden sein. Der Rauch von brennendem Hasenfell wurde als Schleimlöser verordnet.[17] Das Verbrennen eines Ziegenhorns wurde zur Diagnose von Epilepsie eingesetzt.[18] Gegen Tuberkulose gab es den durch ein Schilfrohr inhalierten Rauch von getrocknetem Dung eines mit Gras gefütterten Ochsen.[19]

Herodot beschreibt die Badegepflogenheiten der Skythen und berichtet, wie sie ein kleines Zelt herstellten, indem sie ein Wolltuch um ein Dreibein aus Stöcken wickelten und darin eine Schale mit rot glühenden Steinen plazierten. „Dann nehmen sie einige Hanfsamen, kriechen ins Zelt und werfen die Samen auf die heißen Steine. Sofort beginnen sie zu rauchen, wobei sie einen Dunst ausstoßen, der von keinem Dampfbad in Griechenland übertroffen wird. Die Skythen genießen das so sehr, dass sie vor Freude aufheulen. Dies ist ihr Ersatz für ein Bad im Winter, das sie nie nehmen.“[20] Obwohl dies ein Fortschritt im Vergleich zum Rauch getrockneten Ochsendungs war, blieb dieser widerliche Brauch auf die Skythen beschränkt. Anderswo, außer dort, wo das Baden mit dem Niedergang der Zivilisation gänzlich aufgegeben wurde, wurde persönliche Hygiene mit dem Eintauchen des Körpers in heißes Wasser und seiner anschließenden Einsalbung mit Öl sichergestellt.

In der Alten Welt wusste man viel über die Praxis des Rauchens. Da es keinen Tabak gab, ist es sehr verständlich, dass es keine Vorstellung vom Brauch des Rauchens gab. Exzentrische Behauptungen sind aufgestellt worden, aber wir sind ganz sicher, dass Tabak unbekannt war. Die Pflanzengattung Nicotiana, von der die jetzt beliebteste und am meisten kultivierte Art das tabacum ist, gibt es in ihrer ursprünglichen Form nur auf den amerikanischen Kontinenten. Wie die Kartoffel, die Tomate, die Aubergine und der Chilipfeffer, die alle Mitglieder der großen Pflanzenfamilie der Solanaceae sind, musste ihre Bekanntschaft mit dem europäischen Gaumen warten, bis Kolumbus den Atlantik überquert hatte.

3. Tabak in Amerika

Wie und wann Tabak zum ersten Mal in Amerika benutzt wurde, weiß keiner. Die Berichte, die es gibt, sind mehr Fabeln als Geschichte.[21] Vielleicht gab es eine einzige Entdeckung, und die Nachricht darüber verbreitete sich. Vielleicht gab es, wie beim Feuer und der Landwirtschaft, viele gleichzeitig stattfindende Entdeckungen. Alles, was wir sagen können, ist, dass der Tabak zu Beginn der christlichen Zeitrechnung bereits bekannt war und dass er allmählich in allen Nationen Zentralamerikas sowie den meisten Nord- und Südamerikas übernommen wurde. Er wurde von den Maya verwendet. Während die Untergebenen Hadrians sich beim bedauernswerten, aber vergötterten Antonius mit Weihrauchgaben anbiederten, rauchten die kultivierten Einheimischen Südmexikos primitive Zigaretten. Sie hatten kein Reispapier, sondern wickelten ihren Tabak in Palmenblätter oder Maisschoten ein; oder sie nutzten Schilf oder Bambus; oder sie verwendeten Tabakblätter und rollten Zigarren. Die Indianer weiter nördlich nutzten den Tabak. Sie stellten für sich Pfeifen her – manchmal mit Pfeifenkopf und -stiel, der im Mund zu halten war, manchmal wie ein Y geformt, wobei die gegabelten Extremitäten in die Nasenlöcher eingeführt wurden – und rauchten ihren Tabak mit anderen Pflanzen, um seinen Geschmack zu variieren oder ihn dauerhafter zu machen. Die Azteken rauchten und schnupften. An anderen Orten wurde Tabak gekaut, gegessen, als Infusion getrunken oder in den Körper eingerieben. Außer der subkutanen Injektion von Nikotin – eine Art der Einnahme, die bislang nie populär war – wurden alle unsere eigenen Verwendungen des Tabaks vor langer Zeit in Amerika entdeckt. Der Rest der Menschheit brauchte sie nur nachzuahmen.

4. Seine Ausbreitung über die ganze Welt

Dies geschah so schnell, wie es die langsamen Kommunikationsmöglichkeiten der damaligen Zeit erlaubten. In den ersten Jahren des 16. Jahrhunderts, als die Europäer den Atlantik in zunehmender Zahl überquerten oder zu Hause blieben und die Berichte der Abenteurer lasen,[22] erregte der Brauch des „Rauchtrinkens“ ein gewisses Interesse. Der erste weiße Mensch, der es selbst ausprobierte, war möglicherweise Rodrigo de Jerez, der 1492 mit Kolumbus segelte. Auf jeden Fall hatten viele der in Hispaniola lebenden Spanier in den ersten Jahren des neuen Jahrhunderts damit begonnen, Zigarren zu rauchen.

a. Portugal

Auch wenn es die Spanier waren, die als erste den Tabak nutzten, so waren es die Portugiesen – vor dem Aufstieg der Niederländer und Engländer noch immer die Herrscher des internationalen Handels –, die hauptverantwortlich dafür waren, den Rest der Welt zu bekehren. Es war in Portugal, wo die Tabakpflanze erstmals außerhalb Amerikas kultiviert wurde, die Einfuhr fand um 1512 statt. Im Jahr 1558 wurde auf den Märkten Lissabons Schnupftabak angeboten.

b. Frankreich

Von dort erhielten die Franzosen den Tabak. Im Jahr 1559 kam ein Jean Nicot aus Nîmes in Lissabon an, um eine Ehe zwischen dem jungen König von Portugal und der Tochter des französischen Königs auszuhandeln. Die Ehe wurde nie geschlossen; aber Nicot, der bestrebt war, seine Regierung über alles Neue oder Ungewöhnliche zu informieren, schickte Proben der Tabakpflanze nach Paris. Obwohl sie zunächst, zu Ehren des kirchlichen Würdenträgers, dem die Probe geschickt worden war, „l'herbe au Grand Prieur" genannt wurde, hatten sich die Franzosen bis 1570 auf den modernen botanischen Namen der Pflanze, nämlich „Nicotiana", geeinigt.[23] Innerhalb einiger Jahre wurden sie zu eingefleischten Schnupfern. Traditionell wird erzählt, dass es der Herzog Karl von Lothringen war, der als erster Franzose diesen Brauch übernahm, wobei sein eigener Konsum schließlich auf drei Unzen pro Tag anstieg.[24] Auf jeden Fall war der Schnupftabak bei Hof im zweiten Jahrzehnt des 17. Jahrhunderts schwer in Mode.

c. Italien und anderswo

Wiederum von Portugal ausgehend wurde Tabak nach Rom gebracht. Der päpstliche Nuntius in Lissabon schickte – vielleicht dem Beispiel Nicots folgend – seinem Herrn, Pius IV.,

Proben. Daraufhin wurde der Tabak in andere italienische Städte verschickt, und von dort nach Deutschland, Ungarn und in die anderen Nationen Nord- und Zentraleuropas, wo sich seine Verbreitung durch die aufgrund des Dreißigjährigen Krieges ungewöhnlichen Züge von Armeen und Bevölkerungen erheblich beschleunigte.

d. England

Obwohl es behauptet worden ist, kam der Tabak vermutlich nicht aus Portugal nach England. Die Engländer hatten nicht nur ziemlich früh mit ihrer eigenen Erforschung der Neuen Welt begonnen, sie hatten auch ihre Siedlungen in Virginia unter pfeifenrauchenden Indianern gegründet; und als der Tabak im dritten Viertel des 16. Jahrhunderts in England auftauchte, wurde er in Pfeifen geraucht, und die Portugiesen übernahmen erst später das Rauchen statt des Schnupfens. Es kann also sein, dass dieser Brauch direkt aus Amerika gebracht wurde – und zwar, wie er sich rühmte, von Sir Walter Raleigh.

Wie dem auch sei, in England war das Rauchen sehr bald gründlich etabliert. Der Bauer, der sich an seinem Pflug ausruhte, rauchte eine kleine Pfeife, sein Pfeifenkopf war eine halbe Walnussschale, sein Stiel ein Strohhalm. Feinere Herren machten sich die Mühe, silberne Pfeifen mit sich zu tragen. Aber die Mehrheit der Raucher, damals wie einige Hundert Jahre lang danach, bevorzugte jene Pfeifen aus zerbrechlichem weißen Ton, die heute bei besseren Tabakhändlern noch immer zum Verkauf angeboten werden. Im Jahr 1596 beschrieb ein deutscher Reisender in einem Kommentar über die Theater und anderen Vergnügungen wie Stier- und Bärenhatz, wie

> „bei diesen Spektakeln, wie überall sonst auch, die Engländer ständig das nikotianische Kraut rauchen, das in Amerika ‚Tobaca' genannt wird – andere nennen es ‚Paetum' –, und generell auf diese Weise: Sie haben Pfeifen, zweckbestimmt aus Ton hergestellt, in dessen ferneres Ende sie das Kraut stecken, das so trocken ist, dass es zu Pulver zerrieben werden kann, und beim An-

> zünden dessen ziehen sie den Rauch in ihre Münder, den sie durch ihre Nasenlöcher wie bei Schornsteinen, zusammen mit viel Schleim aus dem Kopf, wieder ausblasen."[25]

Von England aus breitete sich der Brauch erst nach Holland und dann nach ganz Europa aus.

e. Türkei

Etwa gegen Ende des 16. Jahrhunderts wurde der Tabak im Osmanischen Reich eingeführt. Da die Portugiesen aktiv im Handel mit der Türkei wie anderswo waren, waren es möglicherweise sie, die ihn einführten. Aber über welchen Kanal auch immer er erstmals eindrang, sein Gebrauch stieg so rapide an, dass spätere Beobachter argumentierten, der Tabak sei überhaupt nicht aus Amerika gekommen, sondern aus der Levante. Bis zum heutigen Tag kommen die besten Blends aus der Türkei und Syrien. Keine Sühne kann die Türken von der Zerstörung von Byzanz freisprechen. Aber ihre Pflanzung von Tabak in Mazedonien hat den liederlichen modernen Griechen einen Grund gegeben, etwas weniger laut zu meckern, als sie es sonst tun. Über die Türken verbreitete sich sein Nutzen auch nach Osten, nach Persien und zu den kulturell abhängigen Gebieten Zentralasiens.

f. Indien

Es waren zweifellos die Portugiesen, die den Tabak nach Indien brachten. Die Brahmanen hatten anfangs gewisse religiöse Skrupel gegen das Rauchen, da sie, wenn sie irgendetwas mehr als einmal zwischen den Lippen tragen, das Risiko eingehen, sich mit körperlichen Ausscheidungen zu verunreinigen. Aber sie hatten nichts gegen das Schnupfen, und Mitglieder der niedrigeren Kasten und die Moslems hatten überhaupt nichts gegen das Rauchen einzuwenden. Ziemlich bald waren Kultivierung und Export von Tabak ein umfangreiches Geschäft. Es war eigentlich Indien, und nicht Amerika, von wo die Zigarre nach England gebracht wurde; unser Wort „cheroot“ (Zigarrenstummel) ist eine Abwandlung des tamilischen „shuruttu“.

g. Japan

Die Portugiesen trugen den Tabak auch nach Japan, wo das Rauchen sofort von jeder Klasse von Einwohnern übernommen wurde, von den Geisha-Mädchen bis zu den Arbeitern in den Reisfeldern. Das japanische Wort für „Tabakhändler“ erscheint bereits im Jahr 1578. Im Jahr 1607 war die Stadt Hokubu berühmt für ihre Tabak-Blends. Von Japan aus verbreitete sich der Tabak nach Korea, das für einige Jahre nach 1598 eine japanische Kolonie war. Tabak ist bis heute der landwirtschaftliche Hauptexportartikel Koreas.

h. China

In China wurde der Tabak aus mehreren Richtungen eingeführt. Er kam aus Korea, aus den spanischen Siedlungen auf den Philippinen und aus dem portugiesischen Macao. Er verbreitete sich schnell im ganzen Reich. Die Chinesen entwickelten bald ihre eigenen Tabakmarken und begannen, Pfeifen aus Bambus, Ebenholz, Elfenbein, Nichtedel- und Edelmetallen und sogar Glas herzustellen. Ihre gläsernen Schnupftabakdosen sind immer noch bei jeder Versteigerung begehrte Objekte. Von Indien und China aus verbreitete sich der Tabak in jene Regionen der eurasischen Landmasse, in denen er noch nicht eingeführt worden war. Als die Russen unter Peter II. ihre gewaltige imperiale Expansion begannen, gab es wenige Orte, wo der Tabak unbekannt war.

i. Afrika

Es war wiederum von Portugal aus, dass der Tabak erstmals nach Afrika gebracht wurde. Schon 1607 hatten die Eingeborenen der Westküste seinen Gebrauch gelernt. Unter den Kongolesen kommt das Wort für „rauchen“, „fumu“, vom portugiesischen „fumo“. Die Niederländer brachten den Tabak 1652 zum südlichen Teil des Kontinents. Die Siedler am Kap entdeckten, dass er dort im Boden hervorragend kultivierbar war, und hatten bald einen gewinnbringenden Handel mit den Hottentotten begonnen. Im nördlichen Ostafrika erhielten die Galla (Oromo) ihren Tabak aus Europa, aber sie fanden ihre eigene Verwendung für ihn. Sie rauchten ihn nicht, noch zerrieben sie ihn zu Schnupftabak. Stattdessen gärten sie ihn, seihten ihn ab und kauten das, was übrigblieb. Manchmal veredelten sie den Geschmack durch Einmischung von Kuhdung.[26]

Dass die Araber den Tabak erstmals von den Portugiesen kennenlernten, wird von ihrem Wort für „Tabak“ in Erinnerung gerufen: „bortugal“. In Mekka und Medina war dessen Kultivierung bereits im Jahr 1605 etabliert. Die Ägypter sind seit spätestens 1603 regelmäßige Raucher gewesen.

5. Die Verwendung vonTabak: Ein weltweiter Brauch

Im Jahr 1560 konnten die Nationen der Alten Welt aufgeteilt werden in solche, in denen Tabak Anwendung fand, und solche, in denen das nicht der Fall war. Um 1660 war diese Aufteilung so gut wie verschwunden. In fast keiner anderen Hinsicht war die Menschheit bis dahin kulturell vereint. Es gab keine gemeinsame Sprache. Die Gläubigen jeder Religion hatten kaum mehr gemeinsam als gegenseitige Bigotterie. Die Juden aßen kein Schweinefleisch, die Hindus kein Rindfleisch. Die strenggläubigen Moslems tranken keinen Wein. Abgesehen von Huren zeigte keine Frau in Europa ihre Beine in der Öffentlichkeit. In Teilen Afrikas und Amerikas spazierten sogar Mitglieder der Königshäuser splitternackt herum. In England wurde Bigamie mit dem Tod am Strang bestraft. Wohlhabende Türken waren stolz auf ihre Serails. Die Konfuzianer setzten all ihre Zukunftshoffnung in den Fortschritt ihrer Söhne. Die Mingrelier töteten und verzehrten ihre Söhne und ließen sie vorher oft kastrieren, um ihre Saftigkeit zu erhöhen. Selbstverständlich gab es überall jene Schutzmaßnahmen für das Eigentum und das Leben jener, die es besitzen, ohne die eine Gesellschaft keinen Bestand hat. Aber der vorgefundene Grad des Schutzes war sehr unterschiedlich;

und jenseits des Unerlässlichen gab es eine endlose Variation in der Bandbreite der mehr oder weniger optionalen Moral. Die Verwendung des Tabaks jedoch hatte sich innerhalb eines Jahrhunderts vom amerikanischen Kontinent in jeden Teil der Welt verbreitet, in dem die Händler Zugang erlangen konnten; und der Tabak hat, trotz aller Veränderungen der Moden und anderer Umstände seither, sein in der ganzen Menschheit allgemeines Ansehen beibehalten. Dies ist der Fall, weil nie etwas anderes entdeckt wurde, das einer genaueren Deckung gewisser allgemeiner Bedürfnisse entsprach.

6. Die Gründe für die Verbreitung

a. Genusswirkungen

Das erste dieser Bedürfnisse ist das körperliche. Tabak bringt Genuss, oder zumindest Erleichterung. Es ist bekannt, dass er bei manchen Hunger und Durst vertrieben hat. Für andere erhöht er den Genuss des Essens und Trinkens. Er lenkt von der Trauer ab. Er fördert das Nachdenken. Er stimuliert. Er entspannt. Eine Zigarette beruhigt die Gedanken eines Rauchers vor dem Schlafengehen, eine andere bringt ihn am Morgen in Gang. Die Wirkungen des Tabaks hängen seltsamerweise davon ab, was man von ihm erwartet. Aber, was immer sie sind, diese Wirkungen sind im allgemeinen willkommen. Sir Compton Mackenzie zufolge hätte er ohne sein ununterbrochenes Pfeifenrauchen nicht die Hälfte seines Werks geschrieben. Nichts diente besser der Sammlung seiner Gedanken für die Arbeit. „Ich würde behaupten“, schreibt er, „dass das Rauchen jedem Menschen hilft, egal welcher Herkunft, welchen Ranges, welchen Berufs, welcher Arbeit.“[27]

Bismarck hätte ihm zugestimmt. Eine Zigarre, sagte er,

> „dient als mildes Beruhigungsmittel, ohne auf irgendeine Weise unsere geistigen Fähigkeiten einzuschränken. [Sie] ist eine Art Ablenkung: Das Auge folgt unwillkürlich, während der blaue Dunst nach oben kräuselt; die Wirkung ist beruhigend, man fühlt sich besser gestimmt.“[28]

Napoleon III., dessen Vernichtung Bismarcks größte und grausamste Errungenschaft war, hätte ebenfalls zugestimmt. Er tat viel für die Popularisierung der Zigarette in Frankreich, wobei sein eigener Konsum auf die damals für bemerkenswert erachtete Zahl von 50 pro Tag hinauslief.[29] Ihm mangelte es so sehr an seines Onkels Missachtung des Lebens anderer, dass er das Beobachten seiner Schlachten nur ertrug, wenn er durchweg kettenrauchte.

Wenn auch aus einem etwas perversen Grund mag Oscar Wilde ebenfalls zugestimmt haben. „Sie müssen eine Zigarette rauchen", lässt er Lord Arthur Wotton dem Maler sagen. „Eine Zigarette ist die perfekte Art eines perfekten Genusses. Sie ist vorzüglich und hinterlässt einen unbefriedigt. Was will man mehr?"[30]

Für Florence King ist eine Zigarette eine „einzigartig vergnügliche Fußnote zum Sex ...

> Ich erinnere mich an jene entspannten Raucherphasen mit [einem meiner Liebhaber]: Der Klick des Feuerzeugs, die kurze orangene Glut in der Dunkelheit, der Aschenbecher zwischen uns – der manchmal verschüttete, weil wir so sehr lachten, dass das Bett erbebte."[31]

Der moderne Raucher muss die gesundheitlichen Risiken in Betracht ziehen. Aber wenn auch sehr wenige von uns zu sterben wünschen, besteht das Leben aus mehr als der Vermeidung des Todes. Es ist auch nicht gesichert, dass ein durch Verweigerung jeder möglichen Gefahr jämmerlich gemachtes Leben ein langes sein wird. Wie Homer vor fast 3.000 Jahren Glaukos das Wort an Sarpedon richten ließ:

> „Trautester, könnten wir ja, durch dieses Kampfes Vermeidung, Immerdar fortblühen, unsterblich beid' und unalternd; Weder ich selbst darin stellte mich unter die vordersten Kämpfer,
>
> Noch ermuntert' ich dich zur männerehrenden Feldschlacht. Aber da gleichwohl drohn unzählbare Schrecken des Todes Rings, und keiner entflieht der

> Sterblichen, noch sie vermeidet; Auf! dass wir anderer Ruhm verherrlichen, oder den unsern!“[32]

Und die früheren Raucher hatten oft eine andere Sicht vom Verhältnis zwischen Tabak und Gesundheit.

b. Die angeblichen gesundheitlichen Vorteile

Die amerikanischen Ureinwohner glaubten lange an die medikamentösen Eigenschaften des Tabaks. Er fand bei ihnen Anwendung als Heilmittel für Zahnschmerzen, Frostbeulen, Verbrennungen, Geschwüre und Ausschläge an den Geschlechtsteilen, bösartige Tumoren und vieles andere. Die europäischen Ärzte zeigten sofortiges Interesse. Tabak wurde auf eine Vielzahl von Leiden ausprobiert, und der Glaube an seine Wirksamkeit wurde im Verlauf der ersten Hälfte des 17. Jahrhunderts erheblich übertrieben. Manchmal konnte nicht jede Werbung der Tabakhändler mit der Fürsprache mancher heilkundlicher Autoren mithalten. Ein Dr. Johannes Vittich behauptete sogar, dass

> „es keinen Zweifel daran geben kann, dass, wie wir es täglich erfahren, der Tabak sämtliche Unreinheiten und jede ekelhafte und visköse Körperflüssigkeit beseitigen kann. Er heilt den Brustkrebs, offene und entzündete Wundstellen, Krätze und Kratzer, ungeachtet dessen, wie vergiftet und septisch sie sind, den Kropf, Knochenbrüche, Wundrose und viele andere Dinge. Er wird Wunden an den Armen, Beinen und anderen Gliedmaßen heilen, unabhängig davon, wie lange sie bestehen.“[33]

Er wurde insbesondere als Vorbeugung gegen die Beulenpest gelobt, eine bis zum 17. Jahrhundert regelmäßige und gefürchtete Heimsuchung Westeuropas. Während eines Ausbruchs in Nimwegen im Jahr 1636 führte Dr. Isbrand van Diemerbroeck sein Überleben trotz seiner furchtlosen Aufopferung für die Kranken auf sein starkes Rauchen zurück. Einmal, als er selber angesteckt worden zu sein glaubte, lief er nach Hause und meinte, sich allein dadurch gerettet zu haben, dass er sofort „sechs oder sieben Pfeifen Tabak“ rauchte.[34] 29 Jahre später erschien die Pest zum letzten und berühmtesten Mal in London, wo ihr in einer Bevölkerung von knapp unter einer halben Million schnell 70.000 Menschen zum Opfer fielen.[35] In seinem Tagebucheintrag vom 7. Juni jenes Jahres bezeugte Samuel Pepys den fortgesetzten Glauben an den Tabak:

> „An diesem Tag sah ich in der Drury Lane, ganz gegen meinen Willen, zwei oder drei Häuser, deren Türen mit einem roten Kreuz markiert waren, und ‚Möge der Herr uns gnädig sein' dort geschrieben, was ein trauriger Anblick für mich war, da dies das nach meiner Erinnerung erste Mal war, dass ich so etwas sah. Es versetzte mich in eine so schlechte Auffassung von mir selbst und meinem Geruch, dass ich gezwungen war, etwas gerollten Tabak zu riechen und zu kauen, was mir die Furcht nahm."[36]

Es war um diese Zeit, dass den Jungen am Eton College aufgetragen wurde, um ihrer Gesundheit willen jeden Morgen eine Pfeife zu rauchen. Ein ehemaliger Schüler erzählte später dem Antiquar Thomas Hearne, wie er eine Prügelstrafe bekam, als entdeckt wurde, dass er seine Ration nicht rauchte.[37] Anderswo in England war der Tabak bereits seit einiger Zeit, wenn überhaupt, nur Mädchen vorenthalten worden. In seiner Beschreibung seiner Reisen durch England im Jahr 1666 berichtet Jorévin de Rochefort wie sein Freund während eines Besuches in Worcester

> „mich fragte, ob es der Brauch in Frankreich war, dass, wie in England, wenn die Kinder zur Schule gehen, sie in ihren Ranzen, mit ihren Büchern, eine Tabakpfeife tragen, die ihnen ihre Mütter am frühen Morgen achtsam füllen und die ihnen statt eines Frühstücks dient; und dass zur üblichen Stunde jeder seine Bücher beiseitelegt und seine Pfeife anzündet, wobei der Lehrer mit ihnen raucht und ihnen das Halten der Pfeife und das Ziehen des Tabaks beibringt; sie somit von der Jugend an daran gewöhnt werden, im Glauben, dass dies für die Gesundheit eines Mannes absolut notwendig sei."[38]

Die Beachtung aus medizinischer Sicht war nicht auf Europa beschränkt. Die Hottentotten verarbeiteten den Tabak zu Pulver und setzten ihn als Spezifikum gegen Skorpionbisse ein. Die Chinesen verwendeten ihn in der Behandlung sowohl von Erkältungen und Hautkrankheiten als auch von Malaria, Hautparasiten und Fettleibigkeit. Vermischt mit Kiefernharz sollte er Kreislaufprobleme heilen.

Es gab Gegenmeinungen. Hadrianus Falckenburgius, einer der berühmtesten Ärzte des frühen 17. Jahrhunderts, war davon überzeugt, dass Tabak dem Gehirn schade. Es gab auch einen generellen Umschwung in der ärztlichen Meinung, sobald die extravaganteren Behauptungen widerlegt wurden. Es war offensichtlich, dass Tabak nicht Knochenbrüche richten oder Hautausschläge entfernen oder Krebs heilen oder die Pest verhindern konnte. Den Ärzten war ein einfacher, aber häufiger Fehler unterlaufen. Sie hatten das Offensichtliche beobachtet – dass die unmittelbare Wirkung des Tabaks oft die Hebung der Stimmung des Patienten war; und dies kann, selbst heute, genau so viel für die Erholung tun wie das stärkste Medikament. Ein wenig Optimismus und die völlige Abwesenheit irgendeiner statistischen Methode als Korrektiv führten sie geradewegs zur Schlussfolgerung, dass der Tabak alles heilen könne.

Aber dieser Umschwung hatte seine Grenzen. Tabak wurde als viel weniger wertvoll angesehen, wurde aber im Arzneibuch weiterhin geführt. Noch im Jahr 1901 wurde er sogar aufgrund einer glaubwürdigen Quelle als Behandlung von Atemwegserkrankungen empfohlen.[39] Und seine Beibehaltung mag gute Gründe gehabt haben. Tabak scheint die Verdauung zu fördern und die hartnäckigeren Schleimablagerungen zu lösen. Er beruhigt den Geist ebenso wie verschiedene körperliche Organe; und es gibt jene, die behaupten, dass ein wenig Rauchen helfen könnte, Geschwüre und andere stressbedingte Leiden zu vermeiden.[40] Selbst heute, nach allem, was wir gelernt oder zu glauben beigebracht bekommen haben, kann es sein, dass Tabak weniger ein kompromissloser Feind des menschlichen Körpers als ein zweifelhafter und oft kostspieliger Freund ist.

c. Die gesellschaftlichen Vorteile

Die Verbreitung des Tabaks ist zum Teil auf Anweisungen von Ärzten zurückzuführen. Aber seine fortgesetzte Beliebtheit geht auf andere Ursachen zurück. Seine physischen Verlockungen alleine hätten ihm einen Platz garantiert. Daraus folgten jedoch seine gesellschaftlichen Verlockungen. Wo immer der Tabak eingeführt wurde, er wurde in den meisten Versammlungen schnell unverzichtbar.

Die indianische Friedenspfeife ist ein Filmklischee geworden. Ob jene, die sie rauchten, ihrem Bund immer so treu blieben, wie die romantischen Anthropologen uns glauben machen wollen, darf bezweifelt werden.[41] Aber wenn Fremde miteinander verhandeln, ist der Wert einer gemeinsamen Aktivität, die entspannt, ohne den Geist zu trüben, offensichtlich. Es ist das ideale Hilfsmittel der Diplomatie; und von Tarifverhandlungen in Mittelengland bis zur Konfliktschlichtung entlang der Linie, die das freie vom sozialistischen Korea trennt, haben Zigaretten in jeder Art von Verhandlungen einen mäßigenden Einfluss ausgeübt.

Genau so wertvoll ist der Tabak beim Schließen von persönlichen Freundschaften. Es gibt wenige Plätze, an denen man sich unter völlig Fremden hinsetzen und sich sofort dem Gespräch anschließen kann. In England ist diese Art des Eindringens ganz sicher mit Nachdruck unterbunden. Ohne eine Vorstellung neigen die meisten Menschen dazu, sich gegenseitig zu ignorieren. Worte werden, wenn überhaupt, nur für eindeutig beschränkte Zwecke gewechselt. Auf alles, was darüber hinausgeht, wird argwöhnisch reagiert. Rauchen ist das traditionelle Mittel, diese Reserviertheit zu durchbrechen. Man betrachte, als ein frühes Beispiel, Joseph Addison:

> „Ich war gestern in einem Kaffeehaus nicht weit vom Royal Exchange, wo ich drei Personen sah, die sich beim Rauchen einer Tabakpfeife intensiv unterhielten; nachdem ich eine für mich gefüllt hatte, zündete ich sie daraufhin mit der kleinen Wachskerze an, die vor ihnen stand; und nachdem ich zwei oder drei Mal bei ihnen

gepafft hatte, setzte ich mich hin und gesellte mich zu ihnen. Ich muss meinem Leser nicht erklären, dass das Anzünden einer Pfeife von derselben Kerze unter brüderlichen Rauchern als ein Angebot zum Gespräch und zu Freundschaft betrachtet wird."[42]

Fast drei Jahrhunderte später hat der Tabak so ziemlich dieselbe Funktion. Man stelle sich folgendes vor: Zwei Fremde sitzen sich in einem ansonsten leeren Zugabteil gegenüber. Nach langem Schweigen räuspert sich einer und macht eine halbherzige Aussage – vielleicht über das Wetter, oder irgendetwas über die Reise. Eine Antwort wird gegeben, die nicht von jeglicher weiteren Kommunikation abhält. Eine Zigarettenschachtel wird hervorgeholt und präsentiert. Die Kosten einer Zigarette, selbst einschließlich der erheblichen Steuern, die ihr aufgesattelt werden, sind gering, doch ihr Wert als Geschenk kann hoch sein. Nicht nur wird einer gemeinsamen Aktivität nachgegangen, sondern auch eine Freundschaft angeboten. Wenn sie akzeptiert wird, kann das Gespräch beginnen. Es kann sein, dass man für den Rest der Reise die Zuwendung eines Langweilers hat. Es kann der Auftakt zu einer lebenslangen Bindung sein. Wahrscheinlicher wird sein, dass das Gespräch einfach ermöglicht hat, einige Stunden angenehmer zu verbringen, als es eine stille Zählung von Telegraphenmasten erlaubt hätte. Wenn Engländer weniger rauchten, so wird ihnen ständig – und meist auf ihre eigenen, unfreiwilligen Kosten – gesagt, dann würden sie länger leben. Zweifellos würden sie auch weniger Freundschaften schließen.

Wenn Tabak zur Überwindung von Barrieren eingesetzt werden kann, so kann er auch dazu eingesetzt werden, sie zu verstärken. Indem der Zugang zu ihm eingeschränkt wird, kann der niedrige Status bestimmter Gruppen klarer definiert werden. Es sind nicht nur die Anti-Raucher im modernen Westen, die Gesetze gegen die Versorgung von Kindern mit Tabakprodukten unterstützen; auch wurden diese Gesetze selbst nicht ausnahmslos als Reaktion auf die Gesundheitspanik der vergangenen vier Jahrzehnte in Kraft gesetzt. Außerdem kann ein Ausschluss auf irgendeinem Unterschied in der Verwendungsmethode des Tabaks begründet sein.

Die Entstehung eines solchen Unterschiedes kann man in England nach 1660 beobachten. Davor war das Rauchen – oder, viel weniger verbreitet, das Kauen – jedem Tabaknutzer geläufig, unabhängig von Vermögen, Status oder Einstellung. Die Männer, die sich im Parlament von 1641 gegenübersaßen und die sich anschließend auf den Schlachtfeldern von Naseby und Edgehill gegenüberstanden, waren über fast jeden kleinen Punkt verfassungsmäßiger oder religiöser Doktrin zerstritten. Sie trugen unterschiedliche Kleidung und zelebrierten unterschiedliche Moden. Sie gaben ihren Kindern sehr unterschiedliche Namen. Aber wenn sie Tabak benötigten, dann rauchten sie ihn von Tonpfeifen der gleichen Sorte. Die mit Karl II. zurückkehrenden Kavaliere hatten jedoch einige Zeit im französischen Exil verbracht. Während der nächsten 30 Jahre war die Regierung in jeder Hinsicht – und vieles davon war völlig beschämend – ein Satellit Versailles, so wie London, in geringerem Ausmaß, einer von Paris war. Neben Perücken, moralischer Laxheit, einem Geschmack für Versdramen und allem anderen, mit dem sich die neuen Höflinge und ihre Klienten vom Rest der Nation absetzten, gab es den Schnupftabak. Rauchen wurde als Handlung eines Provinzlers oder Puritaners betrachtet, nie die eines Gentlemans. Macaulay beschreibt die angesagtesten Kaffeehäuser jener Zeit:

> „Die Atmosphäre war wie die eines Parfümladens. Tabak in jeder anderen Form als die des reichlich parfümierten Schnupftabaks wurde als abscheulich betrachtet. Hätte irgendein Clown, ohne Kenntnis der Gepflogenheiten des Hauses, um eine Pfeife gebeten, hätten ihn der Spott der gesamten Versammlung und die kurzen Antworten der Bedienung bald davon überzeugt, dass er besser irgendwo anders hingehen sollte.“[43]

Im Gegenzug wurde das Schnupfen als Handlung eines kaltherzigen, sinnlichen Dandys betrachtet, der die alte Verfassung hasste und einen Geschmack für den römischen Katholizismus hatte.

Mit der Glorreichen Revolution von 1688 fanden sowohl der monarchistische Absolutismus als auch alle Versuche einer Gegenreformation in England ein Ende. Aber der Unterschied zwischen den Rauchern und den Schnupfern blieb im Verlauf des 18. Jahrhunderts bestehen. Das von Addison beschriebene Kaffeehaus war mit Mitgliedern der Händlerklassen und des niederen Adels gefüllt. Niemand, der einen höheren Status vorspiegeln wollte, hätte sich freiwillig in der Öffentlichkeit beim Rauchen sehen lassen. Edward Gibbon war der Enkel eines City-Händlers und verdiente, bevor er durch die Veröffentlichung seiner unsterblichen Geschichte des Verfalls und Untergangs des römischen Reiches etwas Unabhängigkeit erlangte, den größten Teil seines Lebensunterhalts mit Pfründen im Tausch für seine Stimme im Parlament. Trotzdem behauptete er, von den Habsburgern abzustammen, und während seines Schweizer Exils eignete er sich einen mehr französischen als englischen Geschmack an. Entsprechend nahm er Schnupftabak. Er erschien mit Begleitung, die mit solch blumiger Pracht gekleidet war, dass sie fast die Aufmerksamkeit von der großen Hydrozele ablenkte, die ihn eines Tages das Leben kosten würde, und verwandelte seine juwelenbesetzte Schnupftabakdose in eine solide Zeichensetzung seines Diskurses. Ein dreifaches lautes Klopfen mit den Fingern seiner rechten Hand signalisierte, dass er etwas zu sagen hatte, das er für kraftvoller und eleganter als üblich hielt. Manchmal hielt er inne, um mit überschwenglicher Geste jedem Nasenloch eine Prise des besten Schnupftabaks zuzuführen, und fuhr dann fort. Es ist, abgesehen von seiner Genialität, leicht, in Gibbon eine Karikatur eines Mannes des 18. Jahrhunderts zu sehen. Aber eine Karikatur ist oft nichts mehr als eine Übertreibung; und was die Nutzung des Tabaks betrifft, war es erst im späten 19. Jahrhundert mit der Einführung der billigen Zigarre und schließlich der Zigarette, dass die Engländer zu einer für alle Gesellschaftsklassen gemeinsamen Verwendungsform zurückkehrten.

d. Religiöse Verwendungen

Tabak, sagte Thomas Corneille, ist göttlich: Es gebe nichts Vergleichbares.[44] Angesichts der realen und augenscheinlichen Eigenschaften der Pflanze überrascht es nicht, dass dies oft als wortwörtlich wahr angesehen wurde. Die amerikanischen Ureinwohner, die im Umgang damit vertraut waren, glaubten ohne Ausnahme an den göttlichen Ursprung des Tabaks;[45] und seine rituelle Verwendung scheint so alt wie seine Entdeckung zu sein. Unter den Maya wurde er den Göttern regelmäßig sowohl als Weihrauch auf dem Altar und als Rauch von den Mündern der Anbeter dargebracht. Auf einem der am besten erhaltenen Reliefs ihres alten Tempels bei Palenque ist ein Priester zu erkennen, der eine Zigarette raucht. Unter den Azteken war Tabak ein notwendiges Begleitmittel bei den Zeremonien, bei denen Tausende von Gefangenen dem Gott Tezcatlipoca geopfert wurden. Die Medizinmänner des primitiveren Tonoupinambaultiis-Stammes in Brasilien füllten und zündeten ihre Pfeifen an und bliesen den Rauch in die Gesichter des versammelten Laienstandes, wobei der Zweck der war, die heldenhaften Tugenden zu übermitteln. „Derart vorbereitet griffen die Krieger ihre Feinde mit teuflischer Wildheit an und waren fast unweigerlich siegreich.“[46]

Ähnliche Vorstellungen wurden ganz unabhängig davon in der Alten Welt gebildet. Den Würdenträgern, die bei Dahomey in Westafrika den formal abgehaltenen Menschenopferriten beiwohnten, wurde jeweils ein mit Tabakblätter-Imitaten dekorierter Diener zugewiesen; und der König, als erster Raucher, blies Rauch in die Münder seiner Gäste. Unter den Hottentotten wurde einem Jungen, sobald er geboren war, eine Zigarre in den Mund gesteckt, während die Mutter seinen rechten Hoden abbiss und aufaß. Dies wurde als eine sehr vorteilhafte Operation betrachtet, die dem Kind, unter anderen Eigenschaften, Laufschnelligkeit verlieh.[47] Auch in Teilen Asiens hatte, und hat manchmal noch immer, der Tabak eine religiöse Bedeutung.

Aber im christlichen Europa hatte er keine. Obwohl der junge Corneille seine Göttlichkeit ausrief, sollte man dies als nichts weiter als einen poetischen Ausdruck betrachten – der Konvention folgend, dass jede Geliebte eine Göttin war und jeder militärische Mäzen ein Held. Selbst wenn seine eigene Meinung über den Tabak auf dessen Anbetung hinauslief, war die etablierte Meinung der Kirche, deren Mitglied er formal war, gegen dessen Gebrauch. Es mag seltsam, vielleicht abscheulich sein, dies zu berichten, aber gelegentlich wurde die Bekämpfung des Tabaks aus religiösen Gründen befürwortet und tatsächlich durchgeführt.

IV: Die Bekämpfung des Tabaks – Teil eins

1. Das spanische Amerika

Die von den religiösen Autoritäten im spanischen Amerika ausgehende, früheste Opposition kann, wenn auch kaum gerechtfertigt, hinreichend mit den dafür gegebenen Gründen erklärt werden. Die Konvertierung der Eingeborenen vollzog sich zumeist ohne Ausübung oder auch nur Androhung von Gewalt. So groß die verübten weltlichen Verbrechen auch waren, es gab in Amerika keine Entsprechung der religiösen Unterdrückung, wie sie bei der Wiedereroberung Spaniens von den Arabern stattgefunden hatte. Aber obwohl die Missionare keine extremen Fanatiker waren, wenn man ihren Glauben und ihr Zeitalter in Betracht zieht, so hatten sie von zu Hause eine bestimmte Überzeugung mitgebracht. Sie glaubten, dass eine wahre Konvertierung nicht nur am Festhalten an den Doktrinen ihrer Kirche und der Befolgung ihrer Zeremonien zu erkennen war, sondern auch an der vollständigen Aufgabe jeglicher Praxis, die scheinbar – unabhängig davon, wie indifferent sie an sich war – in irgendeiner Weise mit dem alten Glauben in Verbindung stand. In Spanien wurde konvertierten Juden und Moslems nachspioniert, um zu sehen, wie viele Bäder sie mehr nahmen als ihre länger etablierten Brüder und Schwestern in Christus. Wenn man in Betracht zieht, was die Missionare in Amerika alles sahen, war es unmöglich, am Anfang keine Verknüpfung zwischen Tabak und dem Heidentum zu machen. Als die Indianer in die Kirchen kamen und rauchten, als ob sie einer heidnischen Zeremonie beiwohnten, wurde ihnen dann die strengste Missbilligung entgegengebracht.

Im Jahr 1575 sprach ein mexikanischer Kirchenrat ein Verbot der Verwendung des Tabaks in jeder Kirche im spanischen Amerika aus. Das Verbot war jedoch so ineffektiv, dass sogar einige Priester ihn bald selber verwendeten. Kein Umfang an Propaganda konnte sie von der Erkenntnis abhalten, dass es einfach war, zwischen der religiösen und anderen Verwendung von Tabak zu unterscheiden.[48] Im Lauf der Zeit wurde diese Unterscheidung von allen gemacht, da das Heidentum in den Hauptzentren der Bevölkerung entweder vergessen war oder geheimgehalten wurde und die religiöse Opposition verfiel. Aber vorher wurden die Strafen gegen die Tabaknutzung erhöht. Durch Dekret des 1588 in Lima versammelten Provinzrates wurde jedem Priester am Altar seine Verwendung unter Strafe ewiger Verdammnis verboten. Ein Jahr später erklärte der Rat von Mexiko, dass

> „aus Rücksicht auf die dem heiligen Abendmahl zustehende Ehrerbietung hiermit befohlen wird, dass weder Kleriker vor dem Rezitieren der heiligen Messe, noch jegliche Person vor dem Empfang der heiligen Kommunion in irgendeiner Form Tabak zu sich nehmen dürfen."[49]

2. Europa

Während die Verbote in Amerika hinreichend durch die Umstände erklärt werden, unter denen sie auferlegt wurden, ist es jedoch schwer zu erkennen, weshalb sie, allein aus religiösen Gründen, in Europa kopiert wurden. Ein allgemeines Verbot gab es nie. In Sevilla zum Beispiel hatten bis 1642 einige Kleriker das gewohnheitsmäßige Rauchen und Schnupfen während der Messe übernommen. In jenem Jahr erließ Papst Urban VIII. nach Beschwerden eine Bulle, die die Verwendung von Tabak in jeder Kirche in der Diözese verbat, wobei die Strafe für die Missachtung die sofortige Exkommunikation war. Sein Nachfolger, Innozenz X., erließ 1650 eine ähnliche Bulle für die Sankt-Peters-Kirche in Rom.

3. Ein theologischer Exkurs

Warum wurden diese Bullen erlassen? Es ist schwieriger, eine Verknüpfung eines anwesenden Gegenstandes mit etwas herzustellen, das unvorstellbar fern ist, als wenn beide Gegenstände anwesend sind; und es hat, so weit ich weiß, niemand jemals behauptet, dass ein Mensch, der in Spanien oder Italien das Rauchen aufnimmt, dazu neigen wird, ein Feuersteinmesser zu ergreifen und einen Kult des großen Gottes Tezcatlipoca zu gründen.

4. Die Bibel

Auch kann man, wenn man diese Ausrede verworfen hat, keine direkte Kommunikation in der Bibel finden. Es gibt Aussagen gegen den Wein, die man auf den Tabak ausdehnen kann. Paulus zufolge werden Trunkenbolde nicht das Reich Gottes erben.[50] Aber diese und alle anderen Behauptungen dieser Art sind selten als Gutheißung eines Verbots von Alkohol ausgelegt worden, sondern lediglich als Aussagen gegen maßlose Schwelgerei. Es ist darüber hinaus zweifelhaft, ob Tabak derselben Substanzklasse angehört wie der Alkohol.[51] Es gibt verschiedene Exegesen, deren Methoden dazu dienen können, jeglichem Text jede Bedeutung zu geben, von der Vorhersage, wann die Welt untergehen wird, bis zur Unterstützung oder Ablehnung der Apartheid. Zweifellos könnten mit denselben Methoden die vernichtendsten Angriffe gegen den Tabak, die man sich vorstellen kann, entnommen werden. Dagegen steht jedoch der gesunde Menschenverstand, verbunden mit dem Verdacht – was zugegebenermaßen kein Beweis ist –, dass die Bibel kein Kreuzworträtselbuch ist.

Zweifellos wurde Tabak als Schadstoff betrachtet. Aber nicht als einer im üblichsten modernen Sinn des Wortes. Die zwei päpstlichen Bullen gegen seine Verwendung in der Kirche betonten zwar seine verschmutzenden Wirkungen. Menschen niesten oder spuckten gar auf den Boden. Der Rauch verfärbte das Altarleinen und gefährdete sakrale Kunstwerke. Aber obwohl Spucken eine ekelhafte Angewohnheit sein kann, so ist es nicht unhygienischer als die häufige Aussetzung und Beerdigung von Leichen in der Kirche. Das Verbrennen von Weihrauch erzeugt ebenso viel Rauch wie der Tabak, und die fettigen Ablagerungen der vergangenen fünf Jahrhunderte haben einige der besten Fresken der Renaissance beschädigt oder zerstört. Darüber hinaus zeigten viele jener Protestanten, für die eine Kirche weit weniger ein Ort des Ritus und der Ornamente war, die gleiche Abneigung. Der Tabak wurde in der Kirche weniger aufgrund des Schmutzes als Schadstoff betrachtet, sondern weil seine Verwendung als unnatürlich angesehen wurde.

5. Das Gesetz der Natur

Der vagen, zuerst von den Griechen gehaltenen Vorstellung folgend, dass „das Gute" gewissermaßen dem entspricht, was jenseits menschlicher Gepflogenheiten ist, sind Einwände gegen den Tabak oft damit begründet worden, dass er unnatürlich sei. Aber bei jeder klaren Betrachtung der Angelegenheit muss erkannt werden, dass diese Begründung völlig illusorisch ist. Erstens scheint der Begriff der Natur bei den primitiven Christen völlig unbekannt gewesen zu sein – oder zumindest ignoriert worden zu sein. Christus verwendete ihn nicht. Paulus erwähnt ihn einmal unzweideutig, und dann nur, um ein sehr triviales Argument zu beweisen.[52] Petrus gebraucht ihn sogar auf abwertende Weise: „Sie aber, unvernünftigen Tieren gleich, die von Natur aus zum Fang und Tod geboren sind, lästern, was sie nicht verstehen, und werden im Verderben jener zugrundegehen."[53] Hier wird Göttlichkeit mit der Stimme der Natur kontrastiert, nicht mit ihr identifiziert. Die Konstruktion „gegen das Gesetz der Natur" findet sich nirgends im Neuen Testament. Die Vorstellung von der Natur als Kriterium richtigen Verhaltens wurde erst von den gebildeten griechischen Konvertiten des 2. Jahrhunderts eingeführt; und erst die scholastischen Philosophen des 12. Jahrhunderts integrierten sie zu einem vollständigen und harmonischen Teil christlicher Theologie. Jene Protestanten, die systematisches Nachdenken als Hindernis – oder vielleicht als Alternative – statt als Unterstützung des Verständnisses des in der Bibel offenbarten Wortes Gottes betrachten, können daher die Worte „natürlich" und „unnatürlich" nie gefahrlos verwenden. Ein Protestant, der der Behauptung Ausdruck verleiht: „Wenn

Gott gewollt hätte, dass wir rauchen, dann hätte er Schornsteine auf unsere Köpfe gesetzt“, macht der Hure Babylon gegenüber potentiell gefährliche Konzessionen.

Zweitens, während Katholiken keine Angst vor der Verwendung dieser Worte haben müssen, ist das Problem, was das Rauchen betrifft, ihnen eine bestimmte Bedeutung zu geben. Kann gesagt werden, dass, wenn der Raucher seine Vernunft dem Wunsch nach körperlichem Genuss unterordnet, er seine ihm von Gott gegebene Natur ablehnt? Wenn Tabak wie Alkohol wäre, dann könnte die Antwort Ja lauten. Normalerweise führt gewohnheitsmäßiges, maßloses Trinken zur Zerstörung sowohl des Geistes als auch des Körpers. Die Wirkung von Nikotin ist einfach die, ihren Zustand auf unterschiedliche, vergleichsweise milde, Art zu ändern. Auch erzeugt es, anders als Alkohol, keine den Willen zerstörende Sucht. Es hat immer einige Raucher gegeben, für die das Aufgeben schmerzhaft anstrengend war. Dies bedeutet jedoch üblicherweise eine Depression und eine gewisse Reizbarkeit, die ihre größte Intensität innerhalb etwa eines Tages nach der Aufgabe erreicht und danach stetig abnimmt. Das Verlangen kann Jahre bestehen bleiben. Aber die physiologischen Auswirkungen sind kein Vergleich zu den Halluzinationen und Krämpfen, die einige austrocknende Alkoholiker empfinden. Diese Tatsachen sind aus Erfahrung so offensichtlich wahr, dass ich kaum verstehen kann, wie jemand mit Augen und Gehirn ihnen ehrlich widersprechen könnte.

Es kann auch nicht konsequent behauptet werden, dass das Rauchen eine unnatürliche Verwendung körperlicher Funktionen darstellt. Im Jahr 1653 veröffentlichte ein Komitee sächsischer Bischöfe und Universitätsprofessoren ein Manifest, in dem wir lesen, dass

> „es sowohl gottlos als auch unschicklich ist, dass der Mund des Menschen, mittels welchem die unsterbliche Seele ein- und austritt, der Mund, dessen Zweck es ist, frische Luft einzuatmen und Lobpreisungen des Allerhöchsten zu äußern, durch das Einziehen und Ausdünsten von Tabakrauch entweiht werde“.[54]

Rauchen bedeutet für die Lungen eine neue und unerwartete Verwendung. Wenn wir Darwinisten sind, können wir zwar sagen, dass die Lungen sich nicht zu diesem Zweck entwickelt haben; aber wenn wir Kreationisten sind – wie es die meisten Christen vor dem letzten Jahrhundert waren –, wer sind wir, dass wir sagen könnten, was sich Gott für unsere Organe gedacht hat, als er damals, Ende Oktober 4004 vor Christus, die Himmel und die Erde aus dem Nichts schuf? An und für sich betrachtet ist Rauchen weder mehr noch weniger ein Missbrauch der Natur, als es das Rasieren von Teilen unseres Körpers oder das Aufsetzen einer Brille auf den Nasenrücken ist.

Die offensichtliche Antwort hier wäre der Hinweis auf medizinische Beweise. Ob wir alle Behauptungen gegen den Tabak als wahr oder auch nur wahrscheinlich zu betrachten gedenken oder nicht, sind wir leicht in der Lage, zwischen dem Anzünden einer Zigarette und dem Tragen einer Brille zu unterscheiden. Aber was wir tun können, ist gegenwärtig unwichtig. Die Frage ist, auf welcher Grundlage die Menschen des 16. und 17. Jahrhunderts die Verwendung von Tabak von einer beliebigen Zahl anderer, nicht-natürlicher, jedoch akzeptierter Aktivitäten unterscheiden konnten. Und in Anbetracht der ihnen vorliegenden medizinischen Beweise hatten sie nicht die geringste Grundlage.

6. Der wahrscheinlichste Grund

Wenn eine Animosität gegenüber einer Handlung oder einer Substanz auf Gründen basiert, die diese offensichtlich, oder ausweislich des verfügbaren Wissens, nicht stützen, dann ist die wahrscheinlichste Erklärung die, dass die angegebenen Gründe falsch sind. Obwohl die Angriffe gegen den Tabak häufig mit theologischen Begriffen formuliert wurden, folgen sie weder einem vernünftigen Verständnis der Bibel, noch irgendeinem konsistenten scholastischen Gedankengang. Sie entstehen stattdessen in aller Wahrscheinlichkeit aus zwei Thesen. Die erste ist, dass jedem Novum zu misstrauen ist. Selbst mit den vielen Gründen zur Verachtung dieser schlimmsten Sorte des Konservatismus, die wir im Westen haben, geben wir ihm manchmal nach. Sie herrschte weit mehr über unsere Vorfahren.

Als das Rauchen gerade erst in England eingeführt worden war, so geht eine Geschichte, saß Sir Walter Raleigh zu Hause und genoss in Ruhe eine Pfeife. Ein Gärtner betrat sein Zimmer und goss im Glauben, dass sein Herr Feuer gefangen hatte, einen Eimer Wasser über ihn aus. Eine weniger lustige Geschichte erzählt, wie Rodrigo de Jerez – der, wie wir uns erinnern, vielleicht der erste Tabak rauchende Europäer war – in seine Heimat zurückkehrte, wo er seine Nachbarn mit den aus seinem Mund quellenden Rauchwolken so sehr in Angst versetzte, dass sie ihn bei der Inquisition anklagten und dafür sorgten, dass er eingesperrt wurde. Er blieb mehrere Jahre im Gefängnis. Nach seiner Entlassung entdeckte er, dass jeder andere das Rauchen aufgenommen hatte.[55]

Die zweite These ist die, dass alles, was andere genießen, man selbst aber nicht, falsch ist. Diese Antipathie gegen das Genussempfinden anderer Menschen ist in keiner Generation jemals ganz inaktiv gewesen; und manches Mal ist sie völlig entfesselt worden. In dem Ausmaß, wie der Tabak seinem Konsumenten Genuss bringt, hat er immer den Hass jener puritanischen Fanatiker auf sich gezogen, die, wie Macaulay so einprägsam spottete, „die Bärenhatz nicht wegen des Bären Qual hassten, sondern weil sie den Zuschauern Freude bereitete".[56] Das 16. und 17. Jahrhundert war eine Zeit, in der die Puritaner jeglicher Sekte am mächtigsten waren. Nachdem sie den Tabak aus Gründen zu hassen begonnen hatten, die sie kaum der Öffentlichkeit – oder sogar ehrlicherweise sich selbst – gegenüber zugeben konnten, scheint nur naheliegend, dass sie nach jeder theologisch begründeten Anklage griffen, ohne darauf zu achten, diese angemessen zu rechtfertigen.

V: Die Verfolgung des Tabaks – Teil zwei

Es mag den Anschein haben, dass ich der Erklärung der religiösen Verbote in Europa viel zu viel Raum gegeben habe. In ihrem Wesen und Ausmaß waren sie immer eingeschränkt. Sie wurden niemals streng durchgesetzt. Jedoch, obwohl sie selbst eingeschränkt waren, setzten sie ein Beispiel und boten Ausreden für viel bedeutsamere, vom Staat ausgehende Angriffe auf den Tabak.

1. Deutschland

Die bedeutendsten Angriffe innerhalb der Christenheit fanden im Heiligen Römischen Reich statt, jener losen Konföderation von Staaten, die nominell oder tatsächlich unter Habsburger Herrschaft standen, die ungefähr die heutigen Gebiete Deutschlands, der Tschechischen Republik, Österreichs, der Niederlande und Norditaliens umfassten. Obwohl der Dreißigjährige Krieg katastrophal war, beendete er die militärische Debatte über die Reformation. Zwar konnten die individuellen Staaten des Reiches weiterhin innerhalb ihres eigenen Zuständigkeitsbereichs Andersgläubige verfolgen; aber die Formulierung „cuius regio eius religio" – wessen Gebiet, dessen Religion – frustrierte die Zeloten auf beiden Seiten. Es ist wahrscheinlich kein Zufall, dass der Ruf gegen den Tabak innerhalb weniger Jahre nach Beendigung des Krieges erhoben wurde.

Nichts konnte den Nervenkitzel einer religiösen Kontroverse hundertprozentig ersetzen. Der Tabak aber, da sowohl neu als auch beliebt, war ein guter Ersatzfeind. Federn, die zuvor für oder gegen die wahre Gegenwärtigkeit der Prädestination geschrieben hatten, setzten den gleichen hysterischen Tintenfluss fort, lenkten ihn jedoch in eine andere Richtung. Der berühmteste dieser umgeleiteten Polemiker war Jacob Balde, ein Jesuit, dessen Schriften ihn als etwas zwischen dem Juvenal und dem David Simpson seines Zeitalters offenbaren. Man nehme zum Beispiel die folgenden Passagen:

> „Sobald ein Schiff mit Tabak aus Übersee in den Hafen einfährt – sie können es kaum erwarten, bis die stinkende Fracht gelöscht ist –, nehmen sie das erste Boot, das sie finden können, und begeben sich zum Schiff. Dann muss eine Kiste geöffnet werden und eine Tabakprobe von der Rolle abgeschnitten werden, um damit das scheußliche Zeug schmecken zu können, in das sie ihre Zähne so gierig stecken, als ob es der allerleckerste Bissen wäre. Wenn es ihrem Geschmack entspricht, dann dürsten sie geradezu danach, es zu genießen, und sind vor Freude ganz aufgelöst. Nach einer Phase des Gaffens beginnen sie zu handeln und nach dem Preis zu fragen; Dukaten oder goldene Guineen, es ist ihnen gleich – für Ware wie solche werden keine Kosten gescheut: Was nutzt einem das Geld, sagen sie, wenn es müßig im Beutel liegt? Geld, wie wir alle wissen, ist wertvoller als die Tugend, aber ihnen ist der Tabak noch wertvoller. ...
>
> Welchen Unterschied gibt es zwischen einem Raucher und einem Selbstmörder, außer den, dass der eine länger braucht, sich umzubringen, als der andere? Aufgrund dieses ewigen Rauchens trocknet das reine Öl der Lebenslampe aus und verschwindet, und die helle Flamme des Lebens selbst flackert und verlischt allein aufgrund dieser barbarischen Angewohnheit.“[57]

Die Obrigkeiten waren oft der gleichen Meinung. Der Erzbischof von Köln – der auch ein politischer Herrscher war – verordnete bereits 1649 ein allgemeines Verbot von „Kauf und Verkauf sowohl als den Gebrauch des Tubacks überall mit Ernst bei Vermeidung unserer Ungnade und Strafe, neben Konfiskation selbigen Tubacks und deren Tubackspfeifen zu interdicieren“.[58] Die Härte der Strafe, entweder ein Bußgeld oder Gefängnis, erhöhte sich mit einer Wiederholung des Vergehens. Einer der im

Dekret gegebenen Gründe war die Brandgefahr. In jenen Tagen dicht gebauter Holzhäuser, vor der Entstehung der Hausratsversicherung oder effizienter Feuerwehren, war dies ein gefährliches Risiko und erklärt einen Teil, das muss man zugestehen, der Abneigung gegen den Tabak. Aber während man Gesetzen gegen das Rauchen Verständnis entgegenbringen kann, so geht weder vom Schnupfen noch vom Kauen des Tabaks eine Brandgefahr aus. Ich könnte auch, nebenbei, bemerken, dass das Verbot den medizinischen Gebrauch von Tabak einschloss. Was für eine Fürsorge zeigt eine Regierung für ihre Untertanen, wenn sie ihnen eine Substanz vorenthält, von der sie glauben – auch wenn es falsch sein mag – dass sie ein wertvolles Medikament ist?

Im Jahr 1652 erließen die Kurfürsten von Bayern und Sachsen allgemeine Verbote. Im selben Jahr schloss sich der Rat von Mähren an. Innerhalb weniger Jahre waren das Rauchen und anderer Tabakgebrauch im Großteil des Reiches zumindest eingeschränkt, wenn nicht verboten. Bis 1691 war in Lüneburg für das Rauchen sogar die Todesstrafe vorgesehen.

Selbstverständlich hatten diese Erlasse keine große Wirkung – ausgenommen vielleicht die, den Ruf der Gesetzgebung zu schädigen, da sie zu unmoralischen und unerreichbaren Zwecken pervertiert worden war. 1662 beschwerten sich die Böhmen in einer Proklamation, wie der Tabak, trotz aller Bemühungen, ihn zu unterdrücken, nun von jedem geraucht werde – sogar auf den Straßen. „Das gemeine Volk“, so begannen sie,

> „hat sich so sehr dem Missbrauch hingegeben, dass es sich ein Leben ohne mehrere Pfeifen Tabak am Tag nicht vorstellen kann – und verschwendet somit in diesen notleidenden Tagen die Pfennige, die es für sein tägliches Brot braucht.“[59]

2. Die Schweiz

Eine ähnliche Erfahrung gab es in jenen Teilen der Schweiz, wo die Calvinisten herrschten. Diese düstere – und in vielerlei Hinsicht skandalöse – Doktrin inspirierte die Obrigkeiten dazu, mit derselben Grausamkeit gegen den Tabak vorzugehen, mit der sie ihre anderen Eingriffe gegen Dinge vornahmen, die private Angelegenheiten hätten sein sollen. Nachdem die ersten Gesetze völlig gescheitert waren, wurden härtere ausprobiert. In Zürich zum Beispiel entschieden im Jahr 1667 der Bürgermeister und der Rat, dass Straftäter gezwungen werden sollten, an der Reparatur der Stadtmauern zu arbeiten. Im Wiederholungsfall sollten sie mit Stöcken geschlagen, gebrandmarkt oder ins Exil geschickt werden. In Bern wurde eine auf den zehn Geboten basierende Tabelle von polizeilichen Regeln aufgestellt, und das Rauchen wurde dem Ehebruchsverbot hinzugefügt. 1675 wurde eine als „Tabakkammer" bezeichnete Institution nach Vorbild der römischen Inquisition gegründet, deren Zweck es war, sämtlichen Gebrauch von Tabak aufzuspüren und zu bestrafen. Aber diese Gesetze versagten ebenso gänzlich wie die ersten. Die Schweizer liebten ihren Tabak zu sehr. Einige von ihnen fingen zudem an, aus dem Handel mit ihm große Summen zu schlagen. Die Obrigkeiten der Stadt Basel, die zur Heimat eines internationalen Tabakmarktes geworden war, verweigerten sich allen Befehlen und Überzeugungsversuchen, in den Handel einzugreifen.

3. Russland

Die Regierung Russlands war damals, wie immer, bei der Sicherstellung des Gehorsams ihrem Willen gegenüber weniger zurückhaltend als ihre westlichen Pendants. Der orthodoxe Klerus dort war aus den weitgehend gleichen Gründen wie die römische Kirche gegen den Tabak. Aber, da er Augustinus und Thomas von Aquin nicht kannte – sowie überhaupt jede spekulative Theologie –, zog er es vor, seinen Widerstand auf den folgenden Text zu gründen: „Was aus dem Menschen herauskommt, das macht ihn unrein."[60] Sie hatten in Michail Fjodorowitsch, dem ersten Zar der Romanows, einen starken Verbündeten. Seine Regentschaft, von 1613 bis 1645, war eine Zeit erbitterter Verfolgung aller Konsumenten des Tabaks, ob als Raucher oder auf andere Weise. Er erklärte dessen Gebrauch zur Todsünde und untersagte dessen Besitz zu jeglichem Zweck. Ein Tabakgericht wurde gegründet, um Gesetzesbrüche zu ahnden. Seine üblichen Strafmaßnahmen waren das Aufschlitzen der Lippen oder eine schreckliche, manchmal tödliche, Auspeitschung mit der Knute. Manchmal wurden die Schuldigen kastriert; oder, wenn sie reich waren, wurden sie nach Sibirien ins Exil geschickt, während ihr Eigentum konfisziert wurde.

4. Türkei

Die extremste Verfolgung jedoch fand im Osmanischen Reich statt. Obwohl es noch auf dem Höhepunkt seiner Macht war, obwohl es sogar noch 1683 in der Lage war, Wien zu belagern, befand sich das Reich im Verfall. Der strenge, aber beschränkte Autoritarismus, mit dem es den Türken möglich gewesen war, den gesamten südlichen und östlichen Saum des Mittelmeers zu erobern, von Casablanca bis Bagdad, von Budapest bis Assuan, war der schlimmsten Form des orientalischen Despotismus gewichen. Jeder neue Sultan tauchte aus einer Serail-Intrige auf. Er sicherte sich seine Macht, indem er seine Brüder massakrierte. Seine Machtausübung wurde weder durch Institutionen noch durch Bräuche gezügelt. Er herrschte in seiner Hauptstadt mit einer Kabale aus Eunuchen und Günstlingen und in den Provinzen durch Statthalter, die ihm allein unterstanden. Trotzdem gab es ausgezeichnete, sogar großartige Sultane, deren Bemühungen viel dazu beitrugen, das Überleben des Reiches bis ins 20. Jahrhundert sicherzustellen. Aber es gab auch Sultane, die in jeder Hinsicht aus den Seiten von Sueton oder Tacitus hätten springen können. Murad IV., der von 1623 bis 1640 herrschte, war ein Sultan der letzteren Sorte. Zu den speziellen Objekten seiner Tyrannei gehörte der Tabak.

Da Mohammed fast 1.000 Jahre vor der europäischen Entdeckung Amerikas gestorben war, schweigt der Koran über den Tabak genauso wie die Bibel. Wie die Bibel spricht er sich deutlich gegen den Alkohol aus: „Trank, Glücksspiel, ... sind nur ein Greuel vom Werk des Satans. So meidet ihn, auf dass es euch wohl ergehen möge!“[61] Aber es hat immer Zweifel gegeben, ob diese Verbote den Tabak umfassen. Wie das Christentum ist der

Islam in seiner philosophischen Theologie sehr vom Aristotelismus beeinflusst worden; und keiner, der Thomas von Aquin gelesen hat, wird die Grundsätze der Werke von al-Ghazali und seinen Anhängern unverständlich finden. Aber wiederum war nie ein Begriff des Natürlichen und Unnatürlichen geformt worden, der einen konsistenten Angriff auf das Rauchen oder jeden anderen Gebrauch des Tabaks ermöglicht hätte. Sicherlich, die extrem gläubigen Moslems verurteilen ihn, wie sie alle Genüsse verurteilen, die nicht unmittelbar mit der Betrachtung Gottes in Verbindung stehen. Aber obwohl solche extreme Hingabe immer respektiert wird, ist sie im Islam nicht weiter verbreitet als in anderen Religionen. Die allgemeine Meinung heute überall in der islamischen Welt ist, dass der Gebrauch von Tabak weder gegen den Koran noch unnatürlich ist. Nicht einmal die Wahhabiten Saudi-Arabiens, die die strengste islamische Sekte darstellen, betrachten das Rauchen als Straftat.

Im 17. Jahrhundert, als der Tabak noch eine Neuheit war, gab es noch unterschiedliche Meinungen. Während Theologen das Weinverbot als eines betrachteten, das sich allgemein auf alle stimmungsverändernden Substanzen bezog, war es kaum aus Frömmigkeit, dass der Sultan sich gegen das Rauchen wendete. Im Widerspruch gegen das ausdrückliche Wort Gottes war er ein heftiger Trinker, und es war eine Komplikation der vom Trinken hervorgebrachten Gicht, die schließlich seinen Tod verursachte. Wahrscheinlich hasste er den Tabak aus demselben Grund, aus dem er von den europäischen Puritanern gehasst wurde – weil er anderen einen Genuss gab, den er nicht kannte oder nicht kennen wollte.

Es wird gesagt, auch wenn die Expertenmeinung nicht einhellig ist, dass Gesetze gegen das Rauchen während einer der vorangegangenen Regentschaften entstanden waren und dass die Strafe für ihre Missachtung die war, dem Schuldigen einen Pfeifenstiel durch die Nase zu bohren und ihn auf den Straßen Konstantinopels auf einem Esel reitend vorzuführen. Murad dagegen bemühte sich, das Rauchen mit einer Gründlichkeit und Brutalität zu unterdrücken, die in der Geschichte einzigartig ist.

Wie bei Nero war ein Brand seine unmittelbare Ausrede für die Verfolgung.

Am 7. August 1633, während in der Hauptstadt die Geburt seines Sohnes mit allgemeinem und wohlüberlegtem Jubel gefeiert wurde, landete ein Feuerwerkskörper auf einem am Goldenen Horn ankernden Schiff und setzte es in Brand. Bevor das Feuer unter Kontrolle gebracht war, hatte es 20.000 Holzgebäude vollkommen zerstört. Da die Feuerwehr ein staatliches Unternehmen war und die ihr vorstehenden Beamten sich höchst inkompetent verhalten hatten, gab es einen Aufschrei. Männer versammelten sich in den Kaffeehäusern und brachten über einer Pfeife Tabak im Gespräch miteinander ihre Beschwerden vor. Murad wusste bald darüber Bescheid, weil er selbst seinen eigenen Spionen misstraute und es deswegen seine Angewohnheit war, in Verkleidung durch Konstantinopel zu gehen. Entsprechend erließ er ein Dekret, das erklärte, dass das Feuer von den Rauchern verursacht worden sei, und befahl, dass alle Örtlichkeiten, die bekannt dafür waren, dass sich Raucher dort versammelten, abzureißen seien.

Diesem Dekret folgte bald ein weiteres, in dem das Rauchen bei Todesstrafe verboten wurde. Murad setzte seine geheimen Ausflüge fort und fügte seiner Rolle als Spion die des Polizisten, des Richters und des Henkers hinzu. Es gefiel ihm, einen vermuteten Tabakhändler anzusprechen, ihn anzubetteln, ihm eine kleine Menge zu verkaufen, und einen Preis anzubieten, der sogar im Vergleich zu den auf dem schwarzen Markt erzielbaren unerhört war. Wenn die Vorsicht des Händlers von seiner Gier überwältigt wurde und er einen Beutel Tabak hervorholte, wurde er von Murad auf der Stelle geköpft. Sein Körper blieb als Exempel der Reichsjustiz auf der Straße liegen. Ohne Ausnahme wurde sein Eigentum konfisziert.

Wo immer der Sultan hinging, stieg die Zahl der Hinrichtungen. Selbst auf dem Schlachtfeld bestand er darauf, Raucher ausfindig zu machen und sie zu bestrafen, indem er sie köpfte, erhängte, vierteilte oder ihre Extremitäten zerschmetterte und sie zwischen den Fronten hilflos zurückließ. Keiner weiß, wieviele aufgrund dieses beschämenden Gesetzes litten, obwohl Murad bei seinem Tod im Alter von 29 Jahren weit über 100.000 seiner Untertanen hingerichtet hatte – ein Viertel davon in seinen letzten fünf Jahren. Dies mag für uns eine sehr kleine Zahl erscheinen, die wir jetzt gewohnt sind, die Zahl der Opfer von Tyrannen in Millionen oder Zehnmillionen zu zählen. Aber für einen Mann, dem keine Gaskammer und kein Maschinengewehr zur Verfügung stand – und dessen Marotten nie den vollständigen Wahnsinn entfalteten, Bauern zu sagen, wie sie ihre Nahrungsmittel anzubauen haben –, ist 100.000 eine sehr „respektable" Zahl für eine 17-jährige Herrschaft.

Trotz all seiner Bemühungen jedoch versagten die Gesetze Murads so vollständig wie jene in Europa später in jenem Jahrhundert. Die Türken und die unterworfenen Völker des Reiches rauchten weiterhin. Mohammed IV. – der selber ein Raucher war – hob die Gesetze 1648 auf; sie wurden nicht wieder eingeführt.

5. Japan

Nicht jedes Verbot jedoch wurde aus religiösen Gründen ausgesprochen. Der japanische Shogun kannte weder den jüdischen Monotheismus noch die griechische Philosophie, als er 1609 die Kultivierung und den Gebrauch von Tabak für jeglichen Zweck untersagte; seine erklärte Absicht war lediglich, den Frieden zu wahren. In jenem Jahr hatten sich in der alten Hauptstadt Kyoto die Raucherklubs „Brombeere" und „Lederhosen" gebildet. Ihre Mitglieder – hauptsächlich junge Adelsleute – waren an den ungeheuer langen und schweren Pfeifen zu erkennen, die sie entweder wie Schwerter an ihren Hüften befestigt hatten oder von Dienern hinter sich hertragen ließen. Ihr Hauptvergnügen bestand darin, Straßenschlachten zu provozieren. Nach einem Aufschrei wurden die Klubs aufgelöst; und da, wie so oft, die Missbilligung dessen, was schändlich war, auf das ausgedehnt wurde, was nur zufällig damit verbunden war, wurde das Rauchen verboten.

Während die Klubs unterdrückt wurden, wurde das Verbot des Tabaks ignoriert. Entweder waren die Obrigkeiten nicht in der Lage, zwischen dem Rauchen und den Störungen zu unterscheiden, oder die öffentliche Ordnung war nur eine Ausrede für den Angriff auf den Tabak. Denn 1612 kam das Dekret hinzu, dass das Eigentum eines jeden, der beim Verkauf von Tabak erwischt wurde, dem Ankläger gegeben werden sollte. 1616 wurden die Strafen noch verschärft. Aber all das hatte keine Auswirkung. Es dauerte nicht lange und die Gesetze wurden selbst von den Fürsten, die sie aufgestellt hatten, gebrochen. Der Tabak wurde stillschweigend in die japanische Tradition aufgenommen; und bald wurde eine Pfeife der Tasse Tee hinzugefügt, die einem Gast in höflicher Gesellschaft angeboten wurde. Alle Gesetze dagegen wurden 1624 aufgehoben. Einige wenige Jahre nach 1695 gab es einen schwachen Versuch, sie wieder in Kraft zu setzen. Aber dies lief nie auf mehr hinaus als auf ein unbedeutendes Ärgernis. Die Japaner gehören weiterhin zu den stärksten Rauchern weltweit; und das seltene Vorkommen von Lungenkrebs unter ihnen bringt die Anti-Raucher-Hysteriker unserer Tage ständig in Verlegenheit.[62]

6. England

Auch in England war der Widerstand gegen den Tabak nicht in erster Linie religiös. Wie im Rest der Nation war der Tabak im Klerus zu beliebt, als dass sein Verbot als gottlos jemals ernsthaft zur Debatte stand. Der Widerstand, den es gab, kam hauptsächlich von einem Mann. Was genau Jakob I. am Tabak missfiel, ist unbekannt. Mackenzie meint, dass die ganze Leidenschaft den Hass verdecken sollte, den er gegen Sir Walter Raleigh hegte.[63] Vermutlich missfiel ihm lediglich der Gedanke an all den Genuss, den andere daraus empfingen. Was immer der Grund war, es war sein großes Unglück, dass er den Tabak so bitterlich hasste wie sein zeitgenössischer Thron-Kollege Murad in der Türkei. Denn er war völlig außerstande, diesen Hass zu unterdrücken.

Die Tudors trugen ihren Absolutismus gerne zur Schau; und aufgrund ihrer Verstaatlichung der anglikanischen Kirche, und somit der Beseitigung jeder alternativen Autorität innerhalb des

Königreiches, waren sie auf dem Papier die mächtigsten Monarchen im christlichen Europa. Aber ihre Macht war fast ausschließlich eine Fassade. Auf dem europäischen Festland hatte das Wachstum stehender Heere im 16. Jahrhundert überall die Verfassungen zerstört oder ernsthaft geschwächt, die einst die königliche Macht eingeschränkt hatten. In England war diese Entwicklung verzögert worden, bis ihre Wirkungen anderswo offensichtlich geworden waren und der Wille und Grund gefunden worden waren, sich ihr zu widersetzen. Philipp von Spanien, dessen theoretische Macht über seine Untertanen er mit dem Papst teilte, konnte mit einem Federstrich die Steuern erhöhen und jede Person oder Institution zermalmen, die es wagte, sich ihm zu widersetzen. Elisabeth von England stand allein zwischen ihren Untertanen und Gott, hatte aber, abgesehen von ihrer Palastwache, keine bewaffnete Streitmacht unter ihrer alleinigen Befehlsgewalt; und Geldmittel musste sie beim Parlament beantragen, das sie beeinflussen, aber nie beherrschen konnte. Ihre Macht war eine Fassade, die von ihrer eigenen Persönlichkeit und der liebevollen Duldung ihrer Untertanen zusammengehalten wurde.

Jakob, ihr Neffe und Nachfolger, kam im Jahr 1603 aus Schottland im Glauben, er habe wirklich eine Position unbeschränkter Macht geerbt – dass er wirklich, wie die höfischeren Geistlichen täglich predigten, als Gottes Stellvertreter auf Erden zu betrachten war. Er entdeckte bald die wahren Verhältnisse in England. Er hatte keine Kraft der Persönlichkeit, und sobald seine Untertanen ihn abgeschätzt hatten, begannen sie, ihn offen zu verachten. Er war schottisch. Er war missgestaltet. Er stank. Er sabberte. Er war ein passiver Homosexueller, der seine Liebhaber auf öffentliche Kosten bereicherte. Zweifellos war er gebildet. Während jedoch Elisabeths Bildung sehr gut zu ihr stand, äußerte sich seine in Form einer nörglerischen Pedanterie, die jene in seiner Umgebung belustigte. Selbst sein einziger großer Dienst am Volk, der Frieden mit Spanien, wurde nach den Maßstäben der Zeit als Feigheit verurteilt. Seine gesamte Regentschaft wurde vom Streit über Geld überlagert, und der vermengte sich schließlich mit einem Streit über die Bedeutung seines Titels. Er wollte offenen Zugang zum Vermögen Englands. Das Unterhaus widersetzte sich jedem seiner Versuche. Als es zu einem Angriff gegen den Tabak kam, hatte er keine besseren Waffen zur Hand als eine Propagandakampagne und die wenigen fiskalischen und regulativen Zuständigkeiten, die zu den schwindenden Privilegien gehörten, die ihm noch verblieben waren.

Sein erstes Propagandawerk wurde innerhalb einiger Monate nach seiner Thronbesteigung geschrieben. Auf Latein[64] lamentiert er, wie England von seiner alten Herrlichkeit abgefallen ist. Früher seien seine Söhne mutig im Krieg und gehorsam gegenüber den Obrigkeiten im Frieden gewesen. Jetzt sei der Klerus nachlässig, der Adel versinke in Müßiggang und das Volk als ganzes erleide einen raschen moralischen Verfall. Die einzige Antwort sei eine Reform von oben, und der Anfang werde die Abschaffung des alles korrumpierenden Krauts sein. Da diese Argumente keine erkennbare Wirkung entfalteten, unternahm Jakob seinen nächsten Versuch auf Englisch.

„A Counterblaste to Tobacco", das 1604 anonym veröffentlicht wurde – die Autorenschaft wurde erst 1616 öffentlich eingeräumt –, wiederholt das frühere Pamphlet, führt es aber auch näher aus. Rauchen wird als ein neuer, von Barbaren übernommener Brauch verurteilt. Sein medizinischer Nutzen wird abgestritten. Stattdessen wird ganz entschieden seine Schädlichkeit behauptet: Es mache süchtig, oft mache es „eine Küche ... aus den Innereien der Menschen, es verdreckt und infiziert sie mit schmierigem und öligem Ruß, wie er in einigen regelmäßigen Tabaknehmern gefunden wurde, die nach ihrem Tod seziert wurden".[65] Schließlich kommt es zum berühmten Schlusswort an das englische Volk:

> „Habt ihr keinen Grund, euch zu schämen und auf diese schmutzige Neuheit zu verzichten, die so niederträchtig unterstützt, so töricht angenommen und deren angemessene Verwendung so grob missverstanden wurde? Bei eurem Missbrauch ihrer sündigt ihr gegen Gott, scha-

> det eurer Person und euren Gütern und nehmt darüber zudem die Zeichen und Andeutungen der Eitelkeit an: Indem ihr diesen Brauch übernehmt, löst ihr bei den fremden zivilisierten Nationen Verwunderung aus und werdet von allen Ausländern unter euch verachtet und verurteilt. Ein Brauch, der für das Auge widerlich, für die Nase abscheulich, für das Gehirn schädlich, für die Lungen gefährlich ist, und dessen schwarzer, stinkender Qualm am ehesten dem schrecklichen Rauch des Styx des bodenlosen Abgrunds gleicht."[66]

Abgesehen von den Ausrufen einiger Schmeichler, war die Antwort auf diese königliche Frage ein solides „Nein". Die Engländer setzten das Rauchen fort. Und so versuchte der König, den Überredungsversuchen mit Gewalt nachzuhelfen. In einer Proklamation vom 17. Oktober 1604 erhöhte er den auf Tabak zu entrichtenden Importzoll um genau 2.000 Prozent – von zwei Penny auf sechs Schilling acht Penny pro Pfund Sterling. Während dies auf dem Papier ein heftiger Anstieg war, war jedoch seine praktische Auswirkung kaum größer als die der Pamphlete. Die Steuer wurde durch Schmuggelei und Eigenanbau umgangen. Hätte man ihm erlaubt, in allem zu tun, was er wollte, hätte Jakob seinen fiskalischen Angriff möglicherweise fortgeführt. Unter den gegebenen Umständen war er jedoch gezwungen, ihn aufzugeben.

7. Tabak verwandelt sich in Gold

Nach ersten Jahren in Armut erkannten einige der englischen Siedler in Nordamerika, dass sie Geld mit dem Anbau von Tabak für den Export verdienen konnten. Die erste bekannte Lieferung nach England fand 1613 statt, wurde dort aber nicht begrüßt, da die in Virginia beheimatete Nicotiana rustica dem von den spanischen Plantagen erhältlichen tabacum weit unterlegen war. In den Jahren 1616 bis 1617 verschiffte Virginia 2.300 Pfund (circa 1.043 Kilogramm) nach London, verglichen mit 58.300 spanischen Pfund (circa 26.444 Kilogramm). Innerhalb von zwei Jahren verschiffte Virginia mehr als 20.000 Pfund.[67] 1620 wurden 40.000 Pfund importiert.[68] Als der Handelsumfang zunahm, gewannen die Kolonisten sowohl merkantile als auch politische Verbündete in England; und bald verlagerten sich die Bemühungen von der Unterdrückung sämtlichen Tabaks zur Förderung des Tabaks aus Virginia auf Kosten des ausländischen.

Gleichzeitig brauchte Jakob weiterhin Geld. Jetzt wurde entdeckt, wie leicht es war, importierten Tabak zu besteuern, und was für immense Summen dadurch erhoben werden konnten. 1608 senkte Jakob den Zoll auf einen Schilling und vertraute die Eintreibung einem seiner Liebhaber an. 1615 schloss er den Tabakimport zu einem königlichen Monopol zusammen – unter offenem Bruch des eindeutig formulierten Gesetzes von 1602 – und vermietete es auf einer jährlichen Basis von 14.000 Pfund. 1619 verschärfte er das Monopol, indem er den Tabakanbau in der Umgebung Londons untersagte. Im folgenden Jahr dehnte er dieses Verbot auf ganz England aus und begann somit einen Krieg, der, wenn auch gelegentlich abklingend, noch immer zwischen dem Staat und den Bürgern über das Recht geführt wird, das Kraut seiner Wahl im eigenen Garten anzubauen.

Karl I. teilte die Abscheu seines Vaters vor dem Tabak, auch wenn er maßvoller vorging; und er untersagte seinen Höflingen dessen Gebrauch in seiner Gegenwart. Aber er war zu knapp an Geld, um bei seiner Quelle wählerisch zu sein. Er führte das Monopol fort. 1633 fügte er ihm eine Lizensierung der Händler hinzu. Sowohl er als auch Jakob wetterten gegen die angeblich suchterzeugende Natur des Tabaks. Aber obwohl es in sämtlichen nachfolgenden Regentschaften unzähligen Untertanen aus den verschiedensten Gründen gelang, den Tabakgebrauch aufzugeben, hat keine britische Regierung jemals den Willen aufgebracht, auf die daraus erhobenen Einkünfte zu verzichten.

Nicht einmal die vielen Kriege mit Frankreich im Verlauf des 18. Jahrhunderts führten zu einer Unterbrechung des Handels. Von seinen kleinen Anfängen an hatte der amerikanische Tabak seit langem die Vorherrschaft auf dem Weltmarkt errungen, die er zu Recht noch immer hält. Für ihn entwickelten die Franzosen eine solch leidenschaftliche Vorliebe, dass sie die

Entwicklung ihrer eigenen Plantagen in Louisiana und Martinique völlig vernachlässigten. Die britische Regierung fürchtete eine Verringerung ihrer Einkünfte und den Groll der wohlhabenden und einflussreichen Tabaklobby, sollten die Franzosen im Fall eines kriegsbedingten Embargos, wenn auch widerwillig, das Schwergewicht ihrer Einkäufe verschieben. Die französische Regierung hatte kein Interesse, ihre verheerende Bilanz in den Kriegen mit England dadurch zu verschärfen, dass sie ihren Untertanen ihren Lieblingstabak vorenthielt. Daher wurde eine Vereinbarung getroffen. Mit einer Sonderlizenz wurde der Handel in Kriegszeiten fortgesetzt; die betreffenden Schiffe würden in Großbritannien aus einem bestimmten Hafen auslaufen und in einen bestimmten Hafen in Frankreich einlaufen, nur Tabak liefern und leer zurückfahren.[69] Es war zum Teil die Aussicht auf offenen Zugang nach Virginia, die die Franzosen veranlasste, an die Seite der aufständischen amerikanischen Kolonisten zu treten. Und die dichten Seeblockaden gegen Frankreich während der Revolutions- und der Napoleonischen Kriege – während der verzweifelteren Kämpfe wurden die alten Vereinbarungen nicht erneuert – wirkten nirgends so bedrückend als darin, dass damit die Verfügbarbeit amerikanischen Tabaks eingeschränkt wurde.

Die Verfolgungen des Tabaks wurden durch die allgemeine Erkenntnis zum Einhalt gebracht, dass er, trotz aller Zweifel über ihn in anderer Hinsicht, in eine ewig sprudelnde Geldquelle verwandelt werden konnte. Kaum zeigte sich, dass die verschiedenen deutschen Verbote versagten, so wurden sie aufgehoben und durch Steuern ersetzt. In Böhmen wurde, innerhalb von drei Jahren nach der oben erwähnten Beschwerde über die weitverbreitete Missachtung der Gesetze gegen den Tabak, der Handel legalisiert und einer Steuer unterworfen. 1669 rief der in finanzielle Verlegenheit geratene Kurfürst von Bayern den Rat zusammen und stimmte einer Tabaksteuer zu; das Dekret von 1652 wurde aufgehoben. 1670 wurde der Kaiser selbst überzeugt, ein Staatsmonopol zu errichten. Kurz nach seiner Thronbesteigung hob Peter der Große von Russland alle Verbote auf, weil er das Schnupfen und Rauchen – beides war vom Westen gelernt – mit

Modernität verband. 1697 verkaufte er ein Importmonopol für eine Anzahlung von 13.000 Pfund an eine englische Aktiengesellschaft.

VI: Die Verfolgung des Tabaks – Teil drei

Es mag merkwürdig erscheinen, dass die einzige ernsthafte Verfolgung der modernen Zeit in den Vereinigten Staaten stattfand. Nicht nur haben die Amerikaner ihre beneidenswerte geschriebene Verfassung und die „Bill of Rights"-Zusatzartikel, die beide dazu bestimmt sind, unangemessene Machtausübung zu zügeln, sondern auch, wie schon gesagt, ihre südlichen Staaten, die manche der besten Tabaksorten der Welt kultivieren und exportieren. Aber unter ihnen gab es immer eine große und gut organisierte puritanische Minderheit; und während der zweiten Hälfte des 19. Jahrhunderts entstand unter dieser Minderheit eine gewaltige Abneigung, erst gegen Zigaretten, dann gegen jeglichen Tabak.

In ihrer modernen Form kam die Zigarette spät aus dem Ausland in die Vereinigten Staaten. Dennoch etablierte sie sich schnell als die hauptsächliche Form des Tabakkonsums und verdrängte weitgehend sowohl den Kautabak als auch die Pfeife. Im Jahr 1865 wurden weniger als 20 Millionen Zigaretten produziert. Bis 1880 war diese Zahl auf 500 Millionen angewachsen. Nach weiteren fünf Jahren war sie auf eine Milliarde gestiegen. Nach nochmaligen fünf Jahren hatte sie sich auf zwei Milliarden verdoppelt. Im Jahr 1895 wurden vier Milliarden Zigaretten produziert.[70]

Der Grund für dieses Wachstum war, dass Zigaretten sowohl billig als auch praktisch waren. Aus diesem Grund erregten sie das Ärgernis der Puritaner. Zunächst wurden Gerüchte gestreut. Es wurde behauptet, dass das Papier in Opium und Arsen getränkt sei, dass der Tabak aus alten, auf der Straße eingesammelten Zigarrenstummeln stamme oder dass auf ihn uriniert werde, um ihm den Geschmack zu geben. Vorwürfe der Verweichlichung wurden erhoben. „Die Zigarette ist für Jungen und Frauen gemacht", schrieb die „New York Times" 1884.

> „Die spanische Dekadenz begann, als die Spanier anfingen, Zigaretten zu rauchen, und wenn diese verderbliche Praxis unter Amerikanern Verbreitung findet, ist der Niedergang der Republik nahe.“[71]

Andererseits wurde behauptet, dass sich Jungen den Zigaretten zuwandten. Unsere eigenen Anti-Raucher waren nicht die ersten, die erkannten, was erreicht werden kann, wenn man ein Spiel mit der angeblichen Gefahr des Tabaks für Kinder treibt. Über dieses Thema wurde das Land mit lügnerischer oder übertreibender Propaganda überschwemmt. Kinder würden farbenblind werden, hieß es, wenn sie Zigaretten rauchten. Ihnen würden die Haare ausfallen. Ihr Wachstum würde zurückbleiben. Sie würden wahnsinnig werden. Sie würden unfruchtbar sein. Sie würden impotent sein. Sie würden häufig den Sexualpartner wechseln. Sie würden moralisch degenerieren. „Sehr viele intelligente Knaben“, sagte Charles Hubbell, ein Schuldezernent in New York in den 1890ern,

> „haben vor ihrem 17. Lebensjahr aufgrund der verhassten Zigarette eine geschwächte Willenskraft, untergrabene moralische Prinzipien, ein zerstörtes Nervensystem und ihr ganzes Leben verdorben. Der ‚Zigarettenteufel‘ wird mit der Zeit ein Lügner und ein Dieb. Er wird kleine Diebstähle ausüben, um das Geld zu bekommen, das seinen unstillbaren Appetit nach Nikotin bedient. Er belügt seine Eltern, seine Lehrer, seine besten Freunde. Narkotisiert durch das Nikotin vernachlässigt er seine Schularbeit, sitzt halb betäubt am Schreibtisch, mit abgestumpftem, wenn nicht abgetötetem Arbeitswillen und Ehrgeiz.“[72]

Im Jahr 1901 waren Louisiana und Wyoming die einzig verbliebenen Bundesstaaten der Union, die keine Gesetze verabschiedet hatten, die den Verkauf und den öffentlichen Konsum von Zigaretten einschränkten. In einigen Bundesstaaten war beides verboten. Im Parlament von Indiana war ein Gesetzentwurf vorgelegt worden, der, wenn er angenommen worden wäre, für Raucher in der Öffentlichkeit eine Gefängnisstrafe und ein Bußgeld bedeutet hätte, sowie den Entzug des Wahlrechts und die Sperrung von jeglichen Ämtern. In Chicago wurde eine Spezialklinik für die „Heilung“ von Rauchern eröffnet; und Hunderte reumütiger Schuldiger standen Schlange, um sich ihre Gaumen mit Silbernitratlösung bepinseln zu lassen. Als ein Opernensemble auf Tour zu Besuch in Kansas war, änderte es sein Szenenbild im ersten Akt von „Carmen“ von dem Äußeren einer Zigarettenfabrik in das Äußere einer Molkerei um. Die Aktivisten waren so zuversichtlich, so verachtungsvoll gegenüber den Grundregeln, nach denen eine freie Gesellschaft operieren muss, dass sie, als das Oberste Gericht von Illinois ein Bundesgesetz gegen den Verkauf von Zigaretten verwarf, tatsächlich eine Kampagne für die Aufhebung der Unabhängigkeit der Judikative ins Leben riefen.

Aber die amerikanischen Anti-Raucher versagten. Eine bundesweite Prohibition erreichten sie nie. Ohne diese war es unmöglich, die Bundesstaatsgesetze durchzusetzen. Das verfassungsmäßige Verbot von Handelsbeschränkungen zwischen den Einzelstaaten ermöglichte Wachstum und das Aufblühen einer großen Versandhandelsindustrie. In manchen Staaten waren die Gesetze so unklar formuliert, dass sie durch menschlichen Einfallsreichtum ausgehebelt wurden: Streichhölzer wurden zu zehn Cent die Schachtel verkauft, dazu gab es eine Packung Zigaretten gratis. Während die Produktionszahl zunächst sank – bis auf zwei Milliarden im Jahr 1901 –, führte sie bald ihren spektakulären Aufstieg fort und erreichte 1910 fast acht Milliarden.[73] Darüber hinaus wurden die Gesetze nach und nach aufgehoben, als die vorhergehenden Behauptungen über die gesundheitlichen Auswirkungen des Rauchens überprüft und falsifiziert worden waren. Selbst dort, wo sie nicht aufgehoben wurden, wurden sie weitgehend ignoriert. Als sich die Amerikaner 1917 am Ersten Weltkrieg beteiligten, wurde es fast als etwas Natürliches betrachtet, dass den nach Frankreich geschickten Soldaten täglich eine Packung Zigaretten zugeteilt werden sollte. 1928 war die in den Vereinigten Staaten produzierte Zahl an Zigaretten auf 100 Milliarden gestiegen.[74]

Aber was tatsächlich die Wende im puritanischen Angriff in Amerika brachte, war der Erfolg der Kampagne gegen den Alkohol. Hier waren weitgehend dieselben Leute aktiv, die die Zigarette anprangerten, jedoch noch viel engagierter. Es hatte jahrzehntelang Propaganda gegeben. Temperenzprediger waren von Stadt zu Stadt gezogen, hatten Würmer in Gläser mit Bier getaucht und sie dann tot herausgeholt, um den angeblichen Effekt von Alkohol auf den menschlichen Körper zu demonstrieren. Lieder wurden komponiert und Kindern beigebracht. Schon 1851 hatte der Bundesstaat Maine den Verkauf von Alkohol, ausgenommen aus medizinischen Gründen, verboten. Schließlich, im Jahr 1919, wurde der 18. Verfassungs-Zusatzartikel beschlossen, der eine bundesweite Prohibition erlaubte. „Die Herrschaft der Tränen ist vorbei“, sagte der beliebte Massenprediger Billy Sunday anlässlich der Annahme, des Volstead Act im Jahr 1920, der die Prohibition in Kraft setzte. „Die Slums werden bald nur noch in unserer Erinnerung sein. Wir werden unsere Gefängnisse in Fabriken und Lagerhallen verwandeln. Männer werden jetzt aufrecht gehen, Frauen werden lächeln und die Kinder lachen. Die Hölle wird für immer zu vermieten sein.“[75]

Einige Zeit lang wurde angenommen, dass, wenn der Alkohol verboten werden kann, es genauso möglich sein könnte, einen 19. Zusatzartikel gegen den anderen großen Feind der genussverachtenden Fanatiker Amerikas aufzustellen. „Die Prohibition ist errungen, nun ist der Tabak dran“, sagte Billy Sunday.[76] Aber die Prohibition war nicht durchsetzbar. Zu viele Menschen hatten ein zu starkes Verlangen nach Alkohol, um von ihm ferngehalten zu werden. Sowohl Schmuggelei als auch illegale Heimproduktion nahmen spektakulär zu, und jeder Versuch, diese zu unterbinden, schlug fehl. Innerhalb von zehn Jahren waren mehr als eine halbe Million Amerikaner wegen irgendeines Verstoßes gegen die Anti-Alkohol-Gesetze verhaftet worden. Weitere 35.000 waren an Alkoholvergiftung gestorben.[77] 1933 wurden die Gesetze aufgehoben. Aber 13 Jahre lang hatte man die Übernahme und Führung einer großen und profitablen Industrie Kriminellen überlassen. Die Auswirkungen davon auf die Organisation der Kriminalität und auf öffentliche Ehrlichkeit sind nie überwunden worden. Die Lektion war zum Teil gelernt worden, denn in den folgenden 40 Jahren wurde der Tabak in Ruhe gelassen.

VII: Die moderne Perspektive

1930 schien der Tabak, jedenfalls einem wohlinformierten Beobachter zufolge, endlich triumphiert zu haben. „[Ein] Blick auf die Statistik“, erklärte Graf Corti,

> „beweist überzeugend, dass die [Nichtraucher] nichts als eine schwache und schwindende Minderheit sind.[78] Die Hoffnungslosigkeit ihres Kampfes wird offensichtlich, wenn wir uns vergegenwärtigen, dass alle Länder, ungeachtet ihrer Regierungsform, nun die Leidenschaft für das Rauchen in jeder denkbaren Form fördern und ermöglichen, allein aufgrund der Steuereinnahmen, die es produziert. ...
>
> In europäischen Ländern ist in jüngerer Vergangenheit kein ernsthafter Versuch unternommen worden, das Rauchen zu verbieten. Obwohl es in den Vereinigten Staaten möglich ist, mittels einer gigantischen Organisation die Gesetze gegen das Trinken durchzusetzen, würde jeder Vorschlag, auf die gleiche Weise das Rauchen zu behandeln, einen solchen Sturm der Entrüstung hervorrufen, dass er sofort jede Regierung aus dem Amt vertreiben würde, die dies versuchte, und das gleiche kann mit Bestimmtheit über jedes Land in der Welt gesagt werden. Wenn wir in Betracht ziehen, wie wirkungslos in der Vergangenheit die Versuche der absolutesten Despoten waren, die die Welt je gesehen hat, die Ausbreitung des Rauchens zu stoppen, können wir beruhigt sein, dass heute, wo diese Gepflogenheit ein solch gigantisches Ausmaß angenommen hat, jegliche Versuche dieser Art nur in einem elenden Fiasko enden können.“[79]

Offensichtlich sah Corti weder die Antipathie der Nationalsozialisten noch die medizinischen Entdeckungen, oder Behauptungen, der folgenden 60 Jahre voraus. Weit davon entfernt, eine schwindende Minderheit zu sein, sind die Nichtraucher jetzt eine wachsende Mehrheit zumindest der britischen und amerikanischen Bevölkerungen. Aber obwohl es verlockend sein mag, seine Schlussfolgerungen als durch die späteren Ereignisse widerlegt abzutun, ist Cortis Hauptargument – dass Rauchen und die anderen Hauptnutzungen des Tabaks zu fest verankert sind, um leicht entfernt zu werden – heute genauso gut wie damals, als es formuliert wurde. Es mag sein, wie die Anti-Raucher stillschweigend annehmen, dass Tabaknutzer eher gemacht als geboren werden; und dass, eine Fortsetzung der Schikanierungen vorausgesetzt, die Zahl schließlich auf Null reduziert werden kann. Wenn ich die richtige Lehre aus der Geschichte ziehe, ist es wahrscheinlicher, dass viele, oder die meisten von ihnen, durch irgendeine Voraussetzung in ihrer Natur angezogen werden. Weder die Drohung mit dem Höllenfeuer, wie sie die amerikanische Kirche ausspricht, noch die Drohung mit weltlichen Qualen, wie sie von Murad IV. tatsächlich ausgeführt wurden, können den Tabak gänzlich von seinen Nutzern trennen. Auch die hygienischeren, obwohl auch besser kontrollierten, Verfolgungen, wie sie die Action on Smoking and Health wünscht, werden, wenn sie je ausprobiert würden, keinerlei größeren Erfolg verbuchen.

Aber es bleibt, trotz all dieser Überlegungen, jetzt wie im Verlauf der letzten drei Jahrhunderte, dass der sicherste Schutz des Tabaks nicht die Neigung der Regierten zum Widerstand ist, sondern der unstillbare Appetit der Regierungen auf Geld. Im Steuerjahr 1987/88 nahm die britische Regierung aus dem Verkauf von Tabakprodukten 5.775 Millionen Pfund an Verbrauchs- und Mehrwertsteuern ein.[80] Diese gigantische Summe entspricht der Hälfte der Rechnungen für die Krankenhäuser im nationalen Gesundheitssystem NHS, oder einem Fünftel des Verteidigungsbudgets. Sie ist außerdem größer als die Bruttoinlandsprodukte der meisten schwarzafrikanischen Länder. Die Annahme, dass irgendeine Regierung ohne eine Ausgabensenkung, die seit Menschengedenken ohnegleichen wäre, auf diese Einnahmequelle verzichten würde, ist unvorstellbar. Und es ist genauso unvorstellbar, dass sich nach den notwendigen Kürzungen der

Staat davon abhalten ließe, sich auf der Grundlage seiner politischen und ökonomischen Ideologie zwischen seine Untertanen und ihre Präferenzen zu stellen.

„Nichts kann uns aufhalten“, sagt David Simpson. Wir werden sehen.

Das Recht auf Rauchen: Eine christliche Sicht

Einführung

„Und wenn die Trompete unklare Töne hervorbringt, wer wird dann zu den Waffen greifen?“ (1. Kor., 14:8.)

Ich möchte nicht abstreiten, dass das Rauchen mit Gefahren für die Gesundheit verbunden ist – genauso wie praktisch jede Aktivität, die Menschen angenehm finden, vom Trinken bis zum Joggen, mit gesundheitlichen Gefahren verbunden ist.

Etwa zwei Fünftel der erwachsenen britischen Bevölkerung rauchen. In den gesamten vergangenen 35 Jahren, oder seitdem die ersten soliden Belege für die wahrscheinlichen Gesundheitsrisiken veröffentlicht worden sind, ist dieser Anteil zurückgegangen. 1970 wurden hier 128 Millionen Zigaretten geraucht. 1984 war diese Zahl um 22 Prozent auf 99 Millionen zurückgegangen.[81] Dennoch, 99 Millionen Zigaretten sind immer noch genug, um zusammengelegt die Strecke von New York bis Babylon abzudecken. Zwei Fünftel der erwachsenen Bevölkerung sind noch immer ungefähr 18 Millionen Menschen.

Somit überrascht es nicht, dass Rauchen und Tabak öffentliche Themen von gewichtiger Bedeutung sind. Ihre Bedeutung hat in den vergangenen Jahren mit jedem neuen Offenbarwerden der beteiligten Gefahren zugenommen. Sicherlich, ein Teil davon hat mit der Möglichkeit zu tun, dass Nichtraucher aufgrund des Einatmens angeblich krebserregenden Qualms der Zigaretten anderer einem Risiko ausgesetzt sein könnten. Aber weil jeglicher definitiver Beweis dafür fehlt, muss jede Diskussion des „passiven Rauchens“ momentan als zweitrangig betrachtet werden. Bei weitem der größte Teil der Diskussion betrifft die Frage, inwiefern es Rauchern erlaubt sein sollte, sich selbst zu schädigen. Die derzeit stattfindende Debatte kann also als ein spezifisches Scharmützel innerhalb eines umfassenderen Kampfes verstanden werden. Dieser Kampf ist der zwischen den Fürsprechern der Macht und den Fürsprechern der Freiheit. Auf der einen Seite stehen die British Medical Association, Repräsentantin der Ärzte, und die kleine Lobbygruppe Action on Smoking and Health, die sich selbst repräsentiert. Diese wollen, wenn nicht das vollständige Verbot des Tabaks, dann sicherlich sehr strenge Einschränkungen seines Konsums. Diese umfassen mindestens eine strikte Einschränkung der Werbung für Tabakprodukte und ihre zunehmend höhere Besteuerung. Ihre Propaganda erstreckt sich vom solide Faktischen bis zum Absurden. Manchmal werden Bilder ausgehändigt, die die Wirkung von Teer auf durchschnittliche Lungenflügel zeigen. Gelegentlich macht jemand wie der Anti-Raucher-Experte M.A.H. Russell die Runde und verkündet solch himmelschreienden Unsinn wie den, dass „[nur] etwa 15 Prozent derer, die mehr als eine Zigarette rauchen, es vermeiden, regelmäßige Raucher zu werden".[82] Auf der anderen Seite steht eine bislang lose Koalition entschlossener Raucher und Libertärer. Sie bewegt die leidenschaftliche Überzeugung, dass niemand gezwungen werden sollte, das zu tun, von dem andere meinen, es sei in seinem oder ihrem besten Interesse. Mit John Stuart Mill behaupten sie, dass „über sich selbst, seinen eigenen Körper und Geist, das Individuum souverän ist".[83]

Bislang haben die politischen Parteien in dieser Debatte keine eindeutige Meinung. Es stimmt, dass die Labour-Partei der Anti-Raucher-Lobby zuneigt. Offiziell befürwortet sie Verbote für Zigarettenwerbung mit Ausnahmen für die Verkaufsstellen[84] sowie für die Aufstellung von Zigarettenautomaten.[85] Aber man kann nicht behaupten, dass die Konservativen der anderen Seite zuneigen. Es war Sir George Young, damals Staatssekretär im Gesundheitsministerium der ersten Thatcher-Regierung, der 1980 sagte: „Die traditionelle Rolle der Politiker ist es gewesen, ein Individuum daran zu hindern, einem anderen zu schaden, aber es ihm zu erlauben, sich selbst zu schaden. Da die moderne Gesellschaft uns alle abhängiger voneinander gemacht hat, ändert sich diese Einstellung nun."[86] Young wurde sehr bald danach versetzt. Aber die Regierung gibt immer noch etwa 3,5 Millionen Pfund pro Jahr für Anti-Raucher-Kampagnen aus. Sie zwingt die Tabakunternehmen immer noch zu weiteren „freiwilligen" Einschränkungen ihrer Werbung und Reklame. Meine eigene Vermutung ist, dass ihre fortgesetzte Duldung der Industrie weniger auf die Ideen von J.S. Mill zurückgeht als auf die ungefähr 5.000 Millionen Pfund, die jedes Jahr an Steuern auf Tabakprodukte erhoben werden.

Das ist jedoch für mein gegenwärtiges Hauptargument nebensächlich. Was ich hier diskutieren möchte, ist die Frage, ob es zu den oben thematisierten Angelegenheiten eine spezifisch christliche Sichtweise geben kann. Es gibt Christen, die auch eindeutige Meinungen über das Rauchen haben. Vor einigen Jahren zum Beispiel setzten sich, wie die Zeitungen beschrieben, „200 Kirchen und Gemeindegruppen" zusammen für eine deutliche Erhöhung der Tabaksteuern ein.[87] Es wäre wiederum unglaublich, wenn unter den 18 Millionen rauchenden Briten keiner auch ein frommer Kirchgänger wäre. Aber in keinem dieser beiden Fälle – und besonders nicht im ersteren Fall, dem Kontext nach zu schließen – ist eine Parteinahme in diesem Streit mit irgendeinem grundsätzlichen theologischen Standpunkt verbunden worden. Stattdessen ist es ein Beispiel dessen, was Edward Norman die „Politisierung" der Religion nennt.[88] Sie zeigt, wie Kirchenleute jene politische Ideologie, die gerade allgemein in Mode ist, übernehmen und ihr anschließend einen religiösen Glanz verpassen. Auseinandersetzungen allein über das Ausmaß individuellen Schadens oder das Wesen der Rechte des Einzelnen in der Gesellschaft sind weltliche Angelegenheiten. Sie haben für einen Christen, der als solcher nachdenkt, keine Gültigkeit, es sei denn, sie können zunächst mit irgendeinem Grundsatz des Gottesrechts in Verbindung gebracht werden. Bevor irgendeine Antwort versucht werden kann, muss unser eigentlicher Gegenstand der Untersuchung dargestellt werden. Dieser ist: Ob das Rauchen von Tabak gegen dieses Gottesrecht verstößt und, wenn dem so ist, ob dieses ein Recht oder eine Pflicht beinhaltet, die zwingende Gewalt des Staates gegen Raucher einzusetzen. Da diese Fragen weitgehend unter der weiteren Frage zusammengefasst sind, welche Art von menschlicher Politik dem Gottesrecht am ehesten entspricht, muss auch diese untersucht werden. Aber zunächst muss das Rauchen an sich diskutiert werden. Damit fange ich an – aber nicht, bevor ich eine Anzahl einleitender Themen besprochen habe, denen ich meiner Meinung nach nicht ausweichen darf. Denn da ich mich an ein Publikum wende, das, zumindest teilweise, dem Christentum gegenüber feindselig oder gleichgültig ist, muss ich zunächst die Frage beantworten, die unweigerlich als Antwort auf meine eigene kommt – nämlich, ob es von Bedeutung ist, was Gott über das Rauchen denken soll; oder, allgemeiner, was Religion in der modernen Welt mit Politik und Moral zu tun hat. Viele Atheisten stellen diese Frage und scheinen zu glauben, dass dies eine intelligente Frage ist. Es gibt zwei Antworten.

I Religion, Politik und Moral

Die erste ist einfach und offensichtlich. Im volkstümlichen Denken sind geistliche und weltliche Angelegenheiten immer miteinander verbunden gewesen und werden es wohl immer sein. Und die Geschichte des Christentums ist, obwohl dies zu bemerken vielleicht traurig ist, eine in gewissem Ausmaß selbst für eine Religion ungewöhnliche Geschichte der Verfolgungen gewesen. Seine erste offizielle Anerkennung fand im Jahr 313 mit dem Edikt Konstantins statt. Dieses garantierte Tolerierung auf der Grundlage vollständiger Gleichheit aller Religionen im Römischen Reich. Es reichte nicht aus. Die Christen waren eine Minderheit, aber die kaiserliche Familie gehörte zu den Konvertiten. Ihre Bischöfe waren sowohl willens als auch in der Lage, in religiösen Angelegenheiten die Richtung der Staatspolitik zu beeinflussen. 83 Jahre später kam das Edikt des Theodosius, mit dem heidnische Zeremonien unterdrückt wurden. Die Durchführung von Riten, die ununterbrochen seit den Tagen des Homer vererbt worden waren und die das vereinbarte Fundament der klassischen Zivilisation darstellten, wurden zum Kapitalverbrechen erklärt; und die Gesetze wurden rigoros durchgesetzt. Erst im Jahr 529 schloss Kaiser Justinian die athenischen Schulen der Philosophie. Aber bis dahin war das Heidentum seit Generationen praktisch tot. Seine Auslöschung bleibt eine sehr beeindruckende Errungenschaft.

Dann gab es die Häretiker – oder jene rivalisierenden Christen, die bei doktrinären Auseinandersetzungen die schwächeren Waffen hatten. Wenige Leute scheinen sich heute großartig Gedanken zu machen darüber, ob Christus homoousios oder homoiousios ist; ob seine Substanz mit der des Vaters identisch oder ihr lediglich ähnlich ist. Jene Christen des 4. Jahrhunderts, die nur Latein sprachen, waren etwas perplex, da die zwei griechischen Wörter in beiden Fällen als „consubstantialis“ übersetzt wurden. Aber in der östlichen Hälfte des Reiches war dies eine Frage von höchster Bedeutung. Horden lieferten sich offene Straßenschlachten über die korrekte Lösung. Bischöfe traten sich gegenseitig zu Tode. Anstelle eines schließlichen Abklingens entstanden weitere Fragen, die davon abhingen. Wenn Christus homoousios war, hatte er dann zwei Naturen, oder eine, oder zwei und eine? Wenn er die zwei und eine hatte, kann er dann noch einen einzigen lenkenden Willen haben? Zusammengenommen dauerten die arianischen, monophysitistischen und monotheletistischen Kontroversen mehr als drei Jahrhunderte an und vernichteten das Leben und das Glück von Millionen.

Als regelmäßiges Thema trat Häresie im westlichen Christentum erst mit der Wiederbelebung der Gelehrsamkeit wieder in den Vordergrund. Aber der Kampf war, als er kam, sogar noch rasender, als er es im Osten gewesen war. Eine der unwichtigeren Kontroversen im frühen Byzanz beschäftigte sich damit, ob der Körper Christi unverweslich war. Die wichtigste im frühmodernen Europa handelte davon, ob oder in welchem Ausmaß er essbar war. Die Religionskriege, die vordergründig um die Entscheidung dieses Streits geführt wurden, dauerten mehr als ein Jahrhundert und endeten erst 1648. Die internen Verfolgungen wurden erst im nachfolgenden Jahrhundert eingestellt. Der Streit war nicht entschieden worden. Was passierte, war, dass die gebildeten Klassen größtenteils andere Interessensgebiete fanden. Tolerierung war am Anfang weder das Kind einer Übereinkunft oder das gegenseitiger Nächstenliebe, sondern der Gleichgültigkeit.

Eine offensichtliche Antwort darauf ist natürlich, dass der Geist der Verfolgung dem Christentum jetzt fast völlig fremd ist. In doktrinären Fragen ist dem so. Für einen Katholiken sind Protestanten keine verdammenswerten Häretiker mehr. Seit dem Zweiten Vatikanischen Konzil findet man es angemessener, sie die „getrennten Brüder und Schwestern“ zu nennen. Wenige protestantische Kirchenführer haben sich in letzter Zeit abgeneigt gezeigt, sich neben dem Papst fotographieren zu lassen. Kein respektabler Geistlicher beschuldigt die Juden, Christus getötet zu haben. Moslems und Hindus werden zu ökumenischen Gottesdiensten eingeladen und werden sogar willkommen geheißen, wenn sie dieser Einladung gelegentlich folgen. Dieser schlaffe Synkretismus mag viel zur öffentlichen Ordnung beigetragen haben. Er ist jedenfalls in einem Ausmaß durchgeführt worden, der für nachdenklichere Christen peinlich ist. Wenn Er auf anderen Wegen erreicht werden kann, die gleichermaßen gültig sind, warum sollte Gott Seinen eingeborenen Sohn gesandt haben, der halbtot gepeitscht und dann ans Kreuz genagelt wurde? Wenn ein Hinduist 1.000 Götter haben kann, was war dann so schlimm an der klassischen Götterwelt? Dogmatische Verfolgung ist sicherlich den größeren der modernen Kirchen fremd. Doch diese Art von Verfolgung ist nur die erkennbarere – weil, seit der Aufklärung, erschreckendere – Hälfte dessen, wofür das Christentum dem allgemeinen Verständnis zufolge steht.

Am klarsten plädierte Ambrosius, Erzbischof von Mailand, im 4. Jahrhundert für die Verfolgung. Habe man die Mittel, um das zu unterdrücken, was abscheulich ist für Gott – oder die Fähigkeit, sie zu erwerben –, und man nutze sie nicht, dann, so sagte er dem Kaiser, sei man mitschuldig.[89] Offensichtlich findet dies auf jeden Disput über die Natur Christi Anwendung. Es findet gleichfalls Anwendung in bezug auf die Beachtung seiner moralischen Lehren, der offenbaren wie der geschlussfolgerten. Ausgehend von dieser zweiten Schlussfolgerung wird die Politik, die bereits der Religion untergeordnet ist, gänzlich mit ihr verschmolzen. Ehescheidung zum Beispiel war im heidnischen Reich einfach; Selbstmord brachte wenige Vorwürfe ein; Homosexualität wurde entweder gefeiert oder ignoriert. Sie alle werden als Sünde bezeichnet. Im christlichen Europa wurden diese durch das Gesetz zumindest gezügelt. Und auch wenn sie ausdrücklich die erste Schlussfolgerung verworfen haben, so argumentieren und verhalten sich die meisten Christen weiterhin so, als ob sie die zweite noch immer akzeptieren. Wenige scheinen bereit, das Recht, anderen ihren moralischen Kodex aufzuzwingen, aufzugeben. Vielleicht wird die Hierarchie im katholischen Irland nie im Traum daran denken, ein Glaubensgericht im Phoenix Park abzuhalten. Sie hat jedoch jedem Versuch Widerstand entgegengebracht, Geburtenkontrolle zu legalisieren. Die anglikanische Kirche von England vermietet ihre Gebäude für jeden Zweck, von Taufen der Erweckungsbewegung bis zu Marihuana-Parties der Rastafari. Manche ihrer Pfarrer haben sogar versucht, einem trotzkistischen Atheisten Kirchenasyl zu bieten. Als die Frage aufkam, Geschäfte am Sonntag öffnen zu lassen, übernahm sie das gesamte Vokabular der Oxford-Bewegung und verkündete, dass England noch immer ein „christliches Land" sei.

Wenn dann ein Christ der oben beschriebenen Sorte überzeugt werden kann, dass Rauchen in irgendeiner Hinsicht Sünde ist, wäre er logischerweise verpflichtet, Gegenmaßnahmen zu befürworten. Er wäre verpflichtet, bei diesem Thema eine extremere und fanatischere Intoleranz zu entwickeln als Action on Smoking and Health und die British Medical Association zusammengenommen. Das weltliche Argument gegen den Tabak ist, dass er ungesund ist. Die mehr oder weniger grimmigste Behauptung ist, dass „Patienten, die schließlich an chronischer Bronchitis oder einem Emphysem sterben, vor ihrem Tod normalerweise etwa zehn Jahre quälende Atemlosigkeit erleiden".[90] Das ist bedauernswert. Was ist das aber verglichen mit den Leiden der Verdammten – in jenem Ort, „wo ihr Wurm nicht stirbt und das Feuer nicht erlischt".[91] Dies ist, was entweder den sündigen Raucher erwartet oder den pflichtvergessenen Bruder in Christus, der ihn in seiner Schwäche nicht stützte.

II Ist Rauchen Sünde?

Wer das für unwahrscheinlich hält, der möge beachten, dass in der Vergangenheit das Rauchen tatsächlich als Sünde betrachtet wurde. Im 17. Jahrhundert wurde Katholiken die Exkommunikation angedroht, wenn sie mit einer Pfeife in der Hand erwischt wurden. In Calvins Genf war es nicht nur verboten, sondern das Verbot wurde den Zehn Geboten hinzugefügt. Unterstützung dafür gab es wie üblich von der weltlichen Macht. Bis zum Ende des Jahrhunderts drohte deutschen Rauchern die Todesstrafe. In Frankreich versuchte Ludwig XIII., wenn auch nicht so drastisch, den Gebrauch von Tabak außer für medizinische Zwecke zu verbieten.

Wenn Rauchen wirklich eine Sünde ist und Befürwortung der Verfolgung eine Glaubenspflicht, dann ist Verfolgung das, was ein wirklich Gläubiger guten Gewissens befürworten muss. Und dies ist ein Grund dafür, weshalb unsere vorliegende Untersuchung gänzlich angemessen ist. Sie mag dem Nichtgläubigen erklären, was er zu erwarten hat, sollte das Christentum jemals weniger träge in seiner Militanz sein als es zugegebenermaßen heute weitgehend ist, sogar in jenen Angelegenheiten, in denen es weiterhin eine besondere Zuständigkeit beansprucht. Aber als Rechtfertigung ist dies ziemlich bedingt. Vor 10 oder 20 Jahren, als der Einfluss von Religion auf menschliche Angelegenheiten im allgemeinen rückläufig zu sein schien, mag dies weniger nützlich gewesen sein als heute, wo das Umgekehrte der Fall sein mag. In 10 oder 20 Jahren mag dies völlig bedeutungslos sein, oder brennend aktuell.

Die zweite Rechtfertigung ist für den durchschnittlichen Nichtgläubigen überhaupt nicht bedingt. Er mag über Religionen lachen. Er mag andere absichtlich beleidigen, indem er sie einen rauschhaften Aberglauben nennt, oder ein Mittel, um Leute ruhigzustellen. Selbst dann benötigt seine gesamte philosophische Perspektive eine religiöse Grundlage. Diese Religion muss nicht völlig mit dem Christentum übereinstimmen. Aber sie muss etwas sehr ähnliches sein. Denn ohne Gott gibt es keine Moral. Ich könnte versuchen, dies allein durch eine kurze Geschichte des 20. Jahrhunderts zu belegen. Christus hatte mehr als Bäume im Sinn, als er sagte: „An ihren Früchten werdet ihr sie erkennen.“[92] Aber ich werde einen gründlicheren Beweis unternehmen.

III Das Wesen der Moral

Was immer ich fühle, weiß ich unmittelbar. Was Sie fühlen, kann ich nur aufgrund Ihrer äußeren Erscheinung erraten. Mit hinreichender Willenskraft können Sie ihre jüngsten Leiden vor mir verbergen. Selbst wenn ich darauf aufmerksam gemacht werde, kann ich nur Mitleid für Sie empfinden. Dieses Gefühl ist in manchen von uns stärker als in anderen; und bei allen von uns hängt es von den Begleitumständen ab. Stellen Sie sich also vor, dass ich größer bin als Sie und Sie an einen Ort gelockt habe, wo ich mir sicher bin, dass es keine Zeugen gibt. Vorausgesetzt, dass die Handlung oder ihre Folgen mir genug Freude bereiten, dass jegliche Mitleidsgefühle, die ich haben mag, überwältigt werden, nennen Sie mir einen Grund, weshalb ich Ihnen nicht die Kehle durchschneiden sollte.

Sie könnten sagen, dass dies unrecht sei. Aber das wäre keine abschließende Antwort. Ich frage, was mit den Worten „recht“ und „unrecht“ gemeint ist. In der weltlichen Moralphilosophie gibt es, allgemein gesprochen, zwei Methoden, den Gebrauch dieser Worte zu rechtfertigen.

Der ersten Methode zufolge sind dies stenographische Begriffe, die auf Handlungen oder Verhaltensregeln bezogen werden, insofern diese der Wohlfahrt – wie auch immer diese definiert ist – einer bestimmten Gruppe dienlich seien. Für die übliche Sorte von Utilitaristen könnte mein Durchschneiden Ihrer Kehle, abgesehen von den Ihnen zugefügten Schmerzen, als Präzedenzfall für andere Mordtaten dienen. Selbstverständlich könnte es das. Es könnte auch sein, dass, wenn Leben und Eigentum allgemein weniger geachtet wäre, als es der Fall ist, es von beidem weniger gäbe.

Wäre das Gemeinwohl mein Verhaltensmaßstab, dann wäre das Töten von Ihnen sicherlich unrecht. Ich spreche aber nicht im allgemeinen, sondern über mich. Stünde es zwischen mir und dem, was ich möchte, sehe ich keinen Grund, warum ich das

Gemeinwohl nicht ignorieren sollte. Sie könnten sagen, dass der Grund der sein könnte, dass es meinem „wirklichen“ Interesse entspräche; dass durch mein schlechtes Vorbild sich meine Chancen erhöhen, selbst ermordet zu werden. Nichts davon berührt mich. Ich kann am besten entscheiden, was gut für mich ist. Vergleiche ich sämtliche Vorteile dessen, Sie zu töten, sowohl die gegenwärtigen als auch die zukünftigen, mit der geringen Chance, dass das Auffinden Ihres Körpers irgendeinen Fremden veranlassen könnte, mich umzubringen, und der Saldo positiv bleibt, sehe ich noch immer keinen Grund, das Messer wegzulegen. Als Theorie dessen, was das Gesetz sein sollte, ist Utilitarismus wunderbar überzeugend. Für die moralische Pflicht eines Einzelnen, es zu befolgen, bietet er überhaupt keine Grundlage.

Sie könnten sich dann der zweiten Methode zuwenden. Derzufolge sind „recht“ und „unrecht“ die gegensätzlichen Extreme auf einer Werteskala, deren Existenz man aus der Beobachtung der Ordnung und Harmonie der materiellen Welt folgern kann. Von jedem existierenden Ding wird gesagt, dass es seine eigene, natürliche Funktion hat. Die Funktion des Menschen ist es, als ein rationales Wesen zu leben. Mit anderen Worten, wenn ich Ihnen Schaden zufüge, würde ich das „Naturrecht“ brechen und Ihre darin eingeschlossenen Rechte verletzen. Ich könnte genauso gut Aristoteles oder Thomas von Aquin zitieren. Stattdessen nehme ich Ayn Rand: „Rechte sind Existenzbedingungen, die der Mensch von Natur aus für sein angemessenes Überleben benötigt. Wenn der Mensch auf der Erde leben soll, dann ist es recht, von seinem Geist Gebrauch zu machen, dann ist es recht, für seine eigenen Werte zu leben und das Produkt seiner Arbeit zu behalten. Wenn irdisches Leben sein Zweck ist, dann hat er ein Recht, als rationales Wesen zu leben: Die Natur verbietet es ihm, irrational zu sein.“[93] Wenn Sie mir lange genug und ausreichend eloquent eine Ansprache über dieses erhabene Thema halten können, blutete mir vielleicht das Herz, und Sie brächten mich daher dazu, das Messer wegzulegen. Aber Sie brächten dies möglicherweise genauso gut fertig, indem Sie die Tränen einer imaginären Frau und einiger Kinder beschrieben. Utilitaristische Argumente sind stichhaltig, wenn auch weniger umfassend als von jenen behauptet, die sich auf sie berufen. Diese Sorte von Naturrechtsargument aber ist einfach absurd.

Erstens ist das Wort „Naturrecht“, wie Rand es gebraucht, bedeutungslos, da sie eine Atheistin ist. Es ist, was Roscelin einen „flatus vocis“ genannt haben soll – oder, grob übersetzt, einen verbalen Furz. Ein Gesetz kann eines von zwei Dingen sein. Es kann ein Gebot sein, zu dem eine Strafe für seine Missachtung gehört. Es kann eine Aussage darüber sein, was als unweigerliches Geschehnis betrachtet wird. Die Worte „Ein Mann, der einem Tier beiwohnt, wird mit dem Tod bestraft; auch das Tier sollt ihr töten“[94] stellen ein Gesetz dar. Die Worte „Ein Projektil, das eine Entweichgeschwindigkeit von weniger als sieben Meilen pro Sekunde hat, kann das Schwerefeld dieses Planeten nicht verlassen“ stellen ein Gesetz dar. Die Worte „Mir die Kehle durchzuschneiden, wäre ein Bruch des Naturrechts“ stellen neun Worte dar. Ich erwarte keine Strafe, wenn ich Sie töte. Ich erwarte keine Schwierigkeiten bei Ihrer Tötung.

Zweitens basiert die gesamte Naturrechtstradition, ob atheistisch oder religiös, auf einer fehlerhaften Epistemologie. Es beginnt mit Aristoteles. Er behauptete nicht nur, dass „unser Wissen mit unseren Sinnesorganen beginnt“, sondern auch, dass das, was wir mit ihnen wahrnehmen, eine objektiv existente Realität ist. Links von meiner Computertastatur sehe ich einen Becher Kaffee. Wenn ich das mit einigen einfachen Versuchen überprüfe, habe ich nach Aristoteles Grund zur Annahme, dass dieses Objekt existiert und weiterhin existieren wird, auch wenn ich wegschaue, den Raum verlasse oder tot umfalle.[95] Dieser Sicht der Sinneswahrnehmung folgend ging Thomas von Aquin soweit, zu behaupten, dass, während das höchste Wissen von Gott alleine komme, „es manche Wahrheiten gibt, die die natürliche Vernunft ebenso zu erreichen imstande ist wie die, dass Gott existiert“.[96] Obwohl Ayn Rand nie etwas so Brillantes wie die fünf empirischen „Beweise“ formulierte, mit denen Thomas dies zu zeigen versuchte, war sie nicht weniger ehrgeizig. Ausgehend von ihrem Glauben an eine objektiv existente Realität behauptete sie, eine objektiv bindende Moraltheorie abzuleiten.[97] Auch wenn die Marxisten zu radikal anderen Schlussfolgerungen gelangen, beginnen sie mit derselben Annahme. Für sie sind zumindest einige Leute in der Lage, zu wissen, was die Realität ist. Fast jedes andere rationalistische Gedankengebäude steht auf ähnlichen Fundamenten.

Aber es dürfte offensichtlich sein, dass keine Schlussfolgerung jemals abgesicherter ist als die Prämissen, auf denen sie fußt. Stellen Sie sich vor, ich lande auf einer verlassenen Insel und sage, nachdem ich einen Knochen finde: „Ich glaube, dies könnte Teil eines menschlichen Skeletts sein. Somit lebten einst zivilisierte Menschen hier." Mein Argument wäre ungültig. Das sind, aus demselben Grund, auch jene der rationalen Moralisten. Um dies so klar wie möglich zu sehen, wollen wir die Prämissen ihres Arguments darlegen. Diese sind, dass wir die Dinge wahrnehmen, wie sie wirklich sind, und dass wir unsere Vernunft nutzen, um ihr Wesen zu verstehen. Wir werden sie uns in umgekehrter Reihenfolge vornehmen.

Was es uns ermöglicht, die externe Welt zu verstehen, ist die Vorstellung von Ursache und Wirkung. Der Glaube, Ereignis A sei die Ursache von Ereignis B, ist unser Mittel, das eine mit der Beobachtung des anderen zu erklären oder vorauszusagen. Ich erwache und messe die Temperatur draußen. Es ist fünf Grad Celsius. Ich sehe eine dicke Frostschicht auf dem Boden, die in der Nacht zuvor nicht da war. Ich glaube, dass die Ursache des Frosts Minustemperaturen sind. Daher ist die Temperatur in der Zwischenzeit niedriger gewesen als jetzt. Entsprechend messe ich die Außentemperatur um Mitternacht. Es sind minus fünf Grad. Ich erwarte Frost am Morgen. Jeder schlussfolgert auf diese Art. Jedoch hat sie selbst keine rationale Grundlage.

Ich paraphrasiere David Hume. Eine sich in Bewegung befindliche Billardkugel trifft eine ruhende andere. Die erste kommt zum Stillstand. Die zweite bewegt sich. Wenn wir diese Ereignisse untersuchen, ziehen wir drei Schlüsse. Erstens, sie finden in einer bestimmten Reihenfolge statt. Vor der Kollision ist eine Kugel in Bewegung, die andere danach. Zweitens, die

Verhaltensänderung der Kugeln findet statt, nachdem sie sich berührt haben. Drittens, wenn wir jede vorherige, uns bekannte ähnliche Situation in Erinnerung rufen, dann liefen die Ereignisse immer auf entsprechende Art ab. Darüber hinaus sehen wir nichts. Wenn wir über die Kommunikation der Kraft sprechen, dann beschreiben wir nichts, das wir gesehen haben, sondern nur die Kollision von Billardkugeln. Wir konstatieren auch keine logische Notwendigkeit. Wer noch nie eine solche Kollision gesehen hat, oder irgendetwas Analoges, könnte sich genauso gut vorstellen, dass die beiden Kugeln stehenbleiben oder voneinander abprallen. Aus dem konstanten Zusammentreffen dieser Ereignisse wird die Kraft geschlussfolgert, sie ist nicht eine Erklärung dafür. Wenn wir ihren weitergeführten nachfolgenden Verbindungspunkt voraussagen, gehen wir davon aus, dass die Zukunft wie die Vergangenheit sein wird – eine Annahme, die wir, aufgrund ihres Wesens, nicht beweisen können. Und nun zitiere ich Hume: „In keinem Gegenstand, an und für sich betrachtet, befindet sich irgendetwas, das uns eine Grundlage dafür gibt, einen darüber hinaus gehenden Schluss zu ziehen; ... selbst nach der Beobachtung einer häufigen oder ständigen Verknüpfung von Gegenständen jenseits derer, die wir erfahren haben.“[98] Die Schlüsse, die wir ziehen, sind das Produkt einer gewohnheitsmäßigen Verknüpfung von Ideen, nicht die Schlussfolgerungen unserer Vernunft.

Nach Diskussion des Verhältnisses von Gegenständen zueinander wende ich mich deren Existenz zu. Ich denke wieder an meinen Becher Kaffee. Was weiß ich über ihn? Wenn ich will, kann ich mir ein Farbmuster vorstellen. Ich kann eine warme, glatte Festigkeit spüren. Ich kann etwas riechen. Ich kann eine angenehme Bitterkeit schmecken. An keinem Punkt erkenne ich jemals einen Becher Kaffee. Ich erfahre Sinneseindrücke eines solchen. Dies ist kein Spiel mit Worten. Sinneseindrücke sind von Gegenständen trennbar und sind somit nicht notwendigerweise von ihnen abhängig.Ich habe im Schlaf sehr zufriedenstellende Becher Kaffee gehabt, ohne dass jemals einer „wirklich da“ war. Es ist leicht vorstellbar, dass das ganze Universum nicht mehr ist als ein Phantasiegebilde von mir. Wenn ein Skeptiker niemals auf der Grundlage dieses Zweifels handelt, dann nur, weil diese Angewohnheit, an die Realität zu glauben, festgezurrt wurde, bevor er anfangen konnte, darüber nachzudenken.

Schließlich gibt es noch die Frage, ob die Existenz der eigenen Person bewiesen werden kann. Man könnte wie Descartes meinen, dass die Aussage „Ich denke, also bin ich" so „gewiss und gesichert ist, dass auch die von den Skeptikern vorgebrachten übertriebensten Hypothesen nicht in der Lage waren, sie zu erschüttern". Das kann kein Trugschluss sein. Wenn er es wäre, hätte ich einen Fehler gemacht; und um einen Fehler zu machen, muss ich immer noch existieren.[99] Ich kann kaum leugnen, dass diese Aussage wahr ist. Aber sie ist nur wahr in dem Moment ihrer Vorstellung. Ich existiere jetzt. Ich habe keinen Beweis dafür, dass ich gestern existierte. Im Film „Blade Runner" glaubt eine der Figuren, dass sie eine echte Person ist und dass sie über Erinnerungen über einen Zeitraum von etwa 30 Jahren verfügt. Tatsächlich ist sie ein Android und höchstens einige Monate alt. Die Erinnerungen wurden von ihrem Hersteller einprogrammiert. Ich habe keine Gewissheit, dass es in meinem Fall anders ist; dass, als ich an diesem Morgen aufwachte, ich nicht eben erst erschaffen wurde, einschließlich der Erinnerungen an eine vergangene Existenz. Eigentlich habe ich keine Gewissheit, dass ich nicht erst vor einer Stunde erschaffen wurde, oder vor fünf Minuten, oder vor einer Sekunde – oder zu irgendeinem Augenblick vor dem, der mir unmittelbar bewusst ist. Das Gedächtnis kann manipuliert werden. Auch die Zukunft ist völlig unbekannt und völlig unerkennbar. Ich habe ebenso wenig Gewissheit, dass ich dann existieren werde, wie dass ich in der Vergangenheit existierte. Was genau „die Gegenwart" ist, versteht niemand. Sie mag ein unreduzierbarer, aber bestimmter Zeitabschnitt sein. Sie mag eine unendlich schmale Trennlinie zwischen der Vergangenheit und der Zukunft sein. In jedem Fall ist das rationale Wissen um die persönliche Existenz weit weniger gesichert, als es anfangs erscheint.

IV Die Grenzen der Vernunft und des Skeptizismus

„Wer von euch“, sagt Christus, „kann mit all seiner Sorge sein Leben auch nur um eine kleine Zeitspanne verlängern?“[100] In der Tat: Wer von uns? Trotz aller Behauptungen zugunsten der Vernunft kann sie, an und für sich, uns nichts über die Welt sagen. Dessen eingedenk steht es uns frei, zwischen zwei Möglichkeiten zu wählen. Die eine ist der Rückzug in den absoluten oder moderaten Skeptizismus. Wir können die oben erwähnten geistigen Angewohnheiten als unsere einzige Richtschnur übernehmen und uns keine Gedanken über ihren Mangel an rationaler Grundlage machen. Wir können weiter über Moral reden und manchmal sogar selbst halb daran glauben – aber nur insofern, als wir das Verhalten anderer zu beeinflussen wünschen, die noch immer glauben, dass diese Idee irgendeine klare Bedeutung hat. Andererseits können wir akzeptieren, dass Gott existiert und dass Fragen über den Grund, weshalb Er uns hier plaziert hat, völlig angemessen sind. Ich muss betonen, dass ich Seine Existenz auf keine Weise allgemeingültig beweise. Ich bringe lediglich zur Geltung, dass sie für bestimmte Denkweisen logisch notwendig ist. Wenn wir die Worte „recht“ und „unrecht“ und „Rechte“ und „Natur“ verwenden wollen und sie irgendeine Bedeutung haben sollen, müssen wir begreifen, dass die Vernunft keine in sich geschlossene Entität ist, sondern eine Meditation über den Glauben. Sie mag auf dieser Grundlage nicht weniger mächtig und normalerweise leichtgläubiger Dummheit gegenüber auch nicht weniger tödlich sein. Sie muss dennoch als eine strikt zweitrangige Kraft betrachtet werden. „Credo ut intellegam“, sagte Anselm – „Ich glaube, damit ich verstehen kann.“[101]

V Die Fundamente des christlichen Theismus

Daher sollten wir erklären, was für uns zu glauben notwendig ist, bevor wir hoffen können, zu verstehen. Indem wir dies tun, stellen wir auch die Minimalannahmen des christlichen Theismus dar:

Erstens, es gibt einen Gott, der der allwaltende, gütige Regent des Universums ist.

Zweitens, Er hat einen Moralkodex aufgestellt, und je nachdem, wie wir uns diesem anpassen, erteilt er Strafen und Belohnungen.

Es ist gegenwärtig nicht von Belang, ob eine oder beide wahr – oder, wenn wahr, ob sie beweisbar – sind. Die Definition eines Christen ist, dass er von diesen Annahmen ausgeht. Sie untermauern das Denken fast eines jeden anderen. Von der ersten leiten wir ab, dass eine geordnete externe Welt existiert und dass wir darin im Zeitablauf befindlich sind. Da er allwaltend ist, kann Gott „der Schöpfer und Bewahrer aller Dinge, sowohl der sichtbaren als auch der unsichtbaren“[102] sein. Da er gütig ist, ist er der Schöpfer und Bewahrer. Sonst muss es die Möglichkeit geben, dass ich ein verblendeter, augenblicklicher Funke bin und alles andere, Sie eingeschlossen, ist nichts. Dies wäre mit dem Wesen Gottes wie dargestellt unvereinbar. Von der zweiten leiten wir sowohl eine absolute Moral als auch einen soliden Grund ab, sich an sie zu halten.

VI Naturrecht und Moral

Nachdem ferner gezeigt wurde, dass die Existenz der Welt eine notwendige Folge der ersten Annahme ist, scheint die Vermutung angemessen, dass die verschiedenen Bestimmungen dieser Moral uns offenbart werden, nicht lediglich durch das unmittelbar eingegebene Wort Gottes, sondern auch durch das fundamentale Wesen Seiner Schöpfung. Wir können im Römerbrief von Paulus Orientierung suchen: „Du sollst nicht die Ehe brechen, du sollst nicht töten, du sollst nicht stehlen, du sollst nichts begehren!, und alle anderen Gebote sind in dem einen Satz zusammengefasst: Du sollst deinen Nächsten lieben wie dich selbst.“[103] Oder wir sind in der Lage, nachdem sich unsere aus verschiedenen Ursprüngen stammenden Argumentationsketten vereint haben, mit Thomas von Aquin übereinzustimmen, dass

> „dem Menschen gemäß der Natur, die er mit allen Wesen teilt, ein ursprünglicher Hang zum Guten innewohnt, insofern als jedes Wesen die Erhaltung seiner naturgemäßen Existenz begehrt. Gemäß dieser Neigung bezieht sich das Naturrecht auf alles, was der Fortdauer des menschlichen Lebens dient, und alles, was den Tod verhindert. Zweitens neigt er, entsprechend der Natur, die er mit den anderen Lebewesen teilt, gewissen spezifischeren Zwecken zu.
>
> Diese Zwecke sind Teil des Naturrechts, ‚was die Natur alle Lebewesen lehrt‘ – wie es die Attraktivität der Geschlechter zueinander, die Aufzucht der Nachkommen und ähnliches ist. Drittens neigt der Mensch dem Guten gemäß seiner rationalen Natur zu, die ihm allein zugehörig ist. Also neigt der Mensch naturgemäß dazu, die Wahrheit über Gott erkennen zu wollen und in Gesellschaft zu leben. Unter das Naturrecht fallen alle dieser Neigung zugehörigen Handlungen – hauptsächlich die, dass der Mensch Unwissenheit meidet, dass er

im Umgang mit anderen ehrlich ist, und alle anderen derartigen Handlungen.“[104]

VII Vernunft und Offenbarung

Diese beiden mögen auf den ersten Blick sehr unterschiedliche Ansätze für die Moral sein. Aber die erste Prämisse unseres gegenwärtigen Argumentationsprogramms ist, dass Vernunft und Offenbarung grundsätzlich harmonieren. Thomas von Aquin zufolge ist es das spezifische Wesen des Menschen, seinen Verstand zu gebrauchen und eine Moral zu beachten, die durch den Prozess der Beobachtung rational ableitbar ist. Es ist seine Vernunft, die den Menschen als Spezies von den anderen Lebewesen unterscheidet. Das bedeutet nicht, jene Teile seiner Natur in Abrede zu stellen, die für ihn und alle anderen Dinge typisch sind, insofern diese für seinen Lebensunterhalt als moralisches Wesen notwendig sind oder für die Fortpflanzung seiner Spezies. Paulus zufolge sind wir als Gottes Geschöpfe zu einer bestimmten Handlungsweise verpflichtet. Einige Aspekte davon legt er explizit dar. Andere zu finden überlässt er uns, nachdem er uns eine Methode gezeigt hat, mit der sie zu finden seien. Es ist offensichtlich, dass wir, wenn wir diesen Weg einschlagen sollen, alles tun müssen, was dem effektivsten Vollzug förderlich ist. Dies bedeutet gewiss, dass wir bestrebt sein sollten, unser Leben fortzusetzen, es sei denn, unser primärer Zweck als moralische Wesen spräche dagegen. Daher gibt es unabhängig davon, auf welchem der Wege wir fortschreiten, keinen Widerspruch zum anderen. Beiden zufolge kann eine Handlung in sich sündhaft sein – unmittelbar gegen Gott oder gegen die Natur – oder, obwohl anscheinend in sich neutral, durch Assoziation mit der Sünde, zu der sie tendiert. Um zum oben gegebenen Beispiel zurückzukehren, wenn ich Ihnen aus Spaß oder Gier die Kehle durchschneide, dann wäre das sowohl ein Verstoß gegen die Anordnung von Paulus, nicht zu töten, als auch gegen unsere natürliche Pflicht, bei unserem Umgang mit anderen ehrlich zu sein. Wenn ich dagegen nur ein Messer zücke, wäre dies neutral oder sündhaft, und zwar abhängig davon, welchen Gebrauch dieses Gegenstandes ich im Sinn hatte.

Nach all dem Gesagten betrachten wir nun den ersten Teil der eingangs gestellten Frage – nämlich, auf welche Weise Rauchen als widernatürlich betrachtet werden kann oder als dem Willen Gottes entgegengesetzt, und somit in beiden Fällen als sündhaft.

VIII Rauchen und das Naturrecht

Wenn es irgendeine Tatsache über das Rauchen gibt, die gesicherter ist als seine Gefährlichkeit, dann ist es die, dass Menschen es genießen. Seine Gefahren sind sogar tatsächlich Zeugnisse seiner Wonnen. Rauchen tötet, wird den Menschen gesagt; und sie fahren mit dem Rauchen fort, wenn auch in nachlassender Zahl. Ich erkenne, dass ich Genüsse beschreibe, die ich nie erfahren habe und die keiner, der es tat, mir zu beschreiben in der Lage zu sein scheint. Aber ich bin mir sehr sicher, dass sie existieren. Jeder, der es sich zur Aufgabe macht, herumzugehen und dies zu leugnen, ist ein phantasieloser Dummkopf. Die Wirkungen des Tabaks sind auf vielerlei Weise angenehm, und ihre Art und ihr Ausmaß hängen merkwürdigerweise davon ab, was von ihnen erwünscht wird. Er kann die Nerven beruhigen, nachdem sie strapaziert worden sind. Er kann sie stabilisieren, wenn ein besonderes Urteil oder Entschiedenheit nötig ist. Er macht die Gemeinschaft von Freunden fröhlicher. Er kompensiert den Mangel an Gemeinschaft. Rauchen kann sehr angenehm sein.

Es ist darüber hinaus der am weitesten verbreitete jener Genüsse, die wir nicht mit den Tieren teilen. Wann genau und auf welche Weise die amerikanischen Ureinwohner entdeckten, welchem Zweck das ausgetrocknete Blatt der Nicotiana-tabacum-Pflanze zugeführt werden kann, ist unbekannt. Aber sein Gebrauch war der eine indianische Brauch, den die erobernden Spanier nicht nur niemals zu unterdrücken versuchten, sondern den sie sogar selber übernahmen. Als er der Welt offenbart wurde, breitete er sich innerhalb weniger Jahrzehnte zu jedem Teil der Menschheit aus, der nicht vollständig vom Außenhandel abgeschottet war. Tabak wurde in England und Spanien, in Mekka und in Rom, in Russland, in China, in Japan geraucht. Völker, die sich in jeder anderen Verhaltenshinsicht unterschieden, hatten das Tabakrauchen gemein. Keine Art von religiöser Regelbeachtung, auch nicht der Verzehr von Brot oder das Trinken von Alkohol war so verbreitet. Selbst in jenen Zeiten und an jenen Orten, in denen und wo bis vor kurzem das Rauchen unmodisch war, wurde der Tabak entweder gekaut oder zermahlen und geschnupft. Der Gebrauch der Pflanze ist kein vorübergehender Fimmel gewesen. Er ist kein Brauch wie das Verzehren eines Hamburgers oder das Tragen von Jeans, der mit irgendeinem Lebensstil in Verbindung gebracht und oft als Teil jenes größeren Ganzen entweder angenommen oder abgelehnt wird. Er ist ein Genuss, der in der ganzen Menschheit verbreitet ist. Keiner, der Genuss mit Sünde identifiziert, würde ihn jemals übersehen. Und es ist unbestreitbar, dass es Christen gab und noch immer gibt, die an diese Identität glauben.

IX Genuss und Sünde: Das christliche Argument gegen den Puritanismus

Während es in den ersten drei christlichen Jahrhunderten eine kleine asketische Bewegung gab, fand ihr echter Auftakt und ihre spektakulärste Phase in der Zeit statt, die auf die Bekehrung des Römischen Reiches folgte. Als ihr Glaube nicht mehr verfolgt wurde – und bald sogar zur Voraussetzung für die Beförderung im öffentlichen Dienst wurde –, begannen die strengeren Christen, sich in größerer Zahl in die syrische und ägyptische Wüste zurückzuziehen. Für sie waren die Genüsse und Annehmlichkeiten des städtischen Lebens sämtlich Fallen des Teufels. Sie glaubten, dass ihre Wonne im Himmel umso sicherer und süßer sei, je größer das Elend sei, das sie auf der Erde erleiden konnten. Ihre Biographien verschlagen einem den Atem. Es ist unmöglich, zu sagen, wieviel davon überlieferte Wahrheit ist, und wieviel davon Wunschdenken oder schlicht Lüge.

Von einem Macarius von Alexandria wird gesagt, dass er sechs Monate lang im Sumpf geschlafen hat und jeden der ständigen Mückenstiche wie ein Geschenk Gottes willkommen hieß. Von anderen seiner Art wird gesagt, sie hätten Eisengewichte getragen, die sie an ihre Körper gebunden hatten, oder sich ganze Monate in Büscheln von Dornengestrüpp aufgehalten, oder gefastet, bis sie blind waren, oder nur Dreck gegessen, und das nur sehr selten. Nie wuschen sie sich oder wechselten sie ihre Kleidung. Sie krochen unter der ägyptischen Sonne herum, nackt bis auf ihr langes Haar.

Keiner von ihnen war jedoch so unvergesslich wie Simeon Stylites. Als er als 13-jähriger Jugendlicher das Schafhirtendasein aufgab und Mönch wurde, bestand eine seiner Selbstkasteiungen darin, sich einen Strick so fest umzubinden, dass Teile seines Körpers zu verfaulen begannen. Seinem treu ergebenen Biographen Antonius zufolge „verströmte er einen schrecklichen Gestank, der Beobachtern unerträglich war, und Würmer fielen von ihm, wo immer er stand, und sie füllten sein Bett“.[105] Als er endlich überredet worden war, sein Kloster zu verlassen, stieg er auf verschiedene Säulen, von denen die letzte eine Höhe von etwa 20 Metern und einen Durchmesser von zwei Metern hatte. Hier blieb er 30 Jahre lang bis zu seinem Tod. Es wird gesagt, dass er einmal ein ganzes Jahr lang auf einem Bein gestanden habe, während das andere von offenen Geschwüren bedeckt war. Antonius hockte neben ihm und hob die Maden auf, die herabgefallen waren, und legte sie ihm wieder auf. „Fresst, was Gott euch gegeben hat“, sagte Simeon.[106] Er gehörte zu den am meisten gefeierten Menschen seiner Zeit. Pilger, die ihn besuchten, kamen sogar aus Indien. Der Kaiser Theodosius II. bat ihn in Staatsangelegenheiten um Rat. In seiner Leichenprozession befanden sich der Patriarch von Antiochien, ein Regierungsminister, sechs Bischöfe und eine kleine Armee. Sein Bild kann noch immer betrachtet werden; es befindet sich auf Kirchenwänden überall in den östlichen Patriarchaten.

Unsere eigene Geschichte bietet nichts, das ganz so farbenprächtig ist. Thomas Becket und Thomas More, unsere berühmtesten Geistlichen, hatten beide asketische Anwandlungen. Aber unsere engste nationale Annäherung unternahmen die Puritaner des 17. Jahrhunderts. Manchen von ihnen drangen Visionen von Höllenfeuern in ihren Geist ein, sobald sie ihre Augen schlossen. Ihr Hass auf alles Unernste oder auch nur ansatzweise Vergnügliche kam bisweilen einer Manie gleich. „Der Puritaner hasste die Bärenhatz“, sagte Macaulay, „nicht wegen des Bären Qual, sondern weil sie den Zuschauern Freude bereitete“.[107] Ihr politischer Aufstieg war so schnell vorbei, wie er begonnen hatte. Ihr Einfluss blieb weiterhin spürbar. Er hat uns sicherlich den unerträglichsten Sonntag in der freien Welt hinterlassen. Sein Nachglühen speist wohl einen Großteil der Energie der Anti-Raucher-Lobbygruppen. Virginia Woolfs Großvater mütterlicherseits war ein das Vergnügen hassender Evangelikaler der einfachsten Art. Ein einziges Mal rauchte er eine Zigarre „und fand sie so köstlich, dass er nie wieder rauchte“.[108] Dies ist vielleicht zu erwarten. Aber die gleiche Ansicht wurde von vielen im Zeitalter Viktorias vertreten, die jeden anderen Grundsatz ihres Kindheitsglaubens aufgegeben hatten. Frances Newman, der jüngere Bruder von Kardinal John Henry Newman, war, obwohl ein leidenschaftlicher Freidenker und Radikaler, ebenso stark gegen den Tabak – und übrigens auch gegen den Alkohol, heitere Farben und Sex.

Am Anfang meiner Schullaufbahn begegnete ich einem Jungen, der ebenso wie andere in der Lage schien, die Welt zu beobachten, der aber einen sehr seltsamen Schluss gezogen hatte. Er hatte beobachtet, dass unsere Lehrerin, sobald er hinfiel und sich verletzte, zu ihm hinüberlief und ihn mit Pflastern und mit Umarmungen tröstete. Manchmal erließ sie ihm sogar die Strafen für das, was er zuvor am gleichen Tag getan hatte. Daher begann er, sobald er sich vernachlässigt fühlte oder meinte, auf irgendeine Weise geringfügig ungezogen gewesen zu sein, mit einem Zirkel irgendwo auf seinen Körper einzustechen, bis er zu bluten anfing. 1.500 Jahre zuvor wäre er als Erwachsener ein Wüstenheiliger geworden.

Lebte er heute auf den Philippinen, wäre er längst dazu übergegangen, sich Spieße durch die Wangen zu drücken oder sich die Brustwarzen abzuschneiden. Nach Lage der Dinge ist es gut möglich, dass er in seinem eigenen kleinen Kreis als Puritaner bekannt ist. Eine Änderung seiner Einstellung wäre nicht nötig. Die Verknüpfung von Schmerz und Heiligkeit ist weniger eine der Logik als eine der Psychologie. Die Hoffnung, dass jene, die in Seinem Namen zum Märtyrer werden, ein besonderes Wohlwollen Gottes verdienen, ist völlig vernünftig. Auf jeden Fall gereicht sie der Menschheit zur Ehre. Die Annahme, dass jemandem Gnade zuteil wird, einfach indem er sich freiwillig auf einer Säule verrotten lässt oder sich jeden körperlichen Genuss versagt, ist kindisch absurd. Insofern der Zustand der Askese die rationale Funktion der Menschheit behindert – und seine extremeren Versionen müssen das zwingend tun[109] –, ist er unnatürlich. Selbst die rein negativen Versionen sind ein Missbrauch dessen. Jeder, der fünf Minuten ununterbrochen gelacht hat oder eine Weile mit Freunden geplaudert hat, weiß, wie gut im allgemeinen manche Formen des Genusses für Körper und Seele sind. Es gibt Textstellen in der Bibel, die, isoliert betrachtet, eine Befürwortung des Verzichts auf jeden Genuss darstellen.[110] Aber eine ausgezeichnete Antwort für jeden, der diese mit Begeisterung heraussucht und vorträgt, wenn andere glücklich aussehen, ist, aus jenem Buch vorzulesen, das mit den Worten beginnt: „Mit Küssen seines Mundes bedecke er mich. Süßer als Wein ist deine Liebe",[111] und weiter zu lesen, bis er verschwindet oder vor Schreck in Ohnmacht fällt. Christus selbst schätzte die Freuden der Freundschaft. Gewisse Theologen können es so bizarr vertuschen, wie sie wollen. Für jeden unvoreingenommenen Leser ist das Abendmahl nichts als ein rührend menschliches Ereignis. Hier ist ein Mann, der dem unweigerlichen Tod entgegensieht. Verbringt er seinen letzten Abend mit einer letzten Runde fanatischer Selbstkasteiung? Er tut nichts dergleichen. Er arrangiert ein Abendmahl mit seinen Freunden. „Ich habe mich sehr danach gesehnt, vor meinem Leiden dieses Paschamahl mit euch zu essen", sagt er ihnen.[112] Er versucht, ihnen sanft beizubringen, dass ihre Erwartungen hinsichtlich der Gestalt des Königreichs nicht zutreffen. Es ist ziemlich schwer, sich vorzustellen, was genau er von Simeon Stylites gehalten hätte. Sehr wahrscheinlich hätte nicht befürwortet, was er tat. Fast sicher hätte er es nicht gutgeheißen.

Genuss kann nicht als etwas Schlechtes betrachtet werden. In vielerlei Hinsicht entspricht er unserer Natur ebenso wie essen und schlafen. Aber das ist noch längst nicht das gesamte Bild. Obwohl der Genuss an sich nicht schlecht ist, können nur bestimmte Arten davon als völlig legitim betrachtet werden; und es gibt viele Arten, die absolut illegitim sind. Jene Art, die potentiell zum Mord gehört, ist bereits diskutiert worden. Was offen bleibt, ist die Frage, ob das Rauchen zu der Kategorie der illegitimen Genüsse gehört.

X Der Fall der „Sucht“

Rauchen kann, erstens, eine Sucht genannt werden – das heißt, eine Unterordnung der Vernunft unter ein rein animalisches Verlangen. Wenn dies der Fall ist, könnte es tatsächlich mit dem Alkoholismus verglichen werden; und „[g]esell dich nicht zu den Weinsäufern“, sagt Salomon; denn sie werden arm.[113] Auch werden sie nicht, sagt Paulus, das Reich Gottes erben.[114] Ein beträchtlicher Teil der medizinischen und polemischen Literatur über das Thema stellt die Bemühungen dar, den Beweis zu erbringen, dass Rauchen tatsächlich eine ähnliche Aktivität ist. Ich komme auf den weiter oben bereits zitierten M. A. H. Russell zurück. „Das Rauchen von Zigaretten“, sagt er, „ist wahrscheinlich die suchterzeugendste objektspezifische, selbst verabreichte Befriedigung, die dem Menschen bekannt ist“.[115] An anderer Stelle fügt er hinzu, dass „die Sucht weder mit Alkohol, noch mit Cannabis, noch möglicherweise mit Heroin so leicht erlangt wird“.[116] „[E]s bedarf nicht mehr als drei oder vier sorgloser Zigaretten in der Jugend, um praktisch sicherzustellen, dass eine Person ein regelmäßiger, abhängiger Raucher wird.“[117] „Einmal ein Raucher – immer ein Raucher.“ Das ist nur eine leichte Übertreibung. Es ist unwahrscheinlich, dass es mehr als einem von vier Rauchern gelingt, vor dem 60. Lebensjahr das Rauchen für immer aufzugeben.[118] Sicher, wenn der regelmäßige Raucher mit dem gewohnheitsmäßigen Trinker oder Opiatsüchtigen gleichgesetzt werden könnte, würde das naturrechtliche Urteil von vornherein feststehen. Aber es ist zumindest zweifelhaft, ob dies der Fall ist. Folgen wir der üblichen medizinischen Definition, dann ist für die Diagnose der Drogensucht oder – wenn wir der von der Weltgesundheitsorganisation seit 1964 bevorzugten Terminologie folgen – der Drogenabhängigkeit das gleichzeitige Vorhandensein von drei Voraussetzungen erforderlich. Erstens eine angenehme Änderung der Stimmung. Zweitens eine zunehmende Toleranz für die eingenommene Substanz mit einer damit einhergehenden notwendigen Dosiserhöhung, um die Wirkung beizubehalten. Drittens das Auftreten von seelischem oder physischem Schmerz bei Beendigung des regelmäßigen Genusses. Wir wollen nun untersuchen, in welchem Ausmaß diese Voraussetzungen charakteristisch für das Zigarettenrauchen sind.

Dessen angenehme Wirkungen habe ich bereits erwähnt. Diese sind real genug. Die schlichte Tatsache ist aber, dass sie nicht nur im Ausmaß, sondern auch im Wesen von dem abweichen, was wir normalerweise „Rausch" nennen. Die Wirkung des Alkohols ist es, dass die Funktionsfähigkeit unserer Vernunft abgestumpft oder gar unterbrochen wird. Fortgesetzter Genuss einer genügend umfangreichen Menge reicht aus, sie völlig zu zerstören. Die Wirkung des Nikotins ist schlicht die, sie auf verschiedene, vergleichsweise milde Art und Weise zu verändern. Kein Mensch mit halbwegs standfestem Geist wird sich bemühen, einer Gruppe von Leuten auf der Straße aus dem Weg zu gehen, nur weil er vermutet, dass die meisten von ihnen geraucht haben. Auch wird er nicht, wenn er ein Auto fährt, dazu neigen, abzubremsen oder die Spur zu wechseln, wenn er vor sich einen Fahrer bemerkt, über den er sicher weiß, dass er kurz zuvor fünf Zigaretten geraucht hat. Niemand – zumindest nach meinem gegenwärtigen Wissen – hat sich jemals in einen unkontrollierbaren Zustand der Wut geraucht, und übrigens auch nicht in die Obdachlosigkeit. Unter der Voraussetzung einer angemessenen Lüftung habe ich niemals ein Gespräch mit Rauchern allein aufgrund des Rauchens als Zeitverschwendung empfunden. Es kann daher nicht gesagt werden, dass die Genüsse der Aktivität an und für sich widerlich und animalisch seien.

Das grobe Muster des Alkoholismus ist zu gut bekannt, als dass viel darüber gesagt werden muss. Er beginnt normalerweise mit einigen Gläsern Bier oder leichten Weins in Gesellschaft. Diese verlieren bald ihre befriedigende Wirkung, und man wechselt, entweder direkt oder über Likörweine, zu Spirituosen. Schließlich ist der Punkt erreicht, an dem, um die erwünschte Wirkung zu erzielen, Alkohol regelmäßig in Mengen konsumiert wird, die einen moderaten Trinker oder Abstinenzler mehrmals töten würden. Dieses Muster findet sich bei vielen anderen Drogen wieder. Es ist lange bekannt, dass Abhängigkeit von Amphetamin zu einer fortschreitenden Steigerung der Dosis von 10 Milligramm auf 1.000 Milligramm täglich führt. Dasselbe trifft oft auf Heroin und andere Opiate zu. Bei Nikotin ist dies nicht der Fall. Viele Raucher gehen von anfänglich 5 oder 10 Zigaretten pro Tag auf 20 oder sogar 40 über, aber fast nie darüber hinaus. Es stimmt, dass es praktische Grenzen für die Zahl der Zigaretten gibt, die pro Tag geraucht werden können: Selbst eine alle 15 Minuten führt nur zu 60 in 15 Stunden. Aber es wäre möglich, die absorbierte Nikotinmenge durch tieferes Inhalieren oder durch einen Wechsel zu stärkeren Zigaretten, Zigarren oder Pfeifen zu erhöhen. Es gibt keine Belege dafür, dass dies in irgendeinem nennenswerten Umfang geschieht. Tatsächlich scheinen die Daten anzudeuten, dass eine Steigerung der Dosis nicht nötig ist. Selbst nach Jahren regelmäßigen Rauchens bewahren die von Nikotin beeinflussten Hirnregionen den Großteil ihrer anfänglichen Empfindlichkeit.[119] Kein abgehärteter Spirituosentrinker wird ein Glas schwaches Bier am frühen Morgen als etwas anderes als eindeutig minderwertig betrachten – und vielleicht noch nicht einmal das. Ein Raucher neigt dazu, eine Lieblingsmarke zu finden und ihr danach treu zu bleiben; und jede erste Zigarette am Morgen ist, wenn keine Krankheit dazwischenkommt, nicht weniger angenehm.

Manche Raucher sind so sehr auf ihre Zigaretten angewiesen, dass der Verzicht auf sie oft schmerzhaft anstrengend ist. Aber Verzicht bedeutet üblicherweise eine Depression und Reizbarkeit, die nach ungefähr einem Tag ziemlich intensiv wird, um danach stetig abzunehmen. Aber in den anfänglichen physiologischen Wirkungen gibt es nichts, was mit den Halluzinationen und Schüttelkrämpfen vergleichbar ist, die ein normaler Alkoholiker beim Austrocknen empfindet. Es scheint auch, dass nur eine Minderheit von Rauchern eine Nikotinabhängigkeit hat. Selbst Russell zufolge kommt diese erst zum Tragen, wenn pro Tag 20 oder mehr Zigaretten geraucht werden.[120] Aber in einer Umfrage über das Raucherverhalten in Großbritannien, deren Ergebnisse 1980 veröffentlicht wurden, behaupteten 25 Prozent der damaligen Raucher, 10 oder weniger Zigaretten pro Tag zu rauchen; und 62 Prozent der weiblichen und 48 Prozent der männlichen Raucher behaupteten, 20 oder weniger zu rauchen.[121] Es sollte auch erwähnt werden, dass in den zehn Jahren vor 1987 schätzungsweise 20 Prozent der britischen Raucher aufgehört haben.[122] Diese Zahlen sind kaum ein Beleg für Russells kühnere Behauptungen. Selbst unter Kettenrauchern gibt es zu viele Fälle sofortigen Verzichts ohne erkennbare Entzugserscheinungen, als dass der normale Begriff der Abhängigkeit vollständig zutrifft.

XI Ist Rauchen „unnatürlich“?

Zweitens kann im Streit über die Legitimität des Rauchens als Genuss gesagt werden, dass es eine unnatürliche Verwendung einer körperlichen Funktion ist. „Wenn Gott gewollt hätte, dass wir rauchen“, so geht der Spruch, „dann hätte er uns mit Schornsteinen auf den Köpfen ausgestattet“. Offensichtlich ist es beim Rauchen notwendig, Tabakqualm in die Lungen zu ziehen, wo Nikotin vom Blutstrom absorbiert und somit zum Gehirn transportiert werden kann.

Ebenso offensichtlich ist, dass die Lungen dieser Funktion nicht angepasst sind; und oft versagen sie unter der ihnen auferlegten Belastung. Aber insofern es die natürliche Funktion der Lungen ist, Sauerstoff in sich einzuführen, und insofern natürliche Funktionen den Willen Gottes repräsentieren, folgt daraus nicht automatisch, dass Rauchen eine Sünde ist. Es gab eine Zeit, als man glaubte, dass es einen nützlichen medizinischen Zweck erfüllte. Man betrachtete es als eine gute Prophylaxe gegen die Pest und als Heilmittel gegen Kopfschmerzen, Gicht und Krätze, neben anderen Leiden. Noch 1901 wurde Rauchen sogar von der pharmakologischen Autorität William Hale-White als Behandlungsmittel für Atemwegserkrankungen empfohlen.[123] Solange dieser Glaube aufrechterhalten werden konnte, konnte das Rauchen, unabhängig von seinen allgemeinen Vorteilen, als eine innerhalb gewisser Grenzen ordnungsgemäße Aktivität betrachtet werden – genau wie das Durchstechen von Venen mit Nadeln heute nicht als unangemessen betrachtet wird, wenn dessen Zweck die Pflege oder Wiederherstellung der Gesundheit ist. Der gegenwärtige medizinische Konsens ist, dass der Tabak keinen therapeutischen Wert besitzt. Dieser Konsens kann jedoch angegriffen werden. Eine der Hauptfunktionen der Anti-Raucher-Lobby ist, so scheint es, das Rauchen mit so vielen Krankheiten und Charakterschwächen wie nur menschlich möglich zu verknüpfen.

Somit ist Rauchen jetzt mit allem von Kindesmisshandlung bis Schlaflosigkeit, von Achtlosigkeit beim Autofahren bis zu Geschwüren in Zusammenhang gebracht worden. Anders als bei den verschiedenen Krebsarten steht die genaue Kausalkette in diesen Fällen jedoch noch nicht vollständig fest. Es ist möglich, dass Menschen, die rauchen, dadurch ihre Chance erhöhen, unter diesen Dingen zu leiden. Andererseits ist es möglich, dass Menschen, die bereits wahrscheinlich daran leiden werden, dem Rauchen zuneigen; und dass das Rauchen Linderung bringt – zugegebenermaßen zum möglichen Preis späterer ernsterer Probleme. Im wesentlichen ist dies kein neues Argument. Der verstorbene T. E. Utley war überzeugt, dass die beruhigende Wirkung des Tabaks viele Selbstmorde und gelegentlich einen Mord verhindert hat.[124] Vor einigen Jahren schrieb Polly Toynbee in „The Guardian“ den Satz: „Ich will die Familie nicht anbrüllen und anschreien, deshalb rauche ich.“[125] Um diese Zeit herum trug David Loshak in „The Daily Telegraph“ dasselbe oben dargestellte allgemeinere Argument vor.[126] Unter der Voraussetzung, dass es zutrifft, wäre Rauchen für diese Leute keine unnatürliche Aktivität. Wie es Thomas von Aquin formulierte, als er den Begriff der „Natur“ diskutierte, kann es sein, „dass etwas, das entweder der Vernunft zufolge oder die körperliche Gesundheit betreffend der menschlichen Natur widerspricht, für einen Menschen aufgrund gewisser Unzulänglichkeiten in seiner Natur etwas Natürliches werden kann“.[127]

XII Ist Rauchen „langsamer Selbstmord"?

Selbst wenn eindeutig gezeigt würde, dass es für die Erhaltung der Gesundheit einiger Leute nicht notwendig ist – oder notwendig nur für eine unerhebliche Minderheit –, würde daraus immer noch nicht folgen, dass Rauchen Sünde ist. Um nochmals Thomas von Aquin zu zitieren: Er bezweifelt, dass der ihren offenkundigen Funktionen entgegengesetzte Gebrauch von Gliedern oder Organen an sich etwas Schlechtes ist. Es muss nicht zutreffen, „dass derjenige sündigt, der, zum Beispiel, auf seinen Händen läuft oder mit seinen Füßen etwas tut, was angemessener mit seinen Händen getan wird".[128] Manche Handlungen werden nur in dem Ausmaß sündig, in dem sie die Natur eines Menschen behindern. Offensichtlich neigt das Rauchen dazu, das Leben zu verkürzen, und das ist die schwerstmögliche Behinderung, die man sich vorstellen kann. Aber nicht jede Lebensverkürzung ist gleichermaßen Sünde, oder überhaupt sündig. Als Handlung fällt das Rauchen nicht in eine, sondern in mehrere Kategorien. Erst müssen wir untersuchen, zu welcher davon seine lebensverkürzende Tendenz gehört, bevor wir über den Status des Rauchens eine Entscheidung fällen.

Im Jahr 1658 fragte der jesuitische Priester Jacob Balde in einem in Nürnberg gegen das Rauchen veröffentlichten Traktat: „Welchen Unterschied gibt es zwischen einem Raucher und einem Selbstmörder, außer den, dass der eine länger braucht, sich umzubringen, als der andere?"[129] Da die Medizin damals noch in den Kinderschuhen steckte und da es an jeglichen statistischen Beweisen für seine Behauptung fehlte, sollte Balde nicht als irgendein ferner Vorläufer des Royal College of Physicians betrachtet werden. Er schrieb zu einer Zeit, als das Rauchen von Tabak eine in Europa vergleichsweise neue und, wie oben dargestellt, in vielen Regionen des Erdteils illegale Aktivität war. Was wir in diesem Beispiel haben, ist eine rhetorische Geste als Teil einer breiteren Anprangerung, geschmückt mit aus Anekdoten entnommenen stützenden Daten. Betrachtet man sie getrennt von ihrem speziellen historischen Kontext, dann ist sie eine extrem schwerwiegende Anschuldigung sowie eine, die, wenn sie jemals zutreffen sollte, auf christlicher Grundlage die endgültige Verurteilung des Rauchens wäre. Denn Selbstmord ist zweifellos eine Sünde. Er ist ein Verbrechen gegen die menschliche Natur, so wie sie oben definiert ist. Er wird strikt analog zum Mord betrachtet – eine vom Menschen ausgehende Trennung einer von Gott hergestellten Vereinigung von Körper und Seele.[130] Oft ist er sogar als etwas Schlimmeres als Mord betrachtet worden – als eine feige Flucht vor jenen offenkundigen Leiden, mit denen Gott, in Seiner unendlichen Gnade, seine Geschöpfe prüft und läutert.[131] Dreieindrittel Jahrhunderte nach Balde sind die schädlichen Wirkungen des Tabaks mit einer oft alarmierenden Menge an Beweisen festgestellt worden. Es mag den Anschein haben, dass hinter den modernen Plakaten, die ich in Krankenhäusern aufgehängt gesehen habe – die mir sagten, dass „Rauchen langsamer Selbstmord“ ist –, eine unbezweifelbare Autorität stand. Das war nicht der Fall. Dass Rauchen tendenziell das Leben verkürzt, ist unbestreitbar. Aber es ist nicht weniger unbestreitbar, dass eine Verkürzung des Lebens an sich nicht immer Selbstmord ist. Wenn dem so wäre, dann wären die herkömmlichen Einschätzungen der Kirchengeschichte sehr fehlerhaft.

Die antikatholischen Gesetze des 16. und 17. Jahrhunderts sind einer der sehr wenigen Gründe für einen Engländer, sich für die Geschichte seines Landes zu schämen. Versuche der Rechtfertigung sind gemacht worden. Aber jede Verfolgung ist von irgendwem für notwendig erachtet worden; und die ihre Vorteile sind nicht größer oder kleiner als die von anderen. Gegen Laien der alten Religion gab es schwerwiegende gesetzliche Diskriminierungen. Wenn einer ihrer Priester auf englischem Boden festgenommen und sein Status bewiesen war, wurde er gehängt, der Strick zerschnitten, während er noch lebte, dann wurde er ausgenommen, kastriert und zerstückelt. Es war ein grausamer Tod; noch grausamer war er, wenn in Anwesenheit einer begeistert kreischenden Meute getötet wurde und alle Mittel angewendet wurden, die sicherstellten, dass das Opfer so lange wie möglich bei Bewusstsein blieb. Trotzdem gab es nie einen Mangel an Rekruten für die englische Mission. Priester meldeten sich weiterhin freiwillig, um nach England zu kommen und jene Riten auszuführen, die für die Erlösung jener, die dort katholisch geblieben waren, als notwendig erachtet wurden. Einer von ihnen war Thomas Macclesfield. Fast unmittelbar nachdem er an Land gegangen war, wurde er festgenommen. Ihm wurde versprochen, dass er freigelassen würde, sobald er einen Treueeid auf Jakob I. ablege und somit unter dem Act of Supremacy dessen kirchliche Gesetzgebungsmacht anerkenne. Dies war ein echtes Angebot. Es war 1589 George Napper, einem weiteren Priester, gegeben worden. Er hatte den Eid abgelegt und wurde freigelassen. Obwohl ein anderer Priester, Ralph Sherwin, dieses Angebot ablehnte, wurde ihm ein Bischofsamt angeboten, wenn er sein Leben rette. Macclesfield lehnte alle Anreize ab. Der Papst sei, ohne Rivale oder Kollege, das Oberhaupt der Christenheit, machte er geltend. Am 1. Juli 1616 wurde er gehängt, ausgenommen und gevierteilt. Er war 26 Jahre alt. Das jüngste Opfer dieser Verfolgung, das ich finden konnte, war ein 19-jähriger Jüngling namens James Bird. Er verweigerte den Eid und wurde 1593 hingeschlachtet. Sie starben für ihre Weigerung, ein paar Dutzend Worte zu sagen, die Millionen andere ohne zu zögern, und Hunderttausende ohne an sie zu glauben wiederholt hatten. Sie starben für etwas, das viele, damals und seither, eine Belanglosigkeit nennen würden. Ihren Tod aber Selbstmord zu nennen, würde nicht nur einen krassen Mangel an Prinzipien offenbaren, sondern auch eine mangelhafte Vorstellungskraft. Die römische Kirche hat sie alle heilig- oder seliggesprochen.

Gegen Ende des 6. Jahrhunderts gab es einen Bischof Salvius aus Albi in Frankreich. Im Verlauf jenes Jahrhunderts war die Mittelmeerregion von einer Welle der gewaltigsten Epidemien erfasst worden. Der Historiker Prokopios notierte, dass, als die Seuche im Jahr 542 erstmals in Konstantinopel auftauchte, im Verlauf der vier Sommermonate 10.000 Menschen pro Tag starben.[132] Zeitweise brach sämtliche Ordnung zusammen, und die Furcht zerbrach die normalen Beziehungen eines Menschen zum anderen. Die Kranken wurden dem Tod preisgegeben. Die Gesunden stürzten sich in eine Runde von Orgien und Plündereien. Selbst außerhalb der Städte leerten sich ganze Regionen, so dass das Getreide auf den Feldern verrottete und die Kühe ungemolken blieben. Beim ersten Zeichen der Seuche in Albi brach die übliche Panik aus. Menschen flohen und ließen die Kranken zurück. Salvius blieb bei ihnen. Ob durch normale Pflege oder durch ein Wunder hielt er die Sterbequote unterhalb des Niveaus der Katastrophe; und die Epidemie flaute ab. Er aber war eines ihrer letzten Opfer.

Sein Beispiel wurde zufällig ausgewählt. Es hat vorher und nachher zahllose andere gegeben. Ich denke an den belgischen Missionar Joseph de Veuster, der 1873 auf eigenen Wunsch zu einer Leprakolonie auf den Hawaii-Inseln geschickt wurde. Er selbst erkrankte an dem Leiden und starb, als er noch immer die Kranken pflegte, im Jahr 1889. Ein Mann, der in ein brennendes Haus läuft, um ein Kind zu retten, wird zu Recht für mutig gehalten. Es gibt keine Worte, um jemanden zu beschreiben, der freiwillig und mit Vorbedacht sein Leben oder seine Gesundheit im Dienst für die infektiös Erkrankten riskiert. Salvius wurde heiliggesprochen. De Veuster wird nun „ehrwürdiger Diener Gottes“ genannt.

Aber nicht jede lebensverkürzende Handlung hat Zustimmung erhalten. In Afrika gab es einmal eine häretische Sekte, die donatistischen Circumcellionen. Ihre Mitglieder empfanden einen derartigen Hass auf das Leben und ein derartiges Verlangen nach einem Märtyrertum, dass sie, getrieben von freudiger Ekstase, gelegentlich in großer Zahl von hohen Abhängen sprangen, so dass die Felsen in der Tiefe von ihrem Blut rot gefärbt waren. Manchmal hielten sie Reisende auf der Straße auf und nötigten sie, ihnen einen tödlichen Hieb zu versetzen, indem sie ihnen eine Belohnung versprachen, wenn sie zusagten, und mit Mord drohten, wenn sie sich weigerten. Dies galt als Selbstmord.

Es gab eine andere Häretikersekte, diesmal in Frankreich, die „Albigenser“ genannt wurde. Auch von ihnen strebten viele das Märtyrertum an. Die Methode ihres Strebens – zumindest, bis der Papst Maßnahmen gegen sie ergriff – war um einiges subtiler. Wenn sie krank waren, fasteten sie und ließen sich gelegentlich zur Ader, um so den Tod zu beschleunigen oder zu provozieren. Diese Praktiken zählten als Selbstmord.

Das eindeutig unterscheidende Prinzip in diesen Fällen ist die ursprüngliche Absicht. In den ersten beiden war der Tod eine Folge einer freiwilligen Handlung. Er war jedoch eine nachgeordnete Folge, das Nebenprodukt einer Handlung, die mit der Vorstellung eines ganz anderen Hauptzwecks vollzogen wurde. Die Rekusanten wünschten sich wahrscheinlich nicht, qualvoll zu sterben. Aber angesichts dieser Möglichkeit oder der Abkehr von dem, was sie für absolut wahr und rechtens hielten, zogen sie resolut das kleinere Übel vor. Ebenso wenig kann man sagen, dass Salvius und de Veuster den Tod direkt anstrebten. In den zweiten beiden Fällen wurde er direkt angestrebt – zwar vielleicht nicht als Selbstzweck, wie man es im Fall einer sitzengelassenen Stenotypistin in unseren Tagen annehmen könnte, die eine Überdosis eingenommen hat; aber er wurde dennoch angestrebt, ohne dass ein vorherrschender irdischer Grund vorlag. Wenn ich mir eine Pistole an die Schläfe setze oder ein heißes Bad nehme und eine Vene öffne, dann ist mein Hauptziel nach aller Wahrscheinlichkeit die Selbstvernichtung. Wenn ich eine Zigarette anzünde, dann mit dem Ziel, dass mein Körper Nikotin absorbiert. Die eine Handlung ist die Beendigung des Lebens. Die andere ist, in meiner eigenen Einschätzung, seine Aufwertung. Wenn eine Folge der zweiten die ist, meinen Tod in einem unbekannten Ausmaß näher zu bringen, dann ist das nicht Selbstmord. Wenn ich irgendwie wissen könnte, dass ich, indem ich mir eine Zigarette anzünde, eine gegebene Anzahl an Minuten „verbrauche“, wäre es immer noch nicht Selbstmord. Wenn mir die höchste medizinische Autorität sagte, dass eine

Zigarette mich innerhalb von fünf Minuten töten würde, wäre es wiederum immer noch kein Selbstmord. Dasselbe unterscheidende Prinzip trifft hier zu. Zwar kann man mein Streben nach Genuss für übertriebene Kosten nicht damit vergleichen, dass jemand sein Leben für einen anderen hingibt oder dass er an seinem Gott festhält. Aber die hier beteiligte Sünde wäre die der Sucht – ganz eindeutig nicht Selbstmord. Aber dies ist eine unwahrscheinliche Situation. Unter normalen Umständen ist der Preis für das Streben nach Genuss unsicher und vielleicht erst viel später zu bezahlen.

In Wahrheit ist nicht Selbstmord die beste Analogie für das Rauchen, sondern das Arbeiten in einem gefährlichen Beruf. Zum Beispiel Kohlebergleute. Sie begeben sich bekanntermaßen in Gefahr. Bei ihrer Arbeit am Kohlenstoß riskieren sie, von einbrechenden Stollen lebendig begraben zu werden; sie riskieren den Tod durch Verbrennung oder durch Giftgas-Erstickung. Selbst ohne diese Ausnahmeereignisse ist der Aufenthalt in einem Kohlebergwerk ungesund. Die Luft ist mit siliziumhaltigem Staub gefüllt. Diesen einzuatmen, führt oft zu Pneumokoniose, einer tödlichen Lungenkrankheit. Langwieriges Herumkriechen belastet die Kniegelenke auf unnatürliche Weise, was zu Arthritis führt. Die im Kohlebergbau gebotenen Löhne spiegeln diese Gefahren wider. Die Arbeit besteht zumeist aus ungelernter Schaffenskraft. Für sie ist Ausdauer und einiges an Kraft nötig, aber sehr wenig in Richtung Eigeninitiative. Der Teil der angebotenen Löhne, der höher ist als für ähnlich eingestufte Arbeit über Tage, stellt dann eine besondere Risikoprämie dar. Er ist ein Anreiz für einen Mann, sein Leben oder seine langfristige Gesundheit zu gefährden.

Was auch immer die Lage in anderen Teilen der Welt ist, in diesem Land ist niemand gezwungen, irgendeiner spezifischen Beschäftigung nachzugehen. Wenn sich ein Mann entscheidet, lieber den Lohn eines Kohlebergmannes anzunehmen als den eines Regalauffüllers oder eines Wachmannes oder sonstigen untergeordneten Berufs, der ihm offenstehen könnte, dann tut er dies aus freiem Willen. Abgesehen von jeglichem sentimentalen

Gerede über Tradition bedeutet dies in Wirklichkeit, dass er eine ausgezeichnete Gelegenheit hatte, die Gefahren des Berufs kennenzulernen. Vielleicht ist er verheiratet und hat Kinder. Wenn ja, dann hätte er wohl daran getan, sich zu überlegen, wie er diese zusätzlichen Münder füttern könnte, bevor er sie in die Welt brachte. Und selbst der am schlechtesten bezahlte Job bewahrt heutzutage eine Familie vor dem Hunger; und das Sozialministerium ist oft erstaunlich großzügig mit dem Geld der Steuerzahler. Wer in eine Kohlengrube hinabsteigt, tut dies entweder aus Dummheit oder weil er die gegenwärtigen Bedürfnisbefriedigungen, die das zusätzliche Geld ihm kaufen kann, seiner langfristigen Gesundheit in der Zukunft vorzieht. Wenn er für das Geld hinabsteigt, dann ist der einzige Unterschied zwischen ihm und einem Raucher, dass der Raucher seinen Genuss und seine Gefährdung in einer Handlung kombiniert, während der Bergmann sie getrennt hält. Ich habe viele gegen die Bergleute gerichtete Schmähworte gehört. Aber ich habe nie gehört, dass sie allein aufgrund ihrer Beschäftigung Sünder genannt wurden. Wenn jedoch das Rauchen aufgrund seiner Unnatürlichkeit eine Sünde ist, dann muss Kohlegraben ebenfalls eine sein.

XIII Rauchen, Sünde und Toleranz

Das ist also meine Antwort auf den ersten Teil unserer Hauptfrage – dass das Rauchen, was immer wir von ihm halten, einfach keine Sünde ist. Selbst jedoch, wenn es eine wäre – selbst wenn bewiesen würde, dass es genauso eindeutig gegen die Schrift und die Natur ist wie das Durchschneiden von Kehlen und der Raucher fraglos in den See von brennendem Schwefel geworfen werden wird – würde meine Antwort auf den zweiten Teil jener Hauptfrage unverändert bleiben. Ambrosius und viele der Kirchenväter sowie Theologen fast jeder christlichen Sekte seither haben behauptet, dass Tolerierung der Sünde Teilnahme an der Sünde bedeutet. Dass dem nicht so ist, ist jedoch eine ebenso notwendige Folge unserer zwei oben aufgestellten Mindestannahmen wie jene, mit denen wir unsere eigene Existenz beweisen. Um dies zu sehen, kehren wir zu diesen Annahmen zurück; und wir leiten von ihnen zwei weitere, zweitrangige Prinzipien ab.

Das erste von diesen ist, dass der menschliche Wille frei ist. Nun gibt es an sich keinen Grund, daran zu zweifeln, dass jedes Ereignis vorbestimmt und jede Seele vom Anbeginn der Zeit an für die Erlösung oder Verdammnis gekennzeichnet ist. Dies aber steht am eindeutigsten im Widerspruch zu unserer ersten Annahme, der eines gütigen Gottes. Um dies zu erkennen, nehmen wir an, dass ich mein Kind dazu erziehe, das Feuerlegen, die Handlung des Zündelns, über alles andere in der Welt zu lieben. Nun nehmen wir an, ich würde ihm eine Streichholzschachtel geben und es in einem Treibstofflager einsperren. Ich könnte vielleicht dem, was von ihm übrigbleibt, die anschließende Explosion anlasten – genau wie Gott einen Mörder verdammen könnte, obwohl er wissentlich die erste Ursache für den Mord war und der Mörder selbst nur das letzte Glied in einer Ursachenkette.

Mein determinierender Einfluss auf die Handlungen des Kindes ist sicher unendlich kleiner als der Gottes auf den Mörder, wer jedoch würde mich einen gerechten und liebenden Vater nennen, außer aus einer Furcht, mich zu beleidigen? Um hiervon zu verallgemeinern: Unter den Handlungen, die wir sündig nennen, gibt es mit Ausnahme von Fehlern aus Unachtsamkeit keine, bei der es keine freiwillige Teilnahme gibt. Wir lachen über Xerxes, der das Meer am Hellespont auspeitschen ließ, weil es seine Brücke hinweggefegt hatte. Sollen wir behaupten, dass Gott ebenso kindisch und willkürlich ist?

Sicherlich, den Willen für frei zu halten, bringt Probleme eigener Art mit sich. Damit mag die Vorstellung göttlicher Güte gerettet werden, aber nur, so scheint es, indem die Allwissenheit aufs Spiel gesetzt wird, die in der Vorstellung göttlicher Allmacht mit eingeschlossen ist. Entweder wusste Gott, lange vor Seiner Schöpfung des Universums, dass ein gewisser Mord stattfinden würde, oder Er wusste es nicht. Wenn Er es wusste, dann ist all unser Reden über den freien Willen lediglich ebenso viel heiße Luft. Wie mit dem Kind und den Streichhölzern, so gibt es, wenn ich ein Geschehen beobachte, immer ein Element der Bedingtheit des Ausgangs des Geschehens. Wenn Gott, in Seiner Allwissenheit, ein Geschehen vorhersieht, dann wird es unausweichlich. Etwas anderes zu sagen, wäre widersprüchlich. Boethius zufolge ist dies kein echtes Problem. Ihm zufolge ist Gott ein außerzeitliches Wesen. Wir existieren in der Zeit und sind uns einer Vergangenheit und einer Zukunft bewusst. Gott ist außerhalb dieses Kontinuums; und Er kann deshalb keine Vorkenntnis haben, alles passiert in einer unmittelbaren, ewigen Gegenwart.[133] Dies ist eine geniale Lösung, und sie ist möglicherweise die wahre. Aber, wie auch immer wir es begründen, wir müssen glauben, dass der Wille frei ist, sonst müssen wir die oben dargestellte Vorstellung von Gott aufgeben. Es ist eine notwendige Annahme, die aus unserer ersten abgeleitet ist.

Die zweite Frage haben wir bereits in unserer Diskussion des Selbstmords berührt. Sie handelt davon, welche Fakten Gott in Betracht zieht, wenn er Sein Urteil über jede Seele spricht

– Handlungen oder Absichten? Unser eigenes, irdisches Recht kann, obwohl es manchmal das Gegenteil versucht, im großen und ganzen nur Handlungen richten, da alles andere für die Urteilsbeeinflussung zu unklar ist. Für das göttliche Gericht dagegen ist nichts unklar. Wenn ich einem Bettler Münzen zuwerfe in der vergeblichen Hoffnung, seinen Schädel zu spalten, würde das Landrecht meine Handlung, wenn es einen Verdacht gäbe, als Wohltätigkeit werten müssen. Aber für Gott wäre meine Absicht, einen Mord zu begehen – sogar das genaue Ausmaß meiner Entschlossenheit in der Angelegenheit –, völlig offensichtlich, und somit eine bei Seiner Urteilsfindung erkennbare Tatsache. „Hätten wir den Namen unseres Gottes vergessen und zu einem fremden Gott die Hände erhoben, würde Gott das nicht ergründen? Denn er kennt die heimlichen Gedanken des Herzens.“[134] Daher ist es möglich, dass wir sowohl mit unseren Körpern als auch in unseren Herzen gegen das göttliche Recht sündigen.

Trotz des Gesagten scheint jedoch die Behauptung unangemessen zu sein, dass alle Gesetzesbrüche gleichermaßen schwerwiegend sind – ein Wunsch, Völkermord zu begehen, eine tatsächliche Vergewaltigung, eine vermasselte böse Absicht, die nur Gutes hervorbringt: alles gleichermaßen ein Grund für die Verdammnis. Kehren wir zu dem Beispiel zurück, in dem ich Ihnen die Kehle durchschneide: Wenn ich nur über die Handlung nachdenke, schade ich meiner eigenen Aussicht auf Erlösung. Wenn ich meine Absicht durchführe, füge ich auch einer anderen Seele Schaden zu, die ich daran hindere, sich zukünftig in einem tugendhaften Leben auszuzeichnen. Eine Absicht zu haben, ist offensichtlich leichter, als eine Handlung zu begehen; doch wenn ich weiß, dass ich für die erstere schon verdammt bin, was habe ich zu verlieren, wenn ich letztere durchführe? Die Vorstellung ist eindeutig vernunftwidrig, da sie, statt von der Sünde abzuhalten, nach einem sehr schwachen Argument zu dieser sogar ermutigt. Zugegeben, von Gott kann man alles erwarten, und es mag sehr wohl eine göttliche Entsprechung der englischen Gesetze gegen die Verschwörung geben. Aber diese

Annahme ist wieder ein offensichtlicher Widerspruch zu unserer ersten Annahme. Eine bessere Übereinstimmung scheint die zu sein, unsere Sünden nach Schwere zu ordnen oder die römische Trennung zwischen lässlichen Sünden und Todsünden zu übernehmen. Oder wir könnten uns stattdessen vorstellen, dass jeder eine Anzahl von Punkten trägt, wobei Verdammnis dann resultiert, wenn man eine ausreichende Anzahl gesammelt hat. Es kann hier keine Sicherheit über die Einzelheiten geben, aber es steht kaum zur Debatte, dass tatsächliche Sünden härter beurteilt werden als potentielle.

Somit gehen wir davon aus, dass der Mensch ein zur freien Auswahl von gut und böse fähiges Geschöpf ist und danach beurteilt wird, welche Wahl er trifft. Nun, in der Wildnis, von anderen isoliert, sind unsere Gelegenheiten, gut oder böse zu wählen, bestenfalls begrenzt. Wenn um uns herum sonst niemand ist, müssen unsere Handlungen meistens moralisch neutral sein, und es zählen nur jene, die uns selbst und Gott betreffen – unter anderen Selbstmord, Selbstbefriedigung, Blasphemie und ähnliches. Selbst solche Sünden, die wir in unseren Herzen begehen könnten, wären begrenzt durch unsere Unkenntnis darüber, welche begehbaren Sünden es gibt. Da es jedoch Teil unserer Natur ist, in Gesellschaft zu leben, werden wir selten mit diesem Problem konfrontiert. Da wir nahe beieinander leben, finden wir jeden neuen Tag frische Gelegenheiten, in den Augen Gottes zu leuchten oder nicht. Und insofern unsere Kontakte mit anderen zunehmen, so vermehren sich unsere Gelegenheiten; und insofern sie abnehmen, so verringern sich unsere Gelegenheiten. Was uns zum logischen Ergebnis unserer zwei Annahmen führt. Gottes vollständige Strafe ist allein für solche Gesellschaften reserviert, in denen die Mitglieder im größtmöglichen Umfang selbst zwischen gut und böse wählen können: Alles andere wäre eine Verhinderung Seines Planes.

Nach der Feststellung dieses Ergebnisses sind wir in der Lage, fortzufahren und, in der Reihenfolge abnehmender Abstrahierung, seine praktischen Konsequenzen abzuleiten. Wir betrachten zunächst die angemessene Rolle des Staates. Diese umfasst, aufgrund ihrer eigentlichen Natur, Zwang. Der Staat existiert nur aufgrund erhobener Steuern, die von jenen genommen werden, die das Geld sehr wohl auf andere Weise ausgegeben hätten, um sich Gnade oder Verdammnis zu sichern. Er handelt nur, indem er in die Handlung von Menschen eingreift, bestimmte Dinge erzwingt, andere Dinge verbietet. Es ist unweigerlich, dass er die freie Wahl seiner Bürger zwischen gut und böse behindert. Aber obwohl Gott offensichtlich die Regulierung menschlicher Handlungen um ihrer selbst willen hasst, kann er ebenso wenig dem Besitz einer Freiheit zustimmen, die größer ist als die, die mit dem menschlichen Überleben vereinbar ist. Ohne ein Mindestmaß an Staat – vielleicht nur für den Schutz des Lebens und des Eigentums – könnte ein Chaos die Folge sein von einer Art, dass entweder die Gesellschaft sich auflöst oder sie in die Hände eines Tyrannen fällt, der Stabilität verspricht, aber noch einiges mehr liefert. Wenn dem so sein sollte, gäbe es eine christliche Begründung für den Staat. Und da sowohl der gesunde Menschenverstand als auch die überwältigende Mehrheit der Philosophen, als Theologen argumentierend, glaubt, dass dies der Fall ist, können wir provisorisch akzeptieren, dass es einen Staat geben muss. Darüber hinaus würde ihm, wenn man ihm die Gewährleistung des inneren Friedens überlässt, nur ein Tor die Mittel für die äußere Sicherheit verweigern. Natürlich variiert die für jede Nation angemessene Methode und das Ausmaß, und keine Art ist für alle passend. Aber es muss gesagt werden, dass Rüstungsausgaben nie sündenfrei höher sein können, als sie für die reine Verteidigung gegen Aggression notwendig sind. England benötigt eine umfangreiche Marine und, in der modernen Welt, eine umfangreiche Luftwaffe. Unglücklicherweise müssen wir auch über eine Art nukleare Abschreckung verfügen. Aber ob wir in Deutschland eine ständige Besatzungs- oder Verteidigungsarmee brauchen, scheint eine ganz andere Frage zu sein – wie auch die, ob wir Basen auf Zypern und in Hongkong benötigen. Beim Entscheiden müssen wir wie Strategen denken und nicht wie Theologen; obwohl wir keine allzu große Gelehrsamkeit benötigen, um anhand unserer eigenen Vergangenheit zu erkennen, dass eine Vielzahl weit entfernter Verpflichtungen zu haben, bedeutet, sich Ärger einzufangen.

Wir kommen nun zum Thema des persönlichen Verhaltens, mit besonderem Bezug zum Rauchen. Das bisher Gesagte dürfte deutlich machen, dass der Christ für das Maximum an individueller Freiheit einstehen sollte. Abgesehen vom Schutz anderer ist der Staat nur zum Eingreifen berechtigt, wenn es darum geht, einen Ausbruch des Chaos oder der Tyrannei zu vermeiden. Ob das Rauchen eine Gefahr für andere darstellt oder nicht, ist, wie ich zu Beginn sagte, eine Frage, die sich außerhalb des Bereichs der vorliegenden Untersuchung bewegt. Aber da dies die Seele des Rauchers betrifft, ist es kein Grund für einen Eingriff. Sicher, eine Erhöhung der Steuern auf Tabakprodukte würde ihren Konsum, zumindest in gewissem Maße, einschränken. Es wird manchmal gesagt, dass Werbebeschränkungen die gleiche Wirkung hätten. Solche Maßnahmen können sehr wohl viele zum Rauchen Geneigte dazu veranlassen, entweder nochmal nachzudenken oder nicht so nachdrücklich und oft an ihre Neigung erinnert zu werden. Wenn sie den Wunsch empfinden, eine Sünde zu begehen – immer natürlich unter der Voraussetzung, dass Rauchen Sünde ist –, jedoch die Sünde nicht aktiv begehen, könnten sie einen Teil der Schmerzen der Strafe vermeiden, die Gott für sie bestimmt hat. Aber Menschen vom Bösen fernzuhalten, bedeutet, sie auch vom Guten fernzuhalten. Es ist ihnen nicht mehr erlaubt, ihr sündhaftes Verlangen nach Zigaretten zu konfrontieren, es zu bekämpfen und allein durch einen Akt des Willens und der Gottesfurcht zu überwinden und so die Erlösung zu erlangen. Mit Geschick und Aufwand könnte das Gesetz dazu führen, dass das Rauchen erheblich nachlässt; aber die resultierende Tugend wäre wie die eines keuschen Eunuchen – ein Ergebnis nicht des Sieges über die Versuchung, sondern ihrer Abwesenheit. Ein Staat, der, ohne eine übergeordnete Rechtfertigung hinsichtlich der öffentlichen Ordnung, verschiedene Arten privaten Verhaltens zu fördern oder verbieten versucht, behindert den ganzen Zweck der Gesellschaft – der der ist, eine

Bühne zu sein, auf der wir unter dem wachsamen Auge Gottes agieren.[135]

XIV Das Übel des moralischen Autoritarismus

Viel schlimmer als jegliche Menge an Werbung für Tabakprodukte ist moralischer Autoritarismus. Der Autoritäre wird für die Verurteilung jeder Seele zur Verantwortung gezogen werden, die zustandekommt, weil er ihr das Recht verwehrt hat, aus eigenem freien Willen das Gute zu wählen und den Wunsch nach der Sünde zu überwinden. Der Werber und seine Komplizen werden einen viel sanfteren Pfad zum Himmelreich vorfinden. Indem sie eine Versuchung anbieten, provozieren sie eine Auswahl. Daher können sie die Ursache der Erlösung vieler sein, die ansonsten aufgrund Mangels an positiver Tugend sich in die Hölle hätten fallen lassen.

Allein an und für sich betrachtet sind Beschränkungen des Rauchens schlecht. In diesem Land sind sie schlecht gewesen auch wegen der Mittel, mit denen sie größtenteils durchgesetzt wurden. Die meisten Menschen werden auf die Frage, was eine freie Gesellschaft von einer Tyrannei unterscheidet, vielleicht als erstes an die Demokratie denken. Verglichen mit anderen Regierungsformen ist diese eine sehr gute. Aber sie ist nicht die Ursache des prinzipiellen Unterschieds. Freiheit beruht vor allem auf dem Begriff dessen, was manche bourgoise Gesetzgebung nennen und andere die Herrschaft des Rechts. Jeder, der nicht von der Macht des Staates völlig berauscht ist, weiß, dass er eine beängstigend gefährliche Institution ist. Es mag sein, dass er sehr notwendig ist. Ihn zu tolerieren mag die einzige Möglichkeit sein, die uns zur Verfügung steht, jene anderen, kleineren Gefahren unter Kontrolle zu halten, die uns bedrohen. Aber er ist nur insofern von Nutzen, als er in engen Schranken gehalten wird. Er muss gezwungen werden, in all seinen Interaktionen mit seinen Bürgern in strenger Übereinstimmung mit im voraus eindeutig dargelegten, bestimmten allgemeinen Verhaltensregeln zu handeln. Diese müssen gleichermaßen für alle Bürger gelten. Jeder Streifall darüber, wie sie zu interpretieren sind, muss vor unabhängigen und unparteiischen Gerichten verhandelt werden. Im Hinblick auf Beschränkungen des Rauchens ist wiederholt gegen dieses Prinzip verstoßen worden.

Vor 20 Jahren entschied die britische Regierung unter Harold Wilson, dass etwas gegen das Rauchen getan werden müsse. Damals wurden die ersten unbestreitbaren Korrelationen mit Krankheiten bekanntgegeben; und eine Regierung, die überall eingriff, sah keinen prinzipiellen Grund, der gegen einen Eingriff in die Tabakindustrie sprach. Aber sie hatte keine Zeit für weitere Gesetze. Erstens war der parlamentarische Zeitplan bereits übervoll. Gesetze über eine Angelegenheit zu machen, bedeutete, andere Gesetzesprojekte liegen zu lassen. Zweitens gab es keinen Meinungskonsens, weder im Land als ganzem noch in der regierenden Labour-Partei, was bedeutete, dass die Vorbereitung von Anti-Raucher-Gesetzen zeitverschwenderisch kontrovers gewesen wäre. Somit griff die Regierung auf Drohungen zurück. Kenneth Robinson, damals der Gesundheitsminister, erinnert sich mit Stolz daran, wie er die Repräsentanten der führenden Unternehmen zu Diskussionen mit ihm einlud und sie zu einer „freiwilligen Übereinkunft“ nötigte. „Es wurde immer die leichte Andeutung gemacht, dass die Regierung eine Gesetzgebung in Gang setzen würde“, sagt er, „eine Andeutung von Erpressung im Hintergrund. Ich nutzte diese in zunehmendem Maße, als sich die Gespräche in die Länge zogen. Ich hob meine Hände und sagte: ‚Meine Herren, wenn Sie nicht zustimmen können, lassen Sie mir keine Wahl.‘“[136] Seither ist dies die bevorzugte Methode bei der Einschränkung der Werbung für Tabakprodukte gewesen.

Die Aussage: „Tu, was ich dir sage, oder ich werde ein Gesetz erwägen, das dich dazu zwingt“ entspricht der Aussage: „Tu was ich dir sage.“ Laut der Verfassungstheorie hat in diesem Land kein Beamter oder Beauftragter des Staates eine Autorität, die über das hinausgeht, was das Gesetz vorschreibt; und Streitfälle über die Anwendung jener Autorität sind, wenn nicht vor normalen Gerichten, dann mit Sicherheit vor den verschiedenen Verwaltungsgerichten verhandelbar, deren Vorgehensweise überlicherweise legalistisch ist. Ministerielle „Erpressung“ ist das perfekte Mittel, um diesen lästigen Einschränkungen zu entgehen. Auf dem Papier erscheinen sie so respekteinflößend wie immer. In der Realität werden die Prinzipien gerichtlicher Überprüfung so wichtig für die Regierungsgeschäfte dieses Landes wie die Prinzipien des Wappenwesens. Der Weg zur allmächtigen Regierung und zur Vernichtung der Freiheit ist beschritten.

Vor der allgemeinen Zusammenfassung sind zur Vermeidung von Missverständnissen zwei Klarstellungen nötig.

Erstens: Die Aussage, dass Menschen die Freiheit haben sollten, mit den Mitteln ihrer Wahl in den Himmel oder in die Hölle zu gelangen, bedeutet nicht, sich nicht um sie zu kümmern. Genau wie kein Libertärer den Wunsch hat, zu sehen, wie sie sich krank oder zu Tode rauchen, so kann kein Christ es vermeiden, sich darüber Sorgen zu machen, was ihnen jenseits des Grabes blüht. Dass in keinem dieser Fälle Zwang nötig ist, ist kein Grund, sich keine Sorgen mehr um sie zu machen. In beiden Fällen ist das Ausmaß des Kümmerns lediglich von der Bedingung begrenzt, dass wir die Autonomie der anderen respektieren, sowie von den üblichen Regeln des guten Geschmacks. Um dies zu erkennen, stellen Sie sich vor, dass mir, als jemandem, der an die Gefahren des Rauchens glaubt, was immer diese auch sein mögen, ein Raucher entgegentritt. Keiner mag es, von Unbekannten belästigt zu werden; das wird jeder zugeben, der in der Londoner Innenstadt von Moonies oder iranischen Flüchtlingen angehalten wird. Die Wahrscheinlichkeit, dass man über diese Störung mehr als verärgert ist, ist so gering, dass sich kaum die Anstrengung lohnt, einen Vortrag über die Übel des Tabaks zu beginnen. Einen mir völlig fremden Menschen würde ich dann in Ruhe lassen, abgesehen vielleicht davon, ihn zu bitten, seine Zigarette auszumachen, wenn wir in einem geschlossenen Raum sind, oder zu fragen, ob er etwas dagegen hätte, wenn ich das Fenster öffne, um den Rauch loszuwerden. Jemanden, den ich besser kenne, würde ich mit einem Schniefen und saurer Miene wissen lassen, was ich empfinde. Bei einem engeren Freund würde ich vermutlich etwas mutiger sein. Bei einem sehr engen Freund oder Verwandten – besonders, wenn er tatsächlich an einer Krankheit leidet, bei der ich die begründete Vermutung hege, dass sie vom Rauchen verursacht oder verschlimmert wurde – gäbe es keine Zurückhaltung. Ich würde ihn wohl bitten, die Zigarette auszumachen. Ich würde versuchen, ihn durch Beschämung dazu zu bringen, sie auszumachen. Ich würde ihn zwingen, seine Aufmerksamkeit auf die verschiedenen Kosten des Rauchens zu richten. Ich würde alles tun, außer ihm die Zigarette aus dem Mund zu reißen und sie selber auszumachen. Es gibt keinen Widerspruch zwischen der Sorge für andere und der Achtung vor ihnen, solange jedes dieser Gefühle innerhalb seiner angemessenen Grenzen gehalten wird.

Zweitens: Nur weil ein Gesetz unnötig oder schädlich ist, ist dies normalerweise weder ein ausreichender Grund dafür, es demonstrativ zu brechen, noch dafür, die Regierung zu stürzen zu versuchen, die es durchgesetzt hat. Jeder Staat in der Geschichte hat einige Gesetze gemacht oder durchgesetzt, von denen gesagt werden kann, dass sie den für sie oben gestellten Test nicht bestanden haben. Unsere eigenen Gesetzesbücher sind bereits verunstaltet. Effektive Maßnahmen zur Einschränkung des Rauchens würden sie auf skandalöse Weise verunstalten. Unter Umständen würden durch sie andere Menschen oberflächlich geschützt werden. Theologisch gesprochen wären sie Sünde. Für den, der glaubt, dass sie mit an Sicherheit grenzender Wahrscheinlichkeit unangemessen sind, gäbe es auch keine strenge Verpflichtung zur Einhaltung dieser Gesetze. Wir sollten die Freiheit haben, sie unserem Gewissen und unserem privaten Vergnügen entsprechend zu ignorieren.[137] Aber jedem gegenüber laut auszusprechen, dass ein schlechtes Gesetz rechtmäßig gebrochen werden kann, ist etwas ganz anderes. Aus zivilem Ungehorsam einen Kult zu machen – wie es ein ganzer Teilbereich unserer politischen Klasse getan zu haben scheint – ist oftmals nur geringfügig weniger als das Predigen einer Rebellion. Damit wird der Weg zur allgemeinen Gesetzesmissachtung beschritten, und zwar von denen, die am wenigsten in der Lage sind, zwischen dem, was schlecht, und dem, was lediglich unbequem ist, zu unterscheiden. Das bedeutet nicht die Verurteilung jeden Widerstands – sicherlich nicht in Fällen offener Tyrannei. Aber egal, was die Taten oder die Politik der Obrigkeiten sind, aktiver Widerstand gegen sie sollte, angesichts seiner üblichsten Wirkungen, normalerweise das letzte Mittel sein. In England ist dies offensichtlich wahr, denn dort können wir immer noch, trotz eines Jahrhunderts zunehmend schlechter Regierung, unsere Gesetze und Institutionen im großen und ganzen als solide bezeichnen und können uns immer noch darauf einigen, spezifische Mängel solange zu akzeptieren, bis sie ausgebessert sind. Denn um auf der Grundlage der oben erklärten Prinzipien in dieser weniger als perfekten Welt göttliche Zustimmung zu behaupten, ist es lediglich nötig, die größtmögliche Freiheit zuzulassen, und zwar soviel, wie immer noch wünschenswert erscheint. Und so stellt sich jedem vernünftigen Menschen, der sich überlegt, eine schlechte Regierung zu stürzen, nicht die Frage, die sich der moderne Intellektuelle gelegentlich zu stellen bemüßigt, nämlich ob er wirklich etwas unsäglich Böses angreift, sondern die, inwiefern seine Handlung zu irgendeiner Verbesserung des Zustandes führen kann.[138]

XV Zusammenfassung

Das ist es also, was über das Rauchen gesagt werden kann. Es ist keine den Willen und die Vernunft zerstörende Sucht. Es ist sogar möglich, dass es einen gewissen kurzfristigen therapeutischen Nutzen hat. Insofern es ansonsten eine unnatürliche Aktivität ist, ist es nicht schlimmer als der Kohlebergbau. Auf christlicher Grundlage gibt es nichts gegen es zu sagen. Der Christ steht dieser Aktivität gleichgültig gegenüber. Hinsichtlich der gesetzlichen Kontrolle unterliegen jene Christen, die nicht lediglich ihrer weltlichen Meinung einen religiösen Glanz verleihen, einem fundamentalen Missverständnis – nämlich dem, dass es die Aufgabe der Regierung ist, die Menschen gut zu machen. Es ist mitnichten die Aufgabe der Regierung, so etwas zu tun. Es ist stattdessen die Aufgabe der Regierung, ein friedliches Umfeld zu bewahren, in dem wir in der Lage sind, jenes Gute zu tun, das wir aus eigenem freien Willen zu tun wünschen. Wenn ein Christ eine Pflicht hat, sich in der Politik zu engagieren, dann ist die seinem Glauben entsprechende Politik das, was früher Liberalismus genannt wurde und was heute in verwässerter Form in der Konservativen Partei vorgefunden wird. Wenn er eine Pflicht hat, zum Rauchen eine Position zu beziehen, dann kann diese Position nur eine sein, die sich vehement gegen jegliche Einschränkungen einsetzt, deren Zweck nicht der Schutz anderer ist. John Stuart Mill war kein Christ, aber seine Worte über die Freiheit stimmen, wenn richtig ausgelegt, vollständig mit dem Christentum überein. Obwohl wir letztendlich Gott unterworfen sind, so gilt, was weltliche Beziehungen betrifft: „Über sich selbst, über seinen eigenen Körper und Geist, ist das Individuum souverän."

Das Recht auf Rauchen: Eine konservative Sicht

I Die Risiken des Rauchens

„Freiheit ist unser kostbarstes Gut. Sie zu verteidigen und zu bewahren ist keine passive Aufgabe, sondern eine, die ständige Wachsamkeit und Entschlossenheit benötigt.“ Margaret Thatcher[139]

Dass das Rauchen mit Gesundheitsrisiken verbunden ist, ist wahrscheinlich zutreffend, obwohl die wüsteren Behauptungen der Anti-Raucher-Lobby manchmal zur Frage Anlass geben, ob sie übertrieben werden. Gesundheitsrisiken sind jedoch mit praktisch jeder vergnüglichen menschlichen Aktivität verbunden, auch wenn ich in vielen Fällen das Vergnügen nicht nachvollziehe (Höhlenerkundung oder Hanggleiten zum Beispiel).

Die Mehrheit der Menschen in diesem Land ist einer massiven Kampagne ausgesetzt worden, die sie auf die Gefahren des Rauchens aufmerksam macht, und hat – wie amtlich vorgenommene Umfragen zeigen – die Richtigkeit dieser Warnungen vollständig akzeptiert.[140]

Trotzdem rauchen weiterhin etwa zwei Fünftel der erwachsenen britischen Bevölkerung. Der Anteil ist seit den 1950ern zurückgegangen. Aber der jüngste General Household Survey zeigt, dass 33 Prozent der Menschen Zigaretten rauchen.[141] Warum? Das britische Volk ist sehr weit davon entfernt, dumm zu sein. Es ist eine der ruhigsten, nüchternsten Bevölkerungsgruppen der Welt. Wie kommt es, dass ein Drittel von ihr weiterhin einer Aktivität nachgeht, von der bekannt ist, dass sie zumindest einigermaßen schädlich ist?

Eine vorgebrachte Antwort lautet, dass die starken Interessengruppen die Dinge so, wie sie sind, bevorzugen. Der weltweite Zigarettenmarkt wird von sieben riesigen Firmen dominiert – genauer, von sieben multinationalen Unternehmen! In diesem Land allein geben sie über 100 Millionen Pfund pro Jahr für die Werbung aus; und Regierungen schweigen über das Ausmaß der Steuereinnahmen. Im Steuerjahr 1987/88 zum Beispiel erhielt die Regierung des Vereinigten Königreichs 5.775 Millionen Pfund an Verbrauchssteuer und Mehrwertsteuer aus dem Verkauf von Tabakprodukten.[142] Man braucht nur eine gewisse Sichtweise auf die Politik zu haben, und sämtlicher Stoff für eine wirklich große Verschwörungstheorie ist vorhanden.

Dennoch stehen auf allen Zigarettenpackungen die Worte: „WARNUNG: RAUCHEN KANN TÖDLICHE KRANKHEITEN VERURSACHEN Führende medizinische Ratgeber des Gesundheitsministeriums". Seitdem sie 1971 eingeführt wurden, sind diese Warnhinweise zunehmend grell geworden. Wo es angebracht ist, werden sie sogar auf Walisisch dupliziert. Sicher, man mag sich so sehr an sie gewöhnt haben, dass sich keiner mehr die Mühe macht, sie zu lesen. Ähnlich können Plakate mit Zigarettenwerbung eindeutig an den darauf schwarz auf weiß gedruckten Worten erkannt werden: „Regierungsamtlicher Warnhinweis: Zigaretten können ihre Gesundheit ernsthaft beeinträchtigen". Der durchschnittliche Raucher mag nicht die detaillierte medizinische Literatur gelesen haben. Zusammenfassungen davon in Zeitungsartikeln und Fernsehdokumentationen mag er meiden. Er müsste jedoch blind oder des Lesens unkundig sein, um keine Grundlage für eine informierte Entscheidung darüber zu haben, ob er eine Zigarette anzünden soll oder nicht.

Eine weitere beliebte Antwort ist, dass Zigaretten so sehr suchterzeugend sind, dass die meisten Raucher, die sie einmal ausprobiert haben, nicht in der Lage sind, sie aufzugeben. „Einmal ein Raucher, immer ein Raucher", sagte der medizinische Experte M.A.H. Russell.[143] An anderer Stelle sagt er: „Es bedarf nicht mehr als drei oder vier sorgloser Zigaretten in der Jugend, um praktisch sicherzustellen, dass eine Person ein regelmäßiger, abhängiger Raucher wird. Nur etwa 15 Prozent derer, die mehr als eine Zigarette rauchen, vermeiden es, regelmäßige Raucher zu werden.“[144]

Dies ist, so vermute ich, eine jener Übertreibungen, die der Anti-Raucher-Seite keinen Gefallen tun. Aus eigener Erfahrung klingen die Behauptungen Russells unwahrscheinlich; und sie können leicht auf Basis einer besseren Grundlage als dieser in Frage gestellt werden. Er selbst gibt zu, dass man etwa 20 Zigaretten pro Tag rauchen muss, bevor eine physiologische Abhängigkeit wahrnehmbar wird.[145] Im Jahr 1980 gaben ein Viertel der damaligen Raucher an, zehn oder weniger Zigaretten pro Tag zu konsumieren. 62 Prozent der Frauen und 48 Prozent der Männer gaben an, weniger als 20 Zigaretten pro Tag zu rauchen.[146] Russells eigener Definition zufolge also sind die Hälfte aller Raucher nicht regelmäßig von ihren Zigaretten abhängig. Darüber hinaus geht man davon aus, dass in den zehn Jahren seit 1977 20 Prozent der britischen Raucher diese Angewohnheit aufgegeben haben.[147] Die Beweise für eine den Willen zerfressende Sucht scheinen ziemlich dürftig zu sein.

Was ist dann mit der oft geäußerten Behauptung, dass die meisten Raucher aufgeben wollen, es aber nicht können? Sicher, in einer Umfrage von 1978 sagten 41 Prozent der damaligen Raucher nicht nur, dass sie das Rauchen aufgeben wollten, sondern auch, dass sie es vergeblich versucht hatten.[148] Andere Untersuchungen jedoch deuten darauf hin, dass diese Versuche nicht allzu ernst genommen werden sollten. In einer Studie über 12.000 Raucher in Philadelphia gaben 41 Prozent der Befragten an, dass sie Interesse daran hätten, aufzugeben, wenn Hilfe zur Verfügung stünde. Es wurde eine Klinik eingerichtet. Ganze 150 nahmen das Angebot an – drei Prozent der 41 Prozent.[149] Jene, die das zitieren, fragen mit einem in ihrer Branche seltenen Anflug von gesundem Menschenverstand: „Wie kann man als Raucher die Belästigungen durch einen Arzt oder anderen Interviewer besser vermeiden, als wenn man sagt (unabhängig davon, ob man es glaubt oder nicht), dass man Zigaretten aufgeben möchte und es sogar schon mal versucht hat?“[150]

Dann haben wir die – wie immer vorhersehbaren – Freudianer. Menschen rauchen, wird uns gesagt, weil die Zigarette wie ein Penis oder eine Brustwarze aussieht.[151] Manchmal wird uns gesagt, dass damit eine elternmörderische Absicht zum Ausdruck kommt.[152] Ohne Zweifel haben Psychologen vieles zu sagen, das sowohl interessant als auch wahr ist, aber viele werden meinen, dass diese speziellen Behauptungen weit hergeholt sind. Ich möchte auch hinzufügen, dass Freud, welche Erklärung auch immer er selbst vorzog, die längste Zeit seines Lebens 20 Zigarren pro Tag wegrauchte.[153]

II ... und die Vorteile

In Wirklichkeit rauchen die meisten Menschen aus dem gleichen Grund, aus dem sie die meisten anderen Dinge tun – weil sie glauben, dass sie aus dieser Handlung einen größeren Genuss gewinnen als aus der Unterlassung.

Versuchen Sie, sich eines Rauchers erste Zigarette des Tages vorzustellen. Die Handlung besteht aus sehr viel mehr als lediglich dem Saugen auf der Suche nach einer Nikotindröhnung. Da ist die vertraute Prozedur des Auswickelns der Packung, das Öffnen, das Herausnehmen der Zigarette, gefolgt vom reichhaltigen, vertrauten Geruch des Tabaks, wenn der Filter zwischen die Lippen gelegt wird. Jede Marke ist so individuell wie die unterschiedlichen Kaffee- oder Teesorten. Jede hat ihre eigene Beschaffenheit, ihren eigenen Geruch und Geschmack. Die Bandbreite der Variationen ist endlos. Sie reicht vom sanften, milden Virginia bis zu jenen exotischen, aromatischen Orientalen, die nur der spezialisierteste Gaumen würdigen kann. Mit jeder ist vielleicht eine eigene Gedankenkette verbunden, die Erinnerungen an Treffen mit Freunden, einen besuchten Ort oder erfüllte oder enttäuschte Hoffnungen hervorruft. Die abrupte Helligkeit der Flamme beleuchtet die morgendliche Trägheit. Dann wird der Rauch in die Lunge hineingezogen. Es dauert von der ersten Inhalierung an durchschnittlich sieben Sekunden, bis das Nikotin durch die Bronchien in den Blutkreislauf absorbiert ist und von dort ins Gehirn getragen wird. Innerhalb von sieben Sekunden wirkt sich sein Zauber auf die Stimmung des Rauchers aus. Nikotin stimuliert. Nikotin besänftigt. Es heitert die Einsamen auf. Es hilft den Geselligen. Es ist ein Genuss an sich und wertet andere Genüsse auf. Es kam mit Kolumbus nach Europa und ist seither ein geschätzter Freund von Millionen gewesen.

Wenn man jedoch diese Angelegenheit der Kosten betrachtet, lohnt sich die Feststellung, dass, wie auch immer die Bilanz im ganzen aussieht, sie in individuellen Fällen nicht immer negativ sein muss. Insofern als Nikotin die Nerven beruhigt, könnte es gelegentlich die Wahrscheinlichkeit von Magengeschwüren und anderen stressbedingten Krankheiten senken. Es mag sein, dass es viele Selbstmorde und vielleicht gelegentlich einen Mord verhindert.[154] Insofern als es den Appetit zügelt, reduziert es die Fettleibigkeit und mag in manchen Fällen die Wahrscheinlichkeit eines Herzinfarkts senken statt erhöhen. Selbst wenn nicht – selbst wenn es in jedem Fall ein kostenträchtiger Freund ist –, ist eine einzigartige Geistesarmut nötig, um die Qualität des Lebens allein anhand seiner Dauer zu messen. „Glauben Sie ... es ist so sehr glückbringend, ein langes, unglückliches Leben zu haben?“, fragte Freud seine Ärzte, als Sie ihm empfahlen, weniger zu rauchen.[155]

Mit dem Tabak sind definitiv Genüsse verbunden, ob wir persönlich diese teilen oder nicht. Auch wenn die meisten von uns sie heutzutage nicht teilen, müssen wir anerkennen, dass sie existieren.

III Die Anti-Raucher-Lobby

Es gibt dennoch Individuen und Gruppen, die von alledem ganz unbeeindruckt sind. Die erste von ihnen ist die der Ärzte. Wir alle brauchen zumindest gelegentlich ihre Hilfe; und es wäre unnatürlich, wenn sie angesichts mancher Leiden, mit denen wir zu ihnen kommen, nicht betrübt oder alarmiert wären. Eine nicht geringe Zahl davon sind gänzlich selbstverschuldet. Viele andere werden aufgrund dessen, was wir tun, verschlimmert. Wenn weniger geraucht würde, argumentieren sie – und, so vermute ich, hinreichend zutreffend –, gäbe es weniger Kranke. Wenn Warnungen eine zu geringe Wirkung entfalten, argumentieren einige von ihnen weiter, sei irgendeine Form von Zwang angebracht. Wenige von ihnen haben zu Protokoll gegeben, dass eine Aktivität, die noch immer so sehr beliebt ist wie das Rauchen, jemals gänzlich verboten werden könnte. Dennoch kann es nur sein, dass ihr Endziel das vollständige Verbot des Tabaks ist. Ihre Berufsgenossenschaft, die British Medical Association, drängt seit einiger Zeit darauf, dass vier vorläufige einschränkende Maßnahmen ergriffen werden. Erstens sollen sämtliche Werbung und sämtliches Sponsoring für alle Tabakprodukte stufenweise abgebaut werden. Zweitens soll allen Tabakprodukten eine zunehmende Steuerlast aufgebürdet werden. Drittens sollen für jene, die vom Rauchen betroffen sind, zivile Rechtsmittel geschaffen werden. Viertens soll das Recht, im öffentlichen Raum zu rauchen, allmählich aufgehoben werden. Diese Forderungen werden so oft und öffentlich gestellt, dass die Nennung mehrerer Beispiele eine Papierverschwendung darstellen würde. Eines reicht für alle. 1984 wurde angekündigt, dass Allgemeinärzte mit schwarzumrandeten Karten ausgestattet würden, die sie jedes Mal an ihre Abgeordneten schicken sollten, wenn der Tod eines Patienten plausibel darauf zurückgeführt werden kann, dass er geraucht hatte.[156]

Die Aktionsgruppe Action on Smoking and Health unterstützt diese Kampagne. Während ihr die Gewichtigkeit und das Prestige einer vereidigten Institution fehlen, ist sie entsprechend weniger an die Notwendigkeiten der Wahrheit und des gesunden Menschenverstandes gebunden;[157] somit zählt sie in den Medien, trotz ihrer kleinen und nichtrepräsentativen Mitgliedschaft, als wichtige Interessenvertretung.

Dann gibt es viele Menschen in der Labour-Partei, die uns vor allem retten möchten, was sie als für uns bedrohlich empfinden. Kurz vor der vergangenen Wahl versprach ihr gesundheitspolitischer Sprecher, Frank Dobson, ein Totalverbot der Tabakwerbung, sollte die Partei jemals wieder an die Macht kommen.[158] Zehn Tage später veröffentlichte sie ein konsultatives Dokument, in dem die Möglichkeit in Betracht gezogen wurde, sämtliches Sponsoring von Tabakunternehmen zu verbieten – aber sie weiterhin zu zwingen, wie zuvor Geld auszuhändigen, wenn deswegen Sportveranstaltungen irgendwelche Verluste erleiden sollten.[159]

IV Konservatismus: Die Partei der Freiheit

Was mich betrifft, stehe ich zum Recht darauf, das Rauchen zu genießen. Ich bin entschieden und unabänderlich gegen jegliche Maßnahmen, die, um des angeblichen eigenen Vorteils des Rauchers willen, dazu neigen, dieses Recht einzuschränken. Aber ich bin ja auch ein Konservativer. Ich gehöre der Partei der Freiheit an.

Da ich dieses für ein allgemeines Publikum schreibe, mag diese Behauptung das eine oder andere skeptische Lächeln hervorrufen. Es gibt in der Tat Länder, wo eine solche Aussage ein Widerspruch wäre. In einem Großteil Europas bedeutet Konservatismus, eine Zuneigung zur alten, autoritären Rechten zu haben. Zeitweise hat es etwas ganz anderes, und sehr viel Schlimmeres, bedeutet.

Im Vereinigten Königreich gibt es eine große Partei, die totalitäre Neigungen besitzt. Einige ihrer prominenteren Mitglieder wollen die gegenwärtige Verfassung anscheinend gewaltsam umstoßen. Andere sehen einer Terrorherrschaft freudig entgegen. Diese Partei ist nicht die Konservative Partei.

Ich betrachte nun eine andere missverständliche Sichtweise dessen, was der britische Konservatismus ist – nämlich, dass er eine lokale Variante einer europäischen Bewegung ist. Ihre Fürsprecher sind mit einer beneidenswerten Klarheit, und oft Brillanz, gesegnet. Ihre Angriffe auf die „kalten Herzen und die Verwirrtheit“ der Linken und die Entlarvung ihrer tyrannischen Neigungen haben ihnen eine führende Position im modernen britischen Denken eingebracht. Aber unserem naiven Konservatismus haftet nichts gründlich Metaphysisches an. Er lebt von einer starken Achtung für Brauch und Tradition, verbunden mit einer Abneigung gegen unnötig schnellen Wandel. Und wenn jemand sich mit der Frage beschäftigt, welches alleinige Prinzip unsere Bräuche und Traditionen veranschaulichen, so ist die Antwort einfach: Es ist die Freiheit.

Mehr als in jedem anderen alten Land ist die Geschichte der britischen Inseln eine der Freiheit gewesen. Sie beginnt vor fast 800 Jahren, als ein König gezwungen wurde, für alle Zeit zuzugestehen, dass in England der Untertan gewisse Rechte hatte und dass das Gesetz, das diese Rechte schützt, weit oberhalb des bloßen Machtinhabers steht.[160] Seit 1215 ist diese Zusage 37-mal ratifiziert worden, zuletzt von ihrer gegenwärtigen Majestät anlässlich ihrer Krönung im Jahr 1953.

Fast jedes folgende Ereignis dreht sich um die Ausarbeitung oder Beteuerung dieses Prinzips. Die Zusammenrufung des ersten Parlaments; die Verurteilung von Prinz Hal durch den Richter Markham; die Petition of Right; die englische Bill of Rights; der Act of Settlement; das Verleumdungsgesetz von Charles James Fox; die katholische Emanzipation; die Abschaffung der Sklaverei; die Gesetze zur Regelung des Eigentums von Ehefrauen – diese sind nur einige solcher Ereignisse. Jedes ist ein Meilenstein des Fortschritts der menschlichen Freiheit.

Es stimmt, dass wir viele unserer gegenwärtig genossenen Freiheiten den Whigs und Liberalen verdanken; und die Konservative Partei, die sie für unkluge oder einfach unangemessene Veränderungen hielt, befand sich oft auf der falschen Seite der Frage. Aber wo sind die Whigs und die Liberalen jetzt? Nach 1886 traten die Whigs der Konservativen Partei bei und brachten ihre Traditionen mit. Entsprechend traten die Liberalen nach 1922 bei. Ungeachtet dessen, wie erbittert die alten Auseinandersetzungen gewesen waren, sie wurden durch die Fusion der drei Parteien beendet. Um zu erkennen, dass dies stimmt, brauchen wir nur auf die vergangenen zehn Jahre zurückzublicken. Margaret Thatcher kam 1979 an die Macht, nachdem es eine lange Periode gegeben hatte, in der unsere alte nationale Hervorhebung des Individuums zugunsten eines aufregenderen – gar „wissenschaftlicheren" – Vertrauens in das Kollektiv weichen musste. Sie setzte sich sofort ans Werk. Ihre Regierung hat seither mehr getan, die Fronten des Staates zurückzudrängen, als jede andere in diesem Jahrhundert. Sie hat dem Volk in den Bereichen Bildung und Wohnen Wahlmöglichkeiten in einem Ausmaß zurückgegeben, die noch vor zehn Jahren für utopisch gehalten worden wären. Sie erweiterte dieselbe Art von Wahlmöglichkeiten im Bereich der Gesundheitsversorgung. Sie hat klar das Recht bekräftigt, einer Gewerkschaft anzugehören oder auch nicht. Sie hat sich für die Rechte britscher Bürger in jedem Teil der Welt stark gemacht. Sie hat den Spitzensteuersatz von 98 auf 40 Prozent gesenkt und den niedrigeren Satz von 33 auf 25 Prozent.

Ich glaube, dass der Vorgang der Befreiung der Menschen sehr viele steile Hindernisse zu überwinden hat. Sein Zeitplan reicht bis ins nächste Jahrhundert. Es wäre höchst widersprüchlich, diese allgemeine Argumentation zu übernehmen und gleichzeitig Beschränkungen des Rauchens zu verlangen oder zu akzeptieren. Die Partei der Freiheit, der ich angehöre, sollte ihre Prinzipien widerspruchsfrei zur Anwendung bringen.

V Individualrechte

Wie John Stuart Mill bin ich der Auffassung, dass

> „der einzige Grund, der der Menschheit, individuell oder kollektiv, das Recht gibt, in die Handlungsfreiheit einer beliebigen Anzahl einzugreifen, der Selbstschutz ist . . . [D]er einzige Zweck, aufgrund dessen die Macht rechtmäßig über ein Mitglied einer zivilisierten Gemeinschaft gegen dessen Willen ausgeübt werden kann, ist die Verhinderung von Schaden für andere. Sein eigenes Gut, ob physisch oder moralisch, ist keine ausreichende Berechtigung. Er kann nicht rechtmäßig zu einer Handlung oder Unterlassung gezwungen werden, weil dies besser für ihn wäre, weil es ihn glücklicher machen würde, weil dies zu tun, nach Meinung anderer, weise oder gar richtig wäre . . . Über sich selbst, seinen eigenen Körper und Geist, ist das Individuum der Souverän."[161]

Solange wir uns verpflichten, nicht auf das Leben oder Eigentum eines anderen Menschen überzugreifen, ist es allein unsere Sache, wie wir diese Souveränität über uns selbst ausüben. Es mag das Anhäufen der größten Menge an Geld oder Status sein, die in einer gegebenen Zeit legal gesammelt werden kann. Es mag ein Leben in aufopferungsvoller Hilfe für die Armen in der Dritten Welt sein. Es mag das Riskieren des eigenen Lebens und der Freiheit sein, indem man für etwas einsteht, das man für richtig hält. Es mag das Rauchen von 20 Zigaretten am Tag sein, obwohl man um die Gesundheitsrisiken weiß. Aber wie einer von uns sein oder ihr Leben zu verbringen gedenkt, ist keine Angelegenheit, in die irgendein anderer rechtmäßig eingreifen kann. Jeder von uns ist anders, und es gibt niemanden, der im vorhinein wissen kann, was mit uns anzustellen Vergnügen bereitet. Es gibt Menschen, die das anders sehen. Sie beobachten andere, wie sie eine Wahl treffen, die sie selbst nicht treffen würden, und dies bekümmert sie. Sie reden verschiedentlich von „psychopathischen Persönlichkeitsstörungen“ oder „falschem Bewusstsein“. Wie immer man es formulieren will, all dieses Gerede lässt sich auf den Anspruch darauf reduzieren, über das Leben eines anderen zu bestimmen. Jene, die sich so äußern, sind, um Churchill zu zitieren, „autokratische Philanthropen, deren Bestreben es ist, wie durch Zauber das Herz eines Menschen umzustimmen und sich gleichzeitig als unsere Herrscher zu etablieren“.[162]

VI Der antidemokratische Elitismus der Anti-Raucher

Sie sind natürlich auch Antidemokraten. Ich weiß, dass Freiheit und Demokratie nicht dasselbe sind. Erstere beantwortet die Frage, welche Zuständigkeiten der Staat haben sollte, die zweite lediglich die, auf welcher rechtlichen Grundlage er diese haben sollte. Eine Regierung kann weitgehend oder völlig ohne Wahl zustandekommen und dennoch die größtmögliche Freiheit zulassen. Gleichzeitig ist es leicht vorstellbar, dass eine demokratische Mehrheit sich ihre Freiheiten abwählt. Der alte Spruch „one man, one vote – once" („ein Mann, eine Stimme – ein Mal") ist trauriges Zeugnis davon.

Aber obwohl die Freiheit sehr gut ohne die Demokratie existieren kann, gibt es so etwas wie Demokratie ohne Freiheit nicht. Wie Margaret Thatcher sagte: „[Ein] Glaube an die parlamentarische Demokratie ist unvereinbar mit einem Glauben, dass die Rechte irgendeiner Gruppe, einer Sektion oder einer Klasse über denen irgendeiner anderen stehen."[163] Zu behaupten, dass Menschen unfähig sind, ihr eigenes Leben zu führen, und ihnen gleichzeitig die Freiheit zu geben, das Leben aller anderen zu führen, ist eine absurde These, die nicht oft zur Anwendung kommt. Mit einer Ironie, die zu häufig ist, um aufzufallen, nennt sich so gut wie jedes unfreie Land eine Demokratie. In jedem dieser Länder ist die Demokratie ein Schwindel. Das gesamte moralische Fundament der Anti-Raucher-Lobby besteht aus dem Glauben, dass eine Gruppe von Menschen – Ärzte, Puritaner oder wer auch immer – mit einem überlegenen Wissen darüber ausgestattet ist, was für alle anderen gut ist. Ob dieses Wissen überlegen ist oder nicht, eines ist sicher: Insofern diese Leute ihren Glauben anderen aufnötigen wollen, sind ihre Ansichten nicht nur mit den Prinzipien der Freiheit unvereinbar, sondern auch mit denen der Demokratie.

VII Rauchen und Klassenkampf

Dies wäre auch dann der Fall, wenn Raucher eine Gruppe wären, die sich allein durch ihre Aktivität definiert. Es ist um so mehr der Fall, wenn wir erkennen, dass dies ein – um eine Redewendung zu benutzen – „Klassenkonflikt" ist. Es kann nur wenige Institutionen im Land geben, die solider bürgerlich sind als die British Medical Association. Obwohl die Action for Smoking and Health kaum solide ist in irgendeinem umgangssprachlichen Sinn, ist sie eindeutig zumindest der Mittelschicht zuzurechnen – jedenfalls schätze ich das so aufgrund der Dialektfärbung ihrer führenden Mitglieder ein. Das Rauchen jedoch ist in zunehmendem Maße eine Aktivität der niedrigeren Einkommensgruppen. Im Jahr 1972 rauchten 33 Prozent der weiblichen Angestellten, während es 1982 nur 21 Prozent waren. Im gleichen Zeitraum sank die Prozentzahl der rauchenden weiblichen ungelernten Arbeitskräfte um lediglich einen Punkt, von 42 Prozent auf 41 Prozent.[164] Zigaretten verschwinden derzeit rapide von den durchschnittlichen Dinnerpartys in Hampstead. In den Wohnsiedlungen von Südlondon bis Glasgow bleibt das Anzünden einer Zigarette in Gesellschaft etwas völlig Normales – es gehört zum Fernsehen genauso wie zum Teekochen in den Werbepausen.

Es sind jetzt 42 Jahre her, dass Douglas Jay, der Staatsmann der Labour-Partei, diese Worte schrieb:

> „[I]n den Bereichen Ernährung und Gesundheit, wie auch im Fall der Bildung, weiß der Herr in Whitehall wirklich besser, was dem Volk guttut, als das Volk es selbst weiß."[165]

Seit damals hat die Stimme der Herrschsucht der Mittelschicht viel von ihrem frohen, selbstbewussten Ton verloren. Das ihm zugrundeliegende Ethos lebt dennoch weiter.

VIII Rauchen und die philosophische Begründung der Freiheit

Nachdem dieses alles gesagt ist, wende ich mich jetzt der Frage zu, ob jede staatlich auferlegte Beschränkung des Rauchens als etwas völlig Angemessenes betrachtet werden kann. Wir wollen erstens die Grundlage für die Rechtfertigung der Freiheit untersuchen. Für mich besteht sie in dem einfachen Wunsch, dass die Menschen so glücklich wie möglich sein sollten – oder, andernfalls, nicht unglücklicher als absolut unvermeidbar. Ich glaube, dass dieser Zustand am besten zu verwirklichen ist, wenn es den Menschen erlaubt ist, ihre eigenen Entscheidungen zu treffen, und nicht, wenn sie von irgendeiner außenstehenden Autorität geführt werden. Nun ist es nicht möglich, diesen Glauben direkt zu verifizieren. Die Behauptung, dass wirtschaftliche Freiheit dazu neigt, Menschen reich zu machen, ist eine empirisch überprüfbare Hypothese; und ihr Beweis umfasst für mich die Gesamtheit dessen, was die Ökonomie uns beibringt. Aber Glück ist nicht dasselbe wie Wohlstand. Ich behaupte, dass Freiheit dazu neigt, das Glück zu maximieren. Aber die Schlussfolgerung des bereits von mir Gesagten ist, dass sich das, was Menschen glücklich macht, durch das offenbart, was sie freiwillig tun. Daher beinhaltet jede direkte Überprüfung dieses Glaubens einen Zirkelschluss: Was Menschen freiwillig tun, macht sie glücklich, weil sich das, was sie glücklich macht, durch das zeigt, was sie freiwillig tun.

Was ich daher tun muss, ist, eine weitere stützende Hypothese aufstellen – nämlich, dass die Menschen verantwortlich Handelnde sind. Das bedeutet, dass, wenn sie Entscheidungen treffen, die unwiderruflich sind oder von anderen als selbstzerstörerisch betrachtet werden, man davon ausgeht, dass sie in der

Lage sind, zu verstehen, was sie tun. Negiert man diese Fähigkeitsannahme, dann wäre Freiheit für sie ungefähr so nützlich wie eine Kerze für einen Blinden. Dies ist überprüfbar. Bei den meisten Erwachsenen können wir leicht erkennen, dass diese Fähigkeit existiert, selbst dann, wenn sie nicht oft eingesetzt wird. Stellen Sie sich zum Beispiel vor, ich sehe, wie ein Nachbar sich aus dem Obergeschossfenster seines Hauses lehnt, um die Glasscheibe zu putzen. Er trägt keinen Gurt. Er lehnt sich zu weit zurück und fällt auf den Rasen im Vorgarten. Ich laufe, um ihm zu helfen, aber er steht auf, erschüttert, aber unverletzt. „Einen Gurt anzulegen schien sehr aufwendig", sagt er. „Ich bin ein Risiko eingegangen und habe verloren." Alternativ sagt er: „Wie schlimm dieser Sturz war. Es war mir nie bewusst, in welcher Gefahr ich schwebte." In beiden Fällen kann ich aus einer beobachteten oder vermuteten Verbindung von Wunsch und Ergebnis das Maß seines gegenwärtigen Verantwortungsbewusstseins abschätzen. Angenommen, ich denke, er ist verantwortungsbewusst, dann muss im ersten Fall kaum etwas gesagt werden: Er hat sich verkalkuliert. Im zweiten Fall kann ich nur den Kopf schütteln und fragen, wie ein erwachsener Mann so leichtsinnig sein kann. Wenn ich sehe, wie er beim Rauchen sein Herz heraushustet, kommt genau dieselbe Argumentation zur Anwendung.

Kinder dagegen sind anders. Die Fähigkeit zur wohlinformierten Entscheidungsfindung existiert in ihnen nur potentiell. Mit der Zeit und Erfahrung realisiert sich dieses Potential. Bis dahin hat es keinen Zweck, sie als freie Menschen zu behandeln. Insofern das Rauchen von Zigaretten sehr wahrscheinlich die Gesundheit gefährdet, sollten sie von Kindern ferngehalten werden. Strittig ist hier nur die Frage des Mittels, nicht des Ziels. Die Kontrolle sollte idealerweise von den Eltern durchgesetzt werden. Wenn sie sich aber dazu weigern oder zu schwach sind, sehe ich eine völlig legitime Rolle für den Staat. Das Kinderschutzgesetz mit Bezug auf Tabak des Jahres 1986 ist nur die aktuellste Verkündung, dass diese Rolle angenommen wurde.

Aus dem gleichen Grund neige ich dazu, dasselbe im Hinblick auf jene Erwachsenen zu sagen, die unter solch offensichtlichen Verstandesschwächen leiden, dass sie als unfähig eingestuft werden, irgendwelche Entscheidungen für sich selbst treffen zu können. Natürlich bin ich an dieser Stelle vorsichtig. Aus Gründen, die zu offensichtlich sind, um sie ausformulieren zu müssen, glaube ich, dass die normale Vermutung im Hinblick auf Erwachsene die des Verantwortungsbewusstseins sein sollte und dass jede Ausnahme davon aufgrund eines spezifischen Antrags gemacht werden sollte, und nur in Anbetracht eindeutiger Beweise. Aber wo eindeutige Beweise gefunden werden, existiert ein Argument für den Entzug des Rechts auf Rauchen.

IX „Externalitäten“ und die angeblichen Gründe für die Einschränkung der Freiheit

Als weiteren Schritt diskutiere ich jetzt die Möglichkeit, Einschränkungen aufgrund des Schutzes der Rechte anderer vorzunehmen. Hier ist ein moralischer Sieg gegen die Anti-Raucher-Lobby erzielt worden. Jahrelang war es nicht nur das Haupt- sondern normalerweise das einzige Argument, dass der Tabak dem Raucher schadete. In unserer eigenen Zeit des wiederauflebenden Individualismus wird dies als nicht mehr ausreichend betrachtet. Zunehmend verschiebt sich die Betonung auf den angeblichen Schaden, den Dritte erleiden. In dem Maß, in dem diese Verschiebung stattfindet, wird ein wesentlicher Punkt stillschweigend eingestanden – das, was die Leute sich selbst antun, geht niemand anderen etwas an. Was die vorgebrachten, neuen Arten von Behauptungen betrifft, so sind sie, aufgrund des Fehlens handfester Beweise, ziemlich leicht abzuhandeln.

1. Der NHS und die Kosten des Rauchens

Erstens wird behauptet, dass die Behandlung von mit dem Rauchen in Verbindung gebrachten Krankheiten der ganzen Gemeinschaft Kosten aufbürdet. 1984 wurden die ärztlichen Kosten auf 370 Millionen Pfund geschätzt.[166] Klar ist, dass Geld, das für eine Sache ausgegeben wird, nicht für etwas anderes ausgegeben werden kann; und in Anbetracht dessen hat sich mindestens ein Arzt geweigert, jedem, der nicht mit dem Rauchen aufhört, seine Ressourcen zur Verfügung zu stellen.[167] 370 Millionen Pfund sind eine Menge Geld für die Behandlung von Leuten, die von manchen als selbstverschuldete Invaliden bezeichnet werden. Aber die 5.775 Millionen Pfund Steuereinnahmen vom Rauchen im Steuerjahr 1987/88 sind sehr viel mehr

Geld – etwa dreizehneinhalbmal so viel. Raucher sind also weit davon entfernt, eine Bürde für den National Health Service zu sein, sie zahlen für sich selbst – und tun das ziemlich großzügig.

Dieses spezielle Argument konnte mit einfacher Arithmetik widerlegt werden. Aber selbst unter der Annahme, dass die finanzielle Bilanz genau umgekehrt wäre, würde sich seine Widerlegung lohnen. Es beinhaltet ein Prinzip, das, wenn es in irgendeiner Hinsicht etabliert wird, logischerweise den unser Leben durchdringendsten Überwachungsstaat bedeuten würde. Denn wenn keine Herr-Sklave-Beziehung beabsichtigt ist, dann bringt jedes gewährte Recht und jede übertragene Pflicht eine entsprechende Gegenseite mit sich. Wenn ich zum Beispiel verpflichtet bin, ein Kind von Schaden fernzuhalten, dann muss ich das Recht haben, es daran zu hindern, mit Feuer zu spielen. Wenn ich verpflichtet bin, es gesund zu halten, muss ich das Recht haben, es davon abzuhalten, Bleichmittel zu trinken. Wenn ich die Pflicht habe, es zu bilden, muss ich das Recht haben, seine Anwesenheit in einem angemessenen Ort des Lernens zu erzwingen. Wenn ihm das Recht meines Schutzes gegeben wird, wird es gleichzeitig verpflichtet, mir darin zu gehorchen, das zu tun, was ich für sein Wohlergehen für richtig halte.

Nun scheint es, dass der National Health Service, so wie er gegenwärtig finanziert ist, eine Beziehung genau dieser Art bedeutet. Jene von uns, die National-Insurance-Beiträge zahlen, könnten sehr wohl berechtigt sein, sich zu fragen, ob uns nicht dieselbe unbeschränkte Verpflichtung auferlegt wurde, die ein Sklave seinem Herrn schuldet. Wenn dem so ist und unter der Annahme, dass Raucher das System netto belasten, wäre es nur recht und billig, wenn wir uns nach irgendeinem einschränkenden Gegenstück umsähen. Dann wäre es ein öffentliches Recht, das Rauchen einzuschränken, sogar bis hin zu einem kompletten Verbot. Mit derselben Begründung jedoch könnte jede andere Aktivität – egal, wie traditionell oder verehrt oder übrigens auch, wie privat sie ist –, von der man eine Gefahr für die Gesundheit ausgehen sieht, die erheblich über dem Durchschnitt liegt, ebenfalls einer Überwachung unterworfen werden.

Es spricht sehr für die britische Bevölkerung, dass dieses Argument nie ernsthaft vorgetragen oder in Betracht gezogen wurde. Logische Konsistenz ist eine feine Sache. Gesunder Menschenverstand ist in jedem Fall besser. Aber die Gefahr ist da. Langfristig wird sie abnehmen, in Anbetracht der von Kenneth Clarke im Gesundheitsministerium bereits vorgenommenen Reformen, da privates Geld zunehmend mit staatlichen Mitteln vereint wird. Gegenwärtig sollte jeder Version dieses Arguments widersprochen werden, wo immer sie gehört wird.

2. Die angeblichen Auswirkungen des „Passivrauchens"

Das zweite Argument ist, dass Raucher die Luft verschmutzen und somit die Nichtraucher in ihrer Umgebung sämtlichen mit dem Tabak verbundenen Risiken aussetzen. Einer japanischen Studie zufolge „können die gesundheitsschädlichen Wirkungen des Passivrauchens proportional im Verhältnis dazu eintreten, wie sehr Nichtraucher zu Hause, am Arbeitsplatz und in der Nachbarschaft Rauchern ausgesetzt sind".[168] Vielleicht 50 Prozent der in Städten lebenden Nichtraucher haben, so meint man, aus der umgebenden Luft erhebliche Mengen von Nikotin in ihren Blutkreislauf absorbiert.[169] In einer weiteren japanischen Studie wird behauptet, dass nichtrauchende Frauen, die rauchende Ehemänner haben, mit einer doppelt so hohen Wahrscheinlichkeit an Lungenkrebs sterben wie jene, deren Ehemänner nicht rauchen.[170]

Das ist eine sehr ernste Behauptung. Wenn sie jemals bewiesen wird, würde die Debatte sich sofort von der Frage, ob etwas getan werden sollte, zur Frage verschieben, was getan werden sollte. Es überrascht daher nicht, dass der Begriff des „Passivrauchens" mit großer Begeisterung übernommen und als bewiesene Tatsache verkündet wurde. Gegenwärtig ist nichts dergleichen der Fall. Andere Studien haben keine statistischen Korrelationen gefunden, die auch nur annähernd so gewiss sind wie die in Japan gefundenen. In einer von ihnen zum Beispiel wurde der Nikotingehalt in der Luft in 47 Büros und 48 Restaurants geprüft. Die Schlussfolgerung war, dass man im Durchschnitt 550 Stunden am Schreibtisch oder 400 Stunden an einem Restauranttisch sitzen müsse, bevor man eine Menge an Nikotin absorbiert hat, die der nach dem Rauchen einer Zigarette entspricht.[171] Die Beweislage für das Passivrauchen bleibt so zweideutig, dass bislang keine definitiven Schlussfolgerungen aus ihr gezogen werden können. Jene, die gezogen werden, sind oft reine Phantasiegespinste. 1986 gab der Sanitätsinspekteur der Vereinigten Staaten die Aussage zu Protokoll, dass jedes Jahr 2.000 amerikanische Erwachsene an den Folgen des Passivrauchens sterben. Als er aufgefordert wurde, dies zu beweisen, zog er seine Aussage zurück und behauptete, dass, wenn unwahr, die Aussage zu einem guten Zweck gemacht wurde.[172]

Darüber hinaus: Selbst wenn eine definitive Korrelation jemals gefunden würde, folgte dennoch nicht automatisch daraus, dass staatliches Handeln nötig ist. Damit sich die Übernahme einer Lösung lohnt, muss zunächst gezeigt werden, dass sie sowohl wahrscheinlich funktionieren als auch wahrscheinlich nicht zur Schaffung neuer und unakzeptabler Probleme anderswo führen wird. Unsere Erfahrungen mit staatlichem Handeln im Allgemeinen sind nicht ermutigend gewesen. Wenn ein Vorgehen gegen ein von Millionen genossenes Vergnügen in Betracht gezogen wird, zeigt die einzige uns verfügbare Erfahrung, dass es katastrophal sein wird. Ich denke an die amerikanische Alkoholprohibition. Diese hatte optimistische Fürsprecher, die den Himmel auf Erden versprachen, wenn nur hart genug auf etwas niedergetrampelt würde. Der Prediger Billy Sunday sagte, als sie 1920 ihren Erfolg hatten: „Die Herrschaft der Tränen ist vorbei. Die Slums werden bald nur noch in unserer Erinnerung sein. Wir werden unsere Gefängnisse in Fabriken und Lagerhallen verwandeln. Männer werden jetzt aufrecht gehen, Frauen werden lächeln und die Kinder lachen. Die Hölle wird für immer zu vermieten sein.“[173] Bis 1930 waren über eine halbe Million Amerikaner wegen Alkoholvergehen festgenommen worden. Weitere 35.000 waren an Alkoholvergiftung gestorben.[174] Organisierte Kriminalität und öffentliche Korruption waren in den Vereinigten Staaten vorherrschend geworden und sind es seither geblieben. Natürlich hat sich, wie oben gesagt, noch keine respektable Gruppe oder respektables Individuum offen zugunsten einer Tabakprohibition ausgesprochen. Aber das amerikanische Beispiel illustriert so deutlich, wie es nur möglich ist, dass staatliches Handeln nicht immer seine genannten Ziele ohne ziemlich hohe Kosten erreicht – und manchmal sogar komplett scheitert. Dennoch, nehmen wir des Arguments wegen an, dass eine definitive Korrelation als tatsächlich existent entdeckt würde und dass die Behauptung über das „Passivrauchen" im wesentlichen bestätigt würde, dass das Rauchen ein gewisses Risiko für Dritte darstellt. Auf dieser Grundlage wollen wir nun die zuvor erwähnten vier Kontrolloptionen betrachten.

X Einschränkungen des Rauchens: Eine Kritik

1. Werbung und freie Rede

Erstens, die Werbung für Tabakprodukte unterliegt gewissen Einschränkungen. Sie werden von einigen bekämpft, die behaupten, dass sie keine Wirkung hätten: Die Leute würden weiterhin rauchen, genau wie zuvor. Das Argument lautet, dass Werbung dazu führt, dass Konsumenten die Marke wechseln, und sich nicht auf den Gesamtumfang des Rauchens auswirkt. Anderseits ist argumentiert worden, dass, als vor einigen Jahren ein Werbeverbot in Norwegen durchgesetzt wurde, das Rauchen unter jungen Menschen dort danach abnahm.[175] Ich ziehe es vor, auf den Fundamenten der Opposition zu stehen. Was immer die Wirkungen von Werberestriktionen sind, es ist klar, dass sie eine Zensur darstellen.

Was die politische Diskussion betrifft, muss das Argument für die freie Rede kaum ausgebreitet werden. Führt man die Macht des Staates auf einer der beiden Seiten einer Debatte ein, dann haben wir, wie Macaulay sagt, „statt eines Streits der Argumente einen Streit zwischen einem Argument und der Macht. Statt eines Streits, in dem die Wahrheit, wie sie der menschliche Geist in seiner natürlichen Verfassung sieht, einen deutlichen Vorteil über die Unwahrheit hat, einen Streit, in dem die Wahrheit nur zufällig siegreich sein kann.“[176]

Dies trifft auf die Politik zu, und ich sehe keinen Grund, weshalb dies nicht ebenfalls auf alle anderen Arten der Diskussion zutreffen sollte. Abgesehen davon, dass sie zu gänzlich unterschiedlichen Handlungen auffordern, gehören die Aussagen „wähle X“ und „rauche Y“ zu exakt derselben Klasse. Beide empfehlen den Menschen, etwas Bestimmtes zu tun. Die dafür gegebenen Gründe mögen gut oder schlecht sein. Der Politiker mag ein korrupter Egomane sein. Die Zigaretten mögen von

Teer fast triefen. Beide Aussagen können, wenn ihnen in ausreichendem Umfang Folge geleistet wird, in verschiedenem Ausmaß der Gemeinschaft Schaden zufügen. Die Unterdrückung einer oder beider wäre ein Angriff auf die freie Kommunikation der Ideen und, als solcher, auf die effiziente Trennung der Wahrheit von der Unwahrheit.

Obwohl die Tabakwerbung in diesem Land bislang keiner gesetzlichen Beschränkung unterliegt, gibt es eine Vereinbarung zwischen dem Staat und den Tabakunternehmen. Diese wird von der britischen Werbeaufsichtsbehörde überwacht. Aufgrund des kontinuierlichen und erbitterten Geschimpfes dagegen von Seiten der Anti-Raucher-Aktivisten[177] könnte man denken, dass diese Vereinbarung wirkungslos war und dass sie den Tatbestand der Zensur nicht erfüllt. Aber Einschränkungsvereinbarungen, die zwischen dem Staat und einigen seiner Bürger getroffen werden, sind, außer der Form nach, selten freiwillig; und diese Vereinbarung bedeutet nicht nur Zensur, sondern Zensur einer ziemlich gefährlichen Art.

Anfang 1987 trafen sich die Vereinbarungsparteien, um zusätzliche Regulierung der Werbung bei von der Tabakindustrie gesponserten Sportveranstaltungen festzulegen. Das Ergebnis dieses Treffens war, dass der Umfang an Sponsorengeld für eindeutige Werbung von 30 auf 20 Prozent reduziert und der Umfang der staatlichen Warnungen vor Gesundheitsgefährdungen um 50 Prozent, auf 15 Prozent der Gesamtgröße, erhöht wurde.[178] Eine solche Vereinbarung „freiwillig" zu nennen, ist ein Missbrauch der Sprache fast Orwellschen Ausmaßes. Was wir hier stattdessen haben, ist sicherlich ein Beispiel dessen, was Enoch Powell vor etwa 20 Jahren die „Herrschaft durch Gesetzesandrohung" nannte.[179] Eine Regierung möchte Dinge erledigen, neigt jedoch nicht dazu, den Aufwand einer Gesetzesänderung zu unternehmen, um die Erledigung zu erzwingen. Also kündigt sie ihren Wunsch an und lädt die Betroffenen ein, „freiwillig zuzustimmen" – und natürlich stimmen diese zu, aus Furcht vor den indirekten Folgen, wenn sie sich weigern, oder vor einem späteren tatsächlichen Gesetz, das strenger sein könnte. Man muss kein Gesetzespapier durch die zwei Kammern bringen, keine Gründe erklären, von einem Einspruch vor Gericht durch jene, die sich geschädigt fühlen könnten, kann keine Rede sein. Da es kein tatsächliches Gesetz gibt, gibt es keine Hindernisse für selektive Gefälligkeiten oder Schikanen. Es gibt lediglich die Worte der Machhaber: „Dies soll geschehen", und es geschieht.

Jedes Land, in dem dies als normale und akzeptierte Handlungsweise der Regierung zugelassen wird, hat seine Freiheit verloren. Regelmäßige Wahlen mögen immer noch stattfinden. Die Richter mögen ihre Unabhängigkeit behalten. Aber wenn das Prinzip, dass es jenseits von Recht und Gesetz keine Autorität gibt, aus der Verfassung verschwindet, dann ist die Linie, die die Freiheit von der Knechtschaft trennt, überschritten.

Auf die Situation in Großbritannien heute angewendet, klingt dies natürlich extrem alarmistisch. Wir sind weit auf dem Weg zur Knechtschaft fortgeschritten und haben 1979 auf ihm entschlossen kehrtgemacht und uns seither weiter davon entfernt. In einem Punkt stimme ich entschieden mit der Anti-Raucher-Lobby überein: Die freiwillige Vereinbarung muss weg. Ich sehe keinen guten Grund dafür, dass die Tabakindustrie anders behandelt werden sollte als jede andere Industrie auf dem freien Markt.

2. Die kontraproduktive Wirkung einer hohen Tabaksteuer

Zweitens, Tabakprodukte werden höher besteuert, wodurch die Preise steigen. Die Fürsprecher dieses Plans ziehen es oft vor, ihr Argument in der technischen Sprache der Ökonomie zu präsentieren. Sie zeichnen Graphen, mit denen sie zu zeigen behaupten, wie jede zusätzlichen zwei Pence oder was auch immer auf eine 20er-Zigarettenpackung das Rauchen um soundsoviel Millionen senken wird.[180] Ökonomen mögen zunehmend skeptisch darüber sein, ob für eine reale Welt sich ständig ändernder Vorlieben jemals Nachfragekurven gezeichnet werden können. Ich vermute, dass der wirkliche Zweck all dieser Kalkulation und graphischen Darstellungen hauptsächlich der ist, die Leute mit der wissenschaftlichen Wahrheit des vorgebrachten Arguments ebenso zu beeindrucken wie mit seiner angeblichen Gerechtigkeit. Ich sehe jedoch keinen Grund, die Ausgangsprämisse in Frage zu stellen. Allgemein und wenn alles andere gleich bleibt, wird, je höher der Preis eines Gutes ist, eine desto geringere Menge davon gekauft. Die Nachfrage nach Zigaretten scheint ziemlich unelastisch zu sein, da bei jedem bislang getesteten Preis so gut wie dieselbe Zahl gekauft wird. Aber es scheint ziemlich offensichtlich zu sein, dass die Nachfrage, wenn die Preise weit genug nach oben getrieben werden, erheblich sinken wird. Dennoch fallen mir mehrere vielleicht grundsätzliche Einwände dagegen ein.

Dann gibt es die Wirkung auf die öffentlichen Finanzen. Das ist, ich weiß, ihre dritte Erwähnung; aber 5.775 Millionen Pfund sind eine Menge Geld. Wenn Steuern weit jenseits jenes Punktes erhoben würden, bei denen die Nettoeinkünfte zu sinken begännen, müssten anderswo höhere Lasten auferlegt werden. Im Augenblick hat der öffentliche Sektor einen massiven Überschuss. Die Last könnte wahrscheinlich mit wenig wahrnehmbarer Anstrengung verschoben werden. Es sollte jedoch beachtet werden, dass dies die erste Regierung seit bald einer Generation ist, die in der Lage ist, sämtliche ihrer Ausgaben zu finanzieren, während sie selbst liquide bleibt. Ziemlich viele von denen, die nach erdrückender Besteuerung des Tabaks rufen, beschweren sich ebenfalls über die einzige Politik, die diese auch nur halbwegs möglich macht. Mögen sie noch sehr lange davon abgehalten werden, dazu gezwungen zu sein, diese Forderungen in Übereinstimmung zu bringen!

Dann gibt es die Mitgliedschaft in der Europäischen Gemeinschaft. Wir sind zu einer allmählichen Harmonisierung der Steuern verpflichtet. Diese könnte dazu führen, dass die Zigarettenpreise in Griechenland und Portugal von ihren durchschnittlich 50 Pence pro 20er-Packung ansteigen. Das wäre mit Sicherheit unvereinbar damit, dass Preise in Großbritannien auf ihrem gegenwärtigen Niveau bleiben, geschweige denn noch höher getrieben werden.

Dann gibt es wieder das Thema „Klasse“. Für jene Raucher in den höheren Einkommensgruppen könnten Zigarettenpreise vermutlich von 6 Pence auf 50 Pence das Stück steigen; es gäbe dann Nörgeleien und Beschwerden, aber der Konsum würde sich weitgehend fortsetzen. Für jene in den niedrigeren Einkommensgruppen wäre es eine gewaltige Belastung – die zu Recht als eine ungerechte betrachtet würde. Sie hätten dadurch zudem den starken Anreiz, jede Zigarette bis zum Stummel aufzurauchen, wo, wie uns gesagt wird, die größte Konzentration giftiger Substanzen gefunden werden kann. Es scheint sehr wahrscheinlich, dass eine der hervorstechendsten Wirkungen höherer Steuern die einer ungleichen Verteilung von Raucherkrankheiten unter den Rauchern verschiedener Einkommensgruppen sein würde.

Wenn dies die einzigen unbeabsichtigten Folgen höherer Steuern wären, reichten sie allein möglicherweise aus, den ganzen Plan zu verurteilen. Aber nach einem gewissen Punkt werden hohe Steuern völlig kontraproduktiv. Steuern in jeder Höhe könnten auf Tabakprodukte erhoben werden, die aus den Zollhäusern heraus verkauft werden. Aber an irgendeinem Punkt würden künstlich erhöhte Preise dieselbe Wirkung entfalten wie eine unverhohlene Prohibition. Es fänden in großem Stil Schmuggelei und illegale Heimproduktion statt, mit allen Auswirkungen auf Kriminalität, Korruption und die üblichen Konsumbeschränkungen, die die Menschen vom maßlosen Genuss abhalten. Kurz: Die Merkmale, die die gesamte traurige Geschichte der amerikanischen Alkoholprohibition prägten, würden sich genau hier in Großbritannien mit dem Tabak wiederholen.

3. Sollten Tabakunternehmen schadensersatzpflichtig gemacht werden?

Drittens gibt es die Auflage der Haftpflicht von Tabakunternehmen für jegliche durch das Rauchen verursachte Schäden. Hier ist nun nötig, eine wesentliche Unterscheidung vorzunehmen. Als Konservativer glaube ich, dass Auseinandersetzungen am besten gelöst werden, wenn sie dem Urteil der ordentlichen Gerichte überlassen werden. Die Anwendung des Präzedenzrechts bringt eine Subtilität und Individualität in bezug auf die Umstände mit sich, denen ein umfassendes Gesetz niemals im Ansatz entsprechen kann. Man nehme zum Beispiel die Gewerkschaftsreformen der Regierung. Jeder vorhergehende Versuch, die Gewerkschaften gesetzlich zu regeln, war gescheitert. Sie scheiterten nicht aufgrund eines Mangels an Entschlossenheit – obwohl diese, zugegeben, letztlich fehlte. Sie scheiterten, weil die angewendeten Mittel zu grob waren. Verhaltensregeln wurden angekündigt und dann den Streitparteien auferlegt, unabhängig davon, ob sie ihnen folgen wollten oder nicht. Die Prior- und Tebbit-Gesetze machten keine Auflagen. Sie ermöglichten lediglich, dass die traditionellen Abhilfen unseres Rechtssystems gegen eine bislang privilegierte Gruppe in Anspruch genommen werden konnten. Wenn eine Gewerkschaft heute einen Streik ausruft, ohne zuvor darüber abstimmen zu lassen, oder Gruppen zusätzlicher Streikposten losschickt, dann passiert nichts, es sei denn auf Antrag einer der streitenden Parteien. Dann beginnt ein Schadensersatzprozess. Einstweilige Verfügungen werden beantragt. Die Angelegenheit wird vor einem Richter debattiert oder sich auf Kompromissbedingungen geeinigt. Das ist alles. Doch der Erfolg dieser Reformen ist offensichtlich geworden. Wir sind im achten Jahr ununterbrochenen Wachstums. Die Arbeitslosigkeit sinkt schnell und stetig. Dies und die Beziehungen zwischen Betriebsleitern und den Gewerkschaften sind harmonischer als zu irgendeiner Zeit solange irgendjemand zurückdenken kann.

Diesem Präzedenzfall folgend würde ich weiter gehen und vorschlagen, dass viele andere gegenwärtigen Probleme auf die gleiche Weise gelöst werden könnten. Industrielle Umweltverschmutzung macht mir genauso viel Sorgen wie vielen „grünen" Aktivisten. Uns unterscheidet oft nur die Vorstellung davon, was dagegen unternommen werden sollte. Sie scheinen hauptsächlich neue Umweltschutzgesetze zu wollen, die von beamteten Inspektoren durchgesetzt werden. Ich bevorzuge die Anerkennung des Rechts des Individuums auf saubere Luft und sauberes

Wasser und die Ausweitung der Abhilfen des richterlichen Gewohnheitsrechts zur Durchsetzung dieses Rechts.

Da ich kein Jurist bin, lasse ich natürlich bei der Diskussion der Jurisprudenz Vorsicht walten. Aber ich glaube, dass das, was ich will, nichts weiter ist als die Anwendung alter Prinzipien auf neue Umstände. Was die Anti-Raucher-Lobby möchte, scheint etwas gänzlich anderes zu sein. Sie versucht, ohne Nennung individueller Fälle, das Recht eines Rauchers zur Geltung zu bringen, jegliche mit dem Tabak in Verbindung gebrachte Krankheit zu bekommen und dann auf Schadensersatz zu klagen. Mir scheint, dass damit ein zentrales Prinzip des Deliktrechts gebrochen wird – dass dort, wo Schadenseinwilligung besteht, es keinen Grund für eine Klage geben kann.[181]

Stellen wir uns folgendes vor: Ich betrete Ihr Haus. Dort ergreife ich eine Flasche, die eindeutig mit dem Wort „Gift" etikettiert ist. Sie sagen mir: „Trinken Sie das nicht. Das ist gefährlich." Ich höre, was Sie sagen, trinke die Flasche aber aus und erleide einen Anfall. Zu behaupten, dass es mir – oder meinen nächsten Angehörigen – möglich sein sollte, Sie aufgrund dessen auf Schadensersatz zu verklagen, ist völlig absurd. Ich wäre so sehr der Verursacher meines eigenen Leids, dass sogar die früheren Gesetze gegen den Selbstmord Anwendung auf mich gefunden hätten. Der Fall ist eindeutig eine perfekte Analogie für das Rauchen. Die offenkundigen Gefahren werden weithin bekanntgegeben. Jeder verantwortliche Erwachsene, der dennoch raucht, bei dem später eine Herzerkrankung oder Lungenkrebs oder was auch immer diagnostiziert wird, hat jedes Recht, sich niedergeschlagen zu fühlen, aber keines auf ein vollstreckbares Gesetz gegen ein Tabakunternehmen. Die Einwilligung muss nicht ausdrücklich gegeben worden sein. Die Worte: „Es macht mir nichts aus, mein Leben zu verkürzen" müssen nicht geäußert worden sein. Aber jene Einwilligung ist genauso offensichtlich gegeben worden, als wenn sie in einer formellen Urkunde zum Ausdruck gebracht worden wäre. Natürlich, wem die Zigarre explodiert oder wer im Pfeifentabak geschrotetes Asbest findet, der sollte Abhilfe bekommen. Diese gehören nicht zu den bekanntgegebenen Gefahren des Rauchens. Hier kann nicht gesagt werden, dass der Raucher in den Schaden eingewilligt hat. Aber diese Fälle gehören zu einer gänzlich anderen Kategorie.

Dieser Standpunkt kann auch nicht dadurch geheilt werden, dass man sagt, dass der Tabak süchtig macht und dass diejenigen, die ihn rauchen, selbst wenn sie sich der Gefahren bewusst sind, nicht aufhören können. Erstens habe ich bereits auf meine Zweifel hingewiesen, dass Raucher tatsächlich so süchtig sind, wie oft behauptet wird. Zweitens, selbst wenn wir annehmen, dass die Sucht im höchsten je behaupteten Ausmaß existiert, wird die Grundlage für den Einwand verschoben, aber seine Gültigkeit nicht verändert. Es sind jetzt mindestens 35 Jahre her, seit die ernsteren ärztlichen Warnungen zu erscheinen begannen. Jene, die seither mit dem Rauchen begonnen haben, haben zu ihrer „Sucht“, und somit zu allen Folgewirkungen, ihre Einwilligung gegeben. Jene, die vorher damit begannen, haben lange genug Zeit gehabt, sich Hilfe beim Abgewöhnen zu suchen, und haben, indem sie die Hilfe nicht gesucht haben, ebenfalls ihre Einwilligung zu allen möglichen Folgen gegeben. Ich sollte auch hinzufügen, dass der Begriff der „Sucht“ ein sehr problematischer ist, jedenfalls in der Art, wie er allgemein aufgefasst wird, nämlich als eine Gewöhnung.[182]

Manchen mag das, was ich sage, hart und gefühllos erscheinen. Manche mögen glauben, dass ich der Tabakindustrie besonders zugeneigt bin. Ich habe diese Zuneigung nicht – oder zumindest nicht in stärkerem Ausmaß als zu jeder anderen Industrie. Was das Hartsein betrifft, so hege ich das tiefste persönliche Mitgefühl für jeden, der im Sterben liegt oder Schmerzen erleidet. Dieses ist ein absolutes Mitgefühl, das ohne Ansicht dessen gehegt wird, was das Leid verursacht haben mag. Aber hinsichtlich der Schadensersatzpflicht kann ich nicht erkennen, wie eine Person oder Personengruppe Schuld am selbstzugefügten Leid eines anderen haben kann, ohne dass es zu einer völligen Leugnung menschlicher Verantwortung kommt. Und wie ich weiter oben argumentiert habe, gibt es ohne Verantwortung kein Argument für die Freiheit. Eine Gestalt kann nicht gleichzeitig ein Quadrat und ein Dreieck sein. Eine Person kann nicht gleichzeitig erwachsen und ein Kind sein.

4. Einschränkungen des Rauchens in der Öffentlichkeit

Viertens gibt es zunehmend strengere Beschränkungen des Rauchens an öffentlichen Orten. Ob Nichtraucher tatsächlich in realer Gefahr schweben oder nicht: Niemand kann leugnen, dass sie rauchgeschwängerte Räume oft unangenehm und abstoßend finden. Jeder, der eine Lungenerkrankung hat, wird sehr wahrscheinlich sofort, wenn vielleicht nur kurzfristigen, Schaden erleiden. Es erscheint nur vernünftig, dass es Orte geben sollte, wo das Rauchen verboten ist, beziehungsweise, eingedenk dessen, wo die Mehrheit jetzt ist, wo das Rauchen erlaubt ist. Keiner kann etwas gegen eine gewisse Abgrenzung haben.

Aber es muss hier wiederum eine Unterscheidung vorgenommen werden. Was die Anti-Raucher-Lobby will, ist eine erzwungene Einschränkung. Das Vorbild ist der Antrag „Proposition 13" in Kalifornien, eine Regelung, über die 1978 in einem Volksentscheid abgestimmt wurde. Wenn sie angenommen worden wäre, hätte dies bedeutet, dass das Rauchen an sehr vielen öffentlich zugänglichen Orten gesetzlich verboten worden wäre. Das Verbot sollte unabhängig davon gelten, ob die Eigentümer oder Betreiber dieser Orte dieses wünschten oder nicht, und unabhängig davon, ob ihre Nutzer dieses wünschten oder nicht. Der Antrag wurde abgelehnt. Ich bin sicher, dass jede ähnliche Volksabstimmung in diesem Land zum gleichen Ergebnis führen würde. Dieser spezielle Angriff auf die Rechte könnte nur nach einem entsprechenden Angriff auf die Demokratie durchgesetzt werden.

Aber es gibt natürlich Einschränkungen des Rauchens, und diese werden immer umfassender. Es gibt derzeit Theater, Kinos, Busse, Züge und so weiter, in denen es Raucher- und Nichtraucherabteile gibt. An einigen Arbeitsplätzen und in gewissen Läden ist das Rauchen gänzlich verboten. Diese Beschränkungen sind, auch wenn sie manchmal von regierungsamtlichen Stellen auferlegt werden, das Ergebnis einer freiwilligen Entscheidung.

Sie wurden von den Eigentümern oder Betreibern in Reaktion darauf auferlegt, was sie für die Präferenzen ihrer Konsumenten hielten, und von ihnen durchgesetzt. Sie sind ein Produkt des freien Marktes. Als solches sind sie völlig unbedenklich. Ein Restaurantbesitzer hat ebenso viel Recht, ein „Rauchen verboten"-Schild an seiner Tür anzubringen, wie es jeder andere Grundeigentümer hat. Jemand mag sich zwar unter Druck fühlen, wenn er dort nach einer Mahlzeit keine Zigarette anzünden darf, aber solange das Schild halbwegs auffällig sichtbar war, gibt es keinen Grund, sich zu beschweren; und solange zwei Fünftel der Bevölkerung immer noch das Rauchen genießen, muss es keinen Mangel an Restaurants geben, wo es problemlos erlaubt ist. Mit derselben Begündung braucht es – unter der Annahme, dass es eine echte Nachfrage gibt – keinen Mangel an Orten des Geschäftsbetriebs, des Reisens oder der Unterhaltung zu geben, wo das Rauchen verboten ist oder nicht.

XI Fazit

Das Argument, das ich auf diesen Seiten vorzubringen versucht habe, ist, dass der Angriff auf das Recht, zu rauchen, notwendigerweise ein Angriff auf die Freiheiten ist, für die unsere Vorfahren gekämpft und gelitten haben. Er verachtet außerdem eine Staatsform, die – trotz aller zugegebenen Fehler – der halben Welt als Vorbild diente und die von der anderen Hälfte gegenwärtig mit hoffnungslosem Neid betrachtet wird. Ich habe ernsthafte Zweifel, ob das Recht einer Person, zu rauchen, einen Übergriff auf das Recht einer anderen ist, ein gesundes Leben zu genießen. Ich bin aber dennoch von der Annahme ausgegangen, dass dies der Fall sein könnte, und habe die verschiedenen Lösungsvorschläge untersucht. Ich habe gezeigt, dass jeder Vorschlag, der von staatlichem Zwang abhängt, entweder nutzlos ist oder untragbare allgemeine Kosten mit sich bringt. Der einzige, der erfolgversprechend ist, beruht auf der spontanen Koordination von individuellen Entscheidungen, die „freier Markt" genannt wird. Man betrachte jedes reale oder scheinbare Problem, und wenn Freiheit die Ursache ist, dann wird in fast jedem Fall noch mehr Freiheit die Lösung sein.

Der große französische Ökonom Frédéric Bastiat hat diesen Punkt wiederholt betont, und das mit großer Ausdruckskraft und Eleganz. Ich könnte mit einem Zitat von ihm schließen. Stattdessen werde ich einfach seinem Beispiel folgen und den konservativen Publizisten Chateaubriand zitieren:

> „Es gibt in der Geschichte zwei Folgen: Die eine ist unmittelbar und wird sofort erkannt; die andere ist fern und zunächst unerkannt. Diese Folgen widersprechen sich oft; die erstere entstammt unserer kurzfristigen Weisheit, die letztere unserer langfristigen Weisheit. Das schicksalhafte Ereignis erscheint nach dem menschlichen Ereignis. Hinter den Menschen erhebt sich Gott. Sie können, soviel Sie wollen, die höchste Weisheit

leugnen, nicht glauben, dass sie handelt, über Worte streiten, ‚die Kraft der Umstände' oder ‚Vernunft' nennen, was der gemeine Mensch Schicksal nennt; aber betrachten Sie das Ergebnis einer vollbrachten Tatsache, und Sie werden sehen, dass sie immer das Gegenteil des Erwarteten hervorgebracht hat, wenn sie nicht von Anfang an auf Moral und Gerechtigkeit gegründet war."[183]

Kommerzielle Werbung: Ein bedrohtes Menschenrecht

Einführung

In England ist die Werbung seit langem einer gewissen Verachtung ausgesetzt. Die dort ihr Geld verdienen, werden zwar nicht so niedrig eingestuft wie Pornographen und Schreiber von Bettelbriefen. Sie werden dennoch geschmäht. Im 18. Jahrhundert waren sie bereits unbeliebt genug, um parodiert zu werden. Sheridan brachte wenige Figuren auf die Bühne, die so grotesk waren wie der zynische Werbetexter Puff. Er stellt sich folgendermaßen vor:

> „... ich liebe es, aufrichtig zu sein und mich selbst mündlich anzupreisen. Ich bin, mein Herr, ein Experte der Lobrede oder, um mich noch klarer auszudrücken, ein Professor der Kunst des Aufbauschens, Ihnen – oder jedem anderen – zu Diensten.“[184]

Im darauffolgenden Jahrhundert begann Macaulay eine seiner Buchbesprechungen mit einem Angriff auf die Werbung für Bücher:

> „Wir verstehen nicht, wie ein Mensch, der ein Mindestmaß an Selbstachtung besitzt, ein Mindestmaß an Achtung seiner persönlichen Würde, sich dazu herablassen kann, die Öffentlichkeit mit diesem aufdringlichen Trödelmarkt zu belästigen. Extreme Armut mag tatsächlich in einem gewissen Umfang den Diebstahl einer Hammelkeule entschuldigen. Aber wir glauben

wirklich, dass ein Mann des Geistes und der Feinfühligkeit seinen Bedarf eher auf die eine als auf die andere Weise befriedigen würde."[185]

In unserem eigenen Jahrhundert ist die Werbung eine riesige Industrie geworden. Der alte individuelle Marktschreier ist verschwunden; seinen Platz haben Agenturen eingenommen, deren Namen oft auf der ganzen Welt allgemein bekannte Begriffe sind. Sie beschäftigen Tausende. Ihre Produkte werden von Millionen und Zigmillionen gesehen. Aber das alte Vorurteil bleibt bestehen. Werbern wird noch immer ihre Käuflichkeit vorgeworfen. Jedes echte oder eingebildete Zeichen ihrer kulturlosen Ignoranz wird zum öffentlichen Spott hochgehalten. Würden die Saatchi-Brüder zum Beispiel jemals in „Private Eye" erwähnt werden, wenn sie ihr Vermögen mit Chemikalien oder Immobilien gemacht hätten?

Das Vorurteil lebt weiter – mit einem Zusatz. Es gibt Menschen heutzutage, deren Abneigung gegenüber der Werbung nicht mit ihrem Spott darüber endet. Sie wollen sie unter ihre Kontrolle bringen. Sie glauben nicht nur, dass sie eine geschmacklose Belästigung ist, sondern auch, dass sie eine bösartige und oft unerkannte Macht über uns hat, die bekämpft und überwunden werden muss, wenn wir die Kontrolle über unser eigenes Leben wiedererlangen sollen. Sie wollen, dass sämtliche Werbung behördlich reguliert wird. Manches davon wollen sie gänzlich verboten sehen.

An dieser Stelle schlage ich vor, dass wir hier untersuchen, was die Regulierung der Werbung bedeutet – auf welchem Bild der menschlichen Natur sie beruht; welche weiteren politischen Maßnahmen sie nötig macht. Wenn ich mich auf die Gesundheitsaktivisten konzentriere und andere Gruppen, die Regulierung befürworten, relativ außer acht lasse, dann nicht aus irgendeinem spezifischen finanziellen oder persönlichen Interesse. Es bedeutet, dass ich den Gesundheitsaktivisten ein verdientes Kompliment ausspreche. Sie sind die bei weitem geschicktesten und wortgewandtesten Feinde unregulierter Werbung. Ihre Argumente sind in der Öffentlichkeit klar dargestellt und von vielen führenden Mitgliedern der Ärtzteschaft unterstützt worden. Infolgedessen sind sie am erfolgreichsten gewesen. Mehr als jede andere Gruppe sind sie von der politischen Klasse ernst genommen worden. Sie scheinen weit besser aufgestellt zu sein, ihren Willen durchsetzen zu können.

Wenn ich wiederum innerhalb der Gruppe der Gesundheitsaktivisten der Anti-Raucher-Lobby mehr Aufmerksamkeit schenke als der Anti-Zucker- oder der Anti-Pestizid-Lobby, dann geschieht das ebenso aufgrund ihres bis dato größeren Erfolges. Ich werde natürlich jene Feministinnen und andere erwähnen, deren Stimmen von Zeit zu Zeit gegen die Werbung erhoben werden. Aber ihre Bedeutungslosigkeit, ihre Inkohärenz, ihre interne Zerstrittenheit und ihr Mangel an praktischen Erfolgen werden sicherlich Grund genug sein, ihnen nicht dieselbe Aufmerksamkeit zu schenken wie den Gesundheitsaktivisten.

I Der Angriff auf die Werbung

1. Die Gesundheitsaktivisten

Die Gesundheitsaktivisten haben mit den Gesundheitspädagogen – und sogar mit den meisten Menschen – einen sehr löblichen Wunsch gemeinsam. Dieser Wunsch ist, dass wir alle solange wie möglich leben und so gesund wie möglich bleiben sollten. Sie haben solide Vorstellungen darüber, welcher Lebensstil für die Erreichung dieser Ziele am angebrachtesten ist, und haben ihre Karrieren – die der Öffentlichkeit oft hohe und zunehmende Kosten aufbürdeten – damit verbracht, uns davon zu überzeugen, diesen Lebensstil zu übernehmen. Sie wollen, dass wir das Rauchen aufgeben, weniger trinken und unsere Ernährung umstellen.

Im großen und ganzen haben wir ihren Rat angenommen. Heute werden weniger Zigaretten geraucht als noch vor 15 Jahren. Es wird weniger Alkohol getrunken.[186] Mehr Ballaststoffe werden gegessen, gleichzeitig weniger Fett, Salz und Zucker. Aber auch wenn Überredung viel erreicht, so ist das nicht genug. Den Gesundheitspädagogen reicht es vermutlich, uns weiterhin zu überreden, die Einwände zu entkräften und uns vor den Versuchungen jener zu warnen, die ein finanzielles oder anderweitiges Interesse daran haben, die liederlichen Angewohnheiten unserer Eltern und Großeltern zu behalten und wieder zu übernehmen. Die Gesundheitsaktivisten sind weniger bescheiden. Sie wollen die zwingende Macht des Staates heranziehen, um ihre Botschaft zu propagieren.

1988 erschien ein Buch, das mit einer gewissen Berechtigung als umfassende Stellungnahme der aktivistischen Orthodoxie betrachtet werden kann. Es wurde von einer „unabhängigen multidisziplinären Kommission“ zusammengestellt, in der jede wichtige Aktivisten-Lobby vertreten ist. Es wurde von den wichtigen Körperschaften finanziert, die ihnen öffentliche Gelder zukommen lassen.[187] Die Autoren akzeptieren, dass freiwillige Überredung ihren Platz hat. Aber, so sagen sie,

> „[e]s wird zunehmend erkannt, dass das menschliche Verhalten nicht allein die individuellen Entscheidungen widerspiegelt, sondern auch die mächtigen Einflüsse sozialer, wirtschaftlicher und politischer Umfelder, die weit jenseits der Kontrolle der betroffenen Individuen liegen, die von ihnen beeinflusst werden.“[188]

So wie sie es sehen, gibt es ein Argument dafür, dass der Staat unsere Entscheidungen lenkt. Es sollten die Steuern auf Tabak und Alkohol sowie auf jene Lebensmittel, die gegenwärtig für gesundheitsschädigend gehalten werden, solange erhöht werden, bis wir weniger davon kaufen. Es sollten die Alternativen subventioniert werden,[189] „[d]ie Versorgung mit einer breiteren Vielfalt billiger nichtalkoholischer Getränke (die gegenwärtig überteuert sind)“. Es sollen Herstellungsmethoden reguliert werden. Den Gesundheitsaktivisten soll viel mehr Geld gegeben werden. Gleichzeitig sollen extensive Befugnisse übernommen und angewendet werden, um jede Werbung zu unterdrücken, die einen ungesunden Lebensstil zu fördern scheint. Dieser letzte Punkt sei besonders wichtig, weil

> „menschliche Gesellschaften oft von einigen Individuen so manipuliert werden, dass andere in Gefahr geraten. Eine der Funktionen des Staates ist es, solche Manipulationen auf eine Weise zu regulieren, wie sie sowohl den besten Interessen der Gemeinschaft als auch ihrer individuellen Mitglieder dient.“[190]

Werbung für Lebensmittel und Getränke soll lediglich reguliert werden. Es soll weniger Werbung für Süßigkeiten und weniger „irreführende“ Versuche geben, Frauen dazu zu überreden, sich zu verschönern, indem sie weniger stärkehaltige Lebensmittel essen.[191] Für Getränke soll es auch einen strengen Kodex geben, um zu verhindern, dass Alkohol auf irgendeine Weise mit „Glanz oder sexueller Leistungsfähigkeit“ in Verbindung gebracht wird.[192] Zusätzlich soll es eine Art negativer Werbung geben. Im Moment dürfen uns die Lebensmittel- und Getränkehersteller sagen, was uns gut fühlen oder aussehen lässt. Sie sind nicht verpflichtet, uns dadurch abzuschrecken, dass sie uns die Inhaltsstoffe nennen. Dies soll folgendermaßen in Ordnung gebracht werden:

> „Das Ministerium für Landwirtschaft, Fischerei und Lebensmittel soll ein umfassendes System einer Lebensmittelettikettierung einführen, das den Konsumenten eindeutig über den Gehalt des (gesättigten und ungesättigten) Fetts, Zuckers, der Ballaststoffe und des Salzes in allen Lebensmitteln informiert. Ein einfaches ‚Ampel'-System sollte übernommen werden, das Lebensmittel identifiziert, die einen hohen, mittleren oder niedrigen Gehalt der oben genannten Substanzen beinhalten."[193]

Ähnliche Bedingungen werden derzeit den Zigarettenherstellern auferlegt. Sie sind gezwungen, uns von ihren Produkten abzuschrecken, indem sie die beängstigendsten Warnungen auf den Packungen und in der Werbung drucken müssen. Trotzdem soll es keine Tabakwerbung mehr geben. Diese ist gesetzlich zu verbieten. Es mag bei anderen Dingen angemessen sein, „gesunde, sichere und angenehme Gebrauchs- oder Konsummuster zu fördern".[194] Aber der Tabak ist einzigartig. Zigaretten, sagt Nigel Smith von der Gesundheitserziehungsbehörde, sind

> „die einzigen Produkte auf dem Markt in diesem Land, die tödlich für Menschen sind, die sie auf die vom Hersteller beabsichtigte Art und Weise verwenden. Einer von vier Menschen, die Zigaretten regelmäßig nutzen, wird an einer durch das Rauchen verursachten Krankheit sterben . . .
>
> Das Produkt anzupreisen erzeugt ein Klima, in dem das Rauchen, in dem der Tabak respektabel erscheint. Ihm wird ein Hauch von Glaubwürdigkeit verliehen, den dieser nicht haben dürfte . . .
>
> [E]s ist absolut unerlässlich, dass es in Großbritannien ein komplettes Verbot sämtlicher Werbung, sämtlicher Promotion, sämtlichen Sponsorings nicht nur von

Zigaretten gibt, sondern von jedem Produkt, das das Bild oder den Namen einer Zigarette trägt.“[195]

Der Staat nimmt pro Jahr mehr als 6.000 Millionen Pfund – oder etwa drei Prozent seiner Gesamteinnahmen – in Form von Verbrauchssteuern und Mehrwertsteuer von der Tabakindustrie ein. Dennoch wäre es überraschend gewesen, wenn diese verbitterten Angriffe völlig wirkungslos geblieben wären. Seither ist Zigarettenwerbung im Fernsehen verboten worden. 1970, als Sir Keith Joseph Gesundheitsminister war, wurde die erste der „freiwilligen Vereinbarungen“ zwischen seinem Ministerium und der Tabakindustrie unterzeichnet. Ihr Zweck war, Werbung ohne die Notwendigkeit tatsächlicher Gesetzgebung zu regulieren. Sie wurden regelmäßig erneuert und geändert und bestehen seither weiter. Die jüngste Version, die im September 1991 verfällt – und durch etwas noch Stringenteres ersetzt wird –, beinhaltet die folgenden neuen Klauseln:

> Dass die Zigarettenwerbung in Kinos eingestellt werden soll;
>
> dass es, anstelle der alten Warnungen vor Gesundheitsschäden, sechs neue, sich abwechselnde Warnungen geben soll, die den leitenden Amtsärzten des Gesundheitsamtes anvertraut werden sollen;
>
> dass der den Warnungen und der Angabe des Teergehalts bereitgestellte Raum auf Plakaten und Anzeigen von 15 auf 17,5 Prozent des verfügbaren Raums erhöht werden soll;[196]
>
> dass Ausgaben für Plakatwerbung auf inflationsbereinigt 50 Prozent derjenigen Ausgaben des am 31.03.1980 endenden zwölfmonatigen Zeitraums eingefroren werden sollen;
>
> dass für keine Zigarette mit einem Teergehalt von mehr als 18 Milligramm Reklame gemacht werden soll;
>
> dass keine Zigarettenwerbung in einer Zeitschrift erscheinen soll, deren weibliche Leserschaft mehr als 200.000 umfasst, von denen ein Drittel oder mehr zwischen 15 und 24 Jahre alt ist.[197]

Diese Vereinbarungen sind jedoch von den Gesundheitsaktivisten immer als Ersatz für echte Maßnahmen verurteilt worden. David Pollock, der Direktor von Action on Smoking and Health (ASH) – einer 1971 vom Royal College of Physicians gegründeten, jetzt aber weitgehend vom Steuerzahler finanzierten Stiftung –, äußert sich vorhersehbar verächtlich:

„Solange die Regierung sich auf bequeme Vereinbarungen mit der Tabakindustrie verlässt, verurteilt sie Hunderttausende britischer Männer und Frauen zu Krankheit und frühem Tod.“[198]

In den vergangenen paar Jahren sind, trotz des von individuellen Ministern an den Tag gelegten Eifers, die Hoffnungen, dass die britische Regierung irgendetwas wirklich Wirksames tun werde, aufgegeben worden. Seit Verabschiedung der Einheitlichen Europäischen Akte von 1986 ist diese Hoffnung weitgehend von London auf Brüssel übertragen worden. Bevor ich mich mit ihrem Erfolg dort befasse, wende ich mich zunächst den Feministinnen und anderen Gruppen zu, die eine Regulierung der Werbung fordern.

2. Die Feministinnen und andere

Sicher, nicht alle Feministinnen sind gegen Werbung – oder fordern mehr als nur die rechtliche Gleichstellung von Frauen. Die es nicht tun, haben meine volle Unterstützung und Bewunderung. Aber es gibt gewisse Feministinnen, die weiter gehen und die Befreiung in irgendeiner nebulösen kollektivistischen Utopie anstreben. Diese betrachten die Verwendung von attraktiven Frauen in der Werbung als Teil des „patriarchalen hegemonialen Diskurses“, den sie zerschmettern müssen, bevor sie wirklich frei sein können. Für sie „kommerzialisiert“ Werbung den weiblichen Körper und verweigert damit den Frauen ihren Status als menschliche Wesen. Sie konstruiert Bilder

„rein vom männlichen Blickwinkel her, verstärkt damit die bereits bestehende Ungleichheit in der Machtbeziehung zwischen Männern und Frauen in einer Gesellschaft und produziert gleichzeitig die für Frauen anzustrebenden Normen. Vieles am unnötigen Gebrauch des weiblichen Körpers in der Werbung suggeriert, dass alle Frauen den Männern jederzeit zur Verfügung stehen.“[199]

Es wird auch gesagt, dass Werbung dabei hilft, Frauen in die Schranken zu weisen. Naomi Wolf zufolge werden die politischen und wirtschaftlichen Fortschritte der vergangenen Generation gebremst, indem Frauen hungrig gehalten werden. Die Emanzipation sei vom Kult des Dünnseins eingefroren worden. Das für Frauen empfohlene Körpergewicht sei reduziert worden. Konformität damit werde gestärkt, dass in den Medien – und insbesondere in der Werbung – die Schönheit ständig mit dem verknüpft werde, was unter unseren Vorfahren als das mittlere Stadium einer Unterernährung gegolten hätte. Frauen seien ständig auf Diät, ihre Gedanken kreisten um das Kalorienzählen, ihre Körper würden durch Hunger geschwächt. „Diät halten“, sagt Wolf,

> „ist das potenteste politische Beruhigungsmittel in der Geschichte der Frauen . . . [S]ich um das Körpergewicht Sorgen zu machen, führt wörtlich zu einem Zusammenbruch des Selbstbewusstseins und Erfolgssinns.“[200]

Dem müsse entgegengetreten und es müsse zurückgewiesen werden. Regulierung der Werbung sei ein Mittel zu diesem Zweck.

Nach den Feministinnen kommen gewisse Homosexuelle, die sich jedesmal unterdrückt fühlen, wenn sie eine Reklame sehen, die ein verheiratetes Paar zeigt. Es gibt die ökologische Bewegung, die gegen jede Werbung ist, die die Nutzung nichterneuerbarer Ressourcen fördert. Es gibt verschiedene moralische Konservative und Nationalsozialisten, die sich gegen die Anpreisung angeblich unmoralischer Produkte oder Beziehungen aussprechen.

Bislang haben diese Gruppen im Hinblick auf Regulierung nichts erreicht. Aber es ist nur ein Regierungswechsel nötig, bis einige ihrer Meinungen deutlich mehr Gewicht bekommen, als sie es in den vergangenen zwölf Jahren der konservativen Regierung hatten. Andererseits können sie, wie die Gesundheitsaktivisten, erwartungsvoll nach Brüssel schauen.

3. Die Europäische Gemeinschaft

Nun wende ich mich der Europäischen Gemeinschaft zu, die von jeder Gruppe, ob liberal oder kollektivistisch, die sich zu Hause nicht durchsetzen kann, als Deus ex machina betrachtet wird. Abgesehen von der Tatsache, dass die Mitglieder direkt von Gesundheits- und anderen Aktivisten beeinflusst sind, ist die Europäische Kommission nicht gegen Werbung. Ihr Hauptziel in dieser und allen anderen Angelegenheiten ist die Schaffung eines einheitlichen Marktes, und die Mittel dazu sind die Harmonisierung von Regulierungen und Standards. Kein Mitgliedsstaat darf liberaler oder restriktiver sein als ein anderer. Es muss einen gemeinsamen Schutz des Copyrights und der Patente geben, gemeinsame Maße und Gewichte, gleiche Besteuerungen. Soweit wie möglich muss alles in der Gemeinschaft gleich sein. Ihre Regulierungen der Werbung, sowohl die tatsächliche als auch die vorgeschlagene, sind ein theoretischer Durchschnitt jener, die in den Mitgliedsstaaten bereits in Kraft sind: Jede Regierung muss ihre Regulierung zurücknehmen oder ausweiten, bis der gemeinsame Durchschnitt erreicht ist.

Bezüglich der Höhe der Steuern auf Alkohol und Tabak wird Harmonisierung für die britische Bevölkerung eine entschieden liberale Maßnahme sein. Durch sie werden die Preise erheblich reduziert werden. Aber im Hinblick auf die Werbung wird sie restriktiv sein. Die Regierungen anderer Mitgliedsstaaten regulieren die Werbung strenger, als es unsere eigene gegenwärtig tut. Sie sind von den verschiedenen Lobbygruppen stärker beeinflusst worden. Daher müssen unsere eigenen Regulierungen, um den theoretischen gemeinsamen Durchschnitt zu erreichen, verschärft werden.

Zwei europäische Gesetze sind bereits in Kraft. Weitere sind vorgeschlagen worden.

Erstens gibt es die Richtlinie über grenzüberschreitenden Rundfunk, die vom Ministerrat im Oktober 1989 angenommen wurde. Diese ist eine halbwegs liberalisierende Maßnahme. Sie ermöglicht die Freiheit der Sendung von einem Mitgliedsstaat zu allen anderen. Solange der Rundfunk innerhalb dieses Mitgliedsstaates dieser Richtlinie unterworfen ist, können, mit Ausnahme des Schutzes der Moral, keine Regulierungen auf den Empfang der Sendung auferlegt werden. Sie erlaubt auch vergleichende Werbung – das heißt, Kritik der Qualität von Gütern und Dienstleistungen konkurrierender Anbieter im Vergleich zu den eigenen –, die derzeit in den britischen elektronischen Medien nicht erlaubt ist.

In jeder anderen Hinsicht jedoch schränkt die Richtlinie die Werbung in Großbritannien ein. Sie beschränkt den Zeitraum pro Tag, den jeder Sender der Werbung geben darf, auf nicht mehr als 15 Prozent der gesamten Sendezeit. Sie verbietet die Werbung, sowohl direkt als auch indirekt, für sämtliche Tabakprodukte. Sie verbietet die Werbung für rezeptpflichtige Arzneimittel und Behandlungen. Sie erlaubt die Werbung für Alkohol, aber nur unter der Bedingung der oben beschriebenen Restriktionen.

Zweitens gibt es die Richtlinie über irreführende Werbung, die 1984 angenommen wurde. Diese verbietet sämtliche Behauptungen in der Werbung, die nicht strenggenommen wahr sind. Zum Beispiel müssen „Scotch eggs“ einen anderen Namen haben, wenn sie nicht in Schottland hergestellt wurden; ebenso „French bread“, wenn es nicht in Frankreich gebacken wurde. Krabbencocktailchips dürfen nicht verkauft werden, wenn sie nach etwas anderem schmecken.

Es wird eine Richtlinie vorgeschlagen, die falsche Behauptungen in der Werbung bezüglich der Qualität und anderer Eigenschaften von Lebensmitteln verbietet; eine andere, die die Werbung für markengeschützte Pharmazeutika einschränkt; eine weitere, die die Werbung für Finanzdienstleistungen verbietet.

Dann, am 15. Mai 1991, beschloss die Kommission einen vorgeschlagenen Entwurf einer Richtlinie, die Werbung und Verkaufsaktionen für alle Tabakprodukte innerhalb der Gemeinschaft verbieten würde. Eine Ausnahme würde für die innerhalb von Tabakwarenläden plazierte Reklame gemacht werden. Ansonsten wäre das Verbot total. Keine Zeitung, keine Zeitschrift dürfte verkauft werden, wenn sie Werbung für Tabakprodukte enthält. Publikationen von außerhalb der Gemeinschaft würden ebenfalls verboten, wenn man Tabakwerbung in ihnen fände. Vasso Papandreou, die für diesen Entwurf verantwortliche Kommissarin, verkündete, dass sich dieser auf sämtliche Arten visueller Repräsentation erstrecke, „bis hinunter zu den Schutzanzügen der Formel-Eins-Fahrer".[201]

Dieser Richtlinienentwurf wurde von der britischen Regierung erfolgreich bekämpft, indem sie behauptete, dass ihr System freiwilliger Regulierung bereits ausreiche. Wir können jedoch sicher sein, dass er wieder vorgelegt werden wird. Obwohl er von den verschiedenen Gesundheitslobbys der Gemeinschaft stark unterstützt wird, hat er natürlich weniger mit dem ärztlichen Argument gegen den Tabak zu tun als mit der angeblichen Notwendigkeit zur Harmonisierung. In Frankreich, Spanien, Italien, Belgien und Portugal ist die Tabakwerbung verboten. Deswegen muss das Verbot auf die ganze Gemeinschaft ausgebreitet werden. Wenn sie in nur einem Mitgliedsland verboten wäre, wäre es gut möglich, dass die Kommission auf eine Liberalisierung drängen würde – wie es kürzlich in Griechenland der Fall war, wo die Regierung angewiesen wurde, das Verbot der Werbung für Kinderspielzeug aufzuheben.

Was immer die Gemeinschaft im Hinblick auf die Tabakwerbung schließlich macht, es erwartet keiner, dass sie ihre Subvention von jährlich 650 Millionen Pfund ändern wird, die über die gemeinsame Agrarpolitik an die Tabaklandwirte ausgezahlt werden.[202] Das ist eine gänzlich andere Angelegenheit.

II Zur Verteidigung der Werbung

Obwohl ich diese Gemeinschaftsrichtlinien als Maßnahmen erwähne, die von den Feinden der Werbung begrüßt oder indirekt angestoßen wurden, sprengt jede umfassende Diskussion über sie den Rahmen meiner gegenwärtigen Untersuchung. Ihre unmittelbare Ursache ist der Glaube, dass Harmonisierung am effektivsten durch ein bürokratisches Dekret erreicht wird statt durch freien Wettbewerb. Ich neige dazu, dies zu bezweifeln. Meine Ansicht ist, dass die Zukunft der Gemeinschaft am besten als Union souveräner Staaten gesichert ist – die weit über die gegenwärtigen zwölf Mitglieder hinausgeht –, die vereint sind durch ein gemeinsames Festhalten an den Idealen der freien Marktwirtschaft, der Demokratie und der Herrschaft des Rechts. Auf der Grundlage dieser Ansicht gibt es keine Notwendigkeit für die gewaltige Flut an Regulierungen, die gegenwärtig aus Brüssel strömt. Die einzige angemessene Funktion der Kommission ist es, wirtschaftliche Auseinandersetzungen zwischen den Mitgliedsstaaten beizulegen und die Gemeinschaft gegenüber anderen Nationen oder Nationengruppen in der Verhandlung von Außenhandelsbeziehungen zu vertreten. Das ist jedoch Teil der Debatte über den Föderalismus und gehört in ein anderes Pamphlet.

Auf jeden Fall bezieht sich das, was ich über die Regulierung der Werbung zu sagen habe, ebenso auf EG-Regulierungen wie auf jede andere. Aber mein eigentlicher Streit ist mit den Gesundheitsaktivisten und ähnlichen Gruppen. Ihr Angriff auf die Werbung ist allein ein Angriff auf die Freiheit der Rede. Es gibt von ihnen keine ablenkende Rechtfertigung auf der Grundlage bürokratischer Vorteile oder relativ liberaler Harmonisierung. Für sie ist der Angriff auf die Werbung ein direkter und notwendiger Angriff auf eines jener Kernprinzipien, denen die westliche Zivilisation ihren gegenwärtigen Aufstieg verdankt und die die Provinzen und Satellitenstaaten des ehemaligen Sowjet-Imperiums jetzt mit großen Schwierigkeiten zu übernehmen versuchen.

1. Freiheit der Rede

Das Argument gegen die Zensur ist einfach darzustellen. Während es die Aufrechterhaltung der öffentlichen Ordnung manchmal nötig machen mag, gewisse Arten des Ausdrucks zu regulieren, sollte keine Meinung jemals unterdrückt werden. Diese Meinung mag absurd sein. Sie mag grob beleidigend sein. Sie mag die gefährlichsten oder alarmierendsten Dinge empfehlen. Aber das ist völlig unwichtig. Trotz all ihrer Nachteile ist die Freiheit der Rede das Mittel, mit dem alle anderen Freiheiten geschützt werden. Wenn man sie entfernt oder ernsthaft einschränkt, kann und wird alles andere ebenfalls weggenommen.

Um ein extremes Beispiel zu geben: Hätten es die Nationalsozialisten so leicht gefunden, neun Millionen gefangene Nichtkombattanten zu ermorden, wenn über die Deportationen und Vergasungen von den deutschen Medien ungehindert berichtet worden wäre? Hätte das Hitlerregime überhaupt nach 1938 weiterbestehen können, wenn seine Handlungen in Deutschland bekannt gewesen und offen diskutiert worden wären?

Um ein milderes Beispiel zu nennen: Unser eigenes Land ist nach internationalen Maßstäben ein Vorbild der Demokratie und der verfassten Freiheit. Aber sein Regierungssystem ist nicht fehlerlos. Die Polizei ist manchmal korrupt und parteiisch, die Gerichte sind manchmal bei der Sichtung der Beweise faul und inkompetent. Gelegentlich gibt es Fehlurteile, und die Behörden haben jedes Interesse, ihre Fehler nicht zuzugeben. Es gibt Fälle, in denen öffentliche Gelder verschwendet oder veruntreut werden; oder in denen das ganze Gewicht einer Bürokratie auf das Individuum herunterkommt und das Gesetz keinen einfachen Weg zur Entschädigung zulässt. In unserem System ist keine Bösartigkeit am Werk, die sich mit der des alten sowjetischen oder südafrikanischen Systems vergleichen lässt. Aber wir werden von Menschen regiert, und sie müssten Heilige sein, wenn sie ihre Macht niemals missbrauchten. Was sie auf dem Pfad des Rechts und der Gerechtigkeit hält, ist die Macht der öffentlichen Meinung, die von einer wachsamen, freien Presse geführt und zum Ausdruck gebracht wird. Wird ihr ein Maulkorb angelegt, gibt es keine demokratische oder rechtliche Maschinerie, die der menschliche Geist erfinden kann, die für uns so effektiv wäre.

Aber dies ist ein negatives Argument, das die Verteidigung dessen betont, was bereits besteht. Es wird durch das positive Argument ergänzt – nämlich, dass die Unterdrückung einer Meinung bedeutet, den menschlichen Fortschritt zu behindern. Dieses Argument ist zweiteilig.

2. Der Fall einer korrekten Meinung

Erstens, eine Meinung kann korrekt sein, und das trotz allem gegenteiligen Anschein. Ich bezweifle, dass es eine Person gibt, die diese Worte liest, die nicht in der Vergangenheit mit absoluter Sicherheit an etwas geglaubt hat, das sich später als falsch erwiesen hat. Ein oberflächlichstes Wissen der Geschichte offenbart Fälle von Wahrheiten, über die gelacht wurde und deren Entdecker der Verfolgung ausgesetzt waren. Als Galileo ein schwacher alter Mann war, wurde er durch die Folterkammer geführt, und ihm wurde erklärt, wie die Werkzeuge gegen ihn zur Anwendung gebracht würden – wenn er nicht „freiwillig" seine schändliche Häresie zurücknehme, dass die Erde sich auf einer Umlaufbahn um die Sonne befinde. Die deutschen Nationalsozialisten trieben Physiker ins Exil oder in den Ruhestand, wenn sie sich weigerten, den „jüdischen" Mythos der Austauschbarkeit von Energie und Materie zu verurteilen. Die sowjetischen Sozialisten waren weniger rücksichtsvoll: Sie töteten einfach jene Biologen, die die lyssenkoistische Behauptung leugneten, dass erworbene Eigenschaften auf die nächste Generation übertragbar seien. Jeder weiß, wie sich die katholische Kirche bis weit hinein ins 19. Jahrhundert zum Gespött machte, weil sie das ptolemäische Weltbild verteidigte. Die Deutschen verloren den Wettlauf der Entwicklung der ersten Atombombe. Die sowjetische Landwirtschaft muss aufgrund der 20-jährigen Ablehnung Mendelscher Genetik einiges verloren haben – obwohl es schwierig ist, weitere Verluste abzuschätzen, selbst wenn man Salz als Dünger benutzt hätte, wenn man diese neben die durch die Kollektivierung und den Massenmord an Bauern verursachten Verluste stellt. Aber ich schweife ab. Insofern es sich lohnt, die Wahrheit zu wissen – und es lohnt sich immer für irgendwen –, verlieren wir, wenn sie unterdrückt wird.

3. Der Fall einer unkorrekten Meinung

Zweitens, selbst wenn gezeigt wird, dass eine Meinung jenseits aller vernünftigen Zweifel falsch ist, dann beraubte uns die Unterdrückung dieser Meinung dessen, was John Stuart Mill „einen fast ebenso großen Vorteil, eine durch die Kollision mit dem Fehler produzierte klarere Sicht und einen lebendigeren Eindruck von der Wahrheit“[203] nennt. Wenn die am solidesten fundierte Wahrheit mit dem Strafrecht geschützt wird, dann wird der Glaube an sie unmerklich dahinschwinden.

Man nehme zum Beispiel den Fall von Dr. Immanuel Velikovsky. Sein berühmtestes Werk, „Worlds in Collision“, das 1950 veröffentlicht wurde,[204] ist teils Unsinn, teils Lüge. Es hält an der wortwörtlichen Wahrheit der im Alten Testament beschriebenen Wunder fest, indem es von einer Menge astronomischer Störungen ausgeht. Irgendwann um das Jahr 1500 vor Christus soll sich ein riesiger Komet vom Jupiter losgelöst haben und der Erde zweimal nahegekommen sein, bevor er auf die Venus stürzte. Bei der ersten Begegnung wurde die Rotation unseres Planeten für eine Weile entweder zum Stillstand gebracht oder verlangsamt und so die Teilung des Roten Meeres und die anderen im Buch Exodus verzeichneten ungewöhnlichen Ereignisse verursacht. Bei der zweiten verursachte der Komet den Zusammenbruch der Mauern von Jericho, und die Sonne schien, wie von Josua während der Schlacht mit den Amoritern erbeten, am Himmel stillzustehen. Dann, um das Jahr 700 vor Christus, soll sich der Mars von seiner Umlaufbahn gelöst und sich der Erde gerade rechtzeitig genähert haben, um die Armee

Sanheribs zu vernichten – jedoch ohne den Mauern Jerusalems Schaden zuzufügen – und die verschiedenen, von Amos, Jesaja und anderen gemachten Prophezeiungen zu erfüllen.

Wie irgendwer dieses lesen konnte, ohne die Miene zu verziehen, ganz zu schweigen davon, irgendetwas davon zu glauben, ist mir schleierhaft. Dennoch war das Buch ein internationaler Bestseller. Ob wissenschaftlich ignorant oder bar jeder Vernunft, viele Rezensenten überschütteten das Buch mit dem überschwenglichsten Lob. John O'Neill, der Wissenschaftsredakteur bei „The New York Herald Tribune", nannte es „ein großartiges Werk gelehrter Forschung". Ted Thackery, ein Redakteur beim „The New York Compass", meinte, es sei „gut möglich", dass das, was Velikovsky entdeckt habe, „ihn in der gegenwärtigen und zukünftigen Geschichtsschreibung mit Galileo, Newton, Planck, Kepler, Darwin, Einstein gleichsetzen würde".[205]

Die Naturwissenschaftler waren empört. Viele schrieben dem Verlag und drohten damit, dessen wissenschaftliche Texte zu boykottieren. Einige Autoren jener Texte drohten, in Zukunft für andere Verlage zu schreiben. Schließlich wurden die Veröffentlichungsrechte an ein anderes Haus übertragen, und der Verlagsmitarbeiter, der als erster das Potential des Buches erkannt hatte, wurde entlassen. Die Reaktion auf Velikovsky, sagte Eric Laranbee, der Herausgeber des Magazins „Harper's", war eine „Schande für die amerikanische Wissenschaft". Er war schockiert über den von den Wissenschaftlern an den Tag gelegten Mangel an Glauben daran, „Ideen offen zu testen".[206]

Aber hier musste die Verfolgung enden. Die Verleger konnten bestraft werden: Das Buch selbst konnte nicht unterdrückt werden, sondern musste Punkt für Punkt widerlegt werden. In den folgenden paar Jahren musste darauf hingewiesen werden, dass Planeten nicht dafür bekannt sind, ihre Umlaufbahnen zu verlassen und dorthin wieder zurückzukehren; dass selbst eine leichte Verlangsamung der Erdrotation eine weltumfassende Katastrophe ausgelöst hätte, deren Auswirkungen heute noch klar sichtbar wären.

Die Vernichtung des Rufs von Velikovsky mag eine ärgerlich langwierige Aufgabe gewesen sein. Sie mag neben all den anderen aufregenden Entwicklungen der 1950er Jahre wie Zeitverschwendung erschienen sein. Dennoch war sie produktiver als eine Unterdrückung. Keiner, der die Kontroverse verfolgte, konnte es vermeiden, etwas über Physik und Astronomie zu lernen. Viele, die das in der Schule Gelernte mit trägem Einverständnis akzeptiert hatten, fingen nun an, selber nachzudenken, und gingen daraus mit einem festeren Verständnis der Wahrheit hervor. Die Endergebnisse der Kontroverse waren dem Fortschritt der Wissenschaft zuträglich. Wie Charles Darwin ein Jahrhundert zuvor geschrieben hatte,

> „schaden falsche Fakten dem wissenschaftlichen Fortschritt sehr; aber wenn falsche Ansichten von einigen Beweisen gestützt werden, schaden sie wenig, denn jeder hat eine heilsame Freude daran, ihre Fehlerhaftigkeit zu beweisen; und wenn das vollbracht ist, wird ein Pfad zum Irrtum verschlossen und gleichzeitig oft der Weg zur Wahrheit geöffnet".[207]

Angenommen jedoch, die konventionelle Physik und Astronomie wären Dogmen gewesen, die in Amerika so fest etabliert waren wie der Lyssenkoismus im Sowjetimperium; angenommen, die autoritäreren Wissenschaftler hätten sich durchsetzen können und Velikovskys Buch wäre zurückgezogen und es dem Autor verboten worden, seine Forschungen fortzusetzen und in Zukunft irgendetwas anderes zu veröffentlichen – was dann? Nun, die große Mehrheit hätte angenommen, dass die Wahrheit mit dem sei, der leidet. Andere Meinungen, so plausibel und mit welchem Gewicht unterstützender Daten sie auch präsentiert worden wären, hätten danach wenig Beachtung gefunden und hätten nicht von alleine bestehen können, sondern hätten von der zwingenden Macht des Gesetzes aufrechterhalten werden müssen. Jeder hätte sich für die Velikovsky-Thesen interessiert, die mündlich oder in Samisdat-Ausgaben weitergegeben worden wären: Die offiziellen Widerlegungen hätten nicht das geringste Gehör bekommen.

Daher müssen wir, wenn wir die Vorteile des Fortschritts genießen wollen, Meinungen gewähren lassen. Wir müssen den Menschen die Freiheit lassen, das zu suchen und zu verkünden, was sie in jeder Angelegenheit für die Wahrheit halten. Wir müssen wie die Goldwäscher sein, die für die gelegentliche Viertelunze Gold unendlich viele Tonnen von Schutt durch ihre Siebe waschen müssen. Wir müssen jeden Unsinn tolerieren, der aus der Druckerpresse und über den Äther kommt – Ansichten wie die, dass die Erde eine Scheibe ist, Kreationismus, Sozialismus, Protektionismus, Warnungen vor satanischem Kindesmissbrauch, und so weiter ohne Ende. Wir dürfen auf diese nicht mit Zensur antworten, sondern mit der größeren, wenn auch oft weniger schnellen, Macht der unbewaffneten Wahrheit.

4. Die Frage, ob Werbung Rede ist

Die Feinde der Werbung anworten selten auf diese Argumente. Stattdessen verwerfen sie sie als für den vorliegenden Fall unmaßgeblich oder sie definieren die Redefreiheit auf ihre ganz eigene Weise. So ließ einmal David Simpson, der frühere Direktor von ASH, verschiedenen Zeitungen die Forderung schriftlich zukommen, sie sollten aufhören, Antworten auf seine eigenen Argumente zu veröffentlichen. Er bezeichnete diese Antworten als „Fehldarstellungen“ und „aus dem Zusammenhang zitiert“ und bittet darum, dass

> „Redakteure sich ernstlich die Frage stellen, ob es wirklich im Interesse ihrer Leser ist, die Propaganda der Tabaklobby überhaupt zu veröffentlichen“.[208]

In einem früheren Brief hatte er erklärt, dass

> „die Veröffentlichung von Briefen von diesen erbärmlichen Leuten eine etwas pervertierte Ausweitung der Vorstellung von der freien Rede ist“.[209]

Da selbst die Darstellung von Meinungen, die denen von Simpson zuwiderlaufen, nicht als freie Rede durchgehen darf, kann ich seinen Unwillen verstehen, jegliches Argument für das Recht auf Werbung in Betracht zu ziehen.

Ich wende mich jedoch dem respektableren Argument gegen die Betrachtung von Werbung als Rede zu. Es wird behauptet, dass es einen Unterschied gibt zwischen normaler und kommerzieller Rede und dass nur erstere geschützt werden sollte. Diese Unterscheidung erscheint mir seltsam. Nehmen wir das folgende: „Meine Vitamin-C-Spritzen sind gut für Sie“; „Jesus starb für die Menschheit“; „Politische Macht ist, genau gesagt, lediglich die organisierte Macht einer Klasse zur Unterdrückung einer anderen.“ Obwohl das, was sie behaupten, unterschiedlich ist, sind diese Aussagen von ein und derselben Art. Jede stellt eine Tatsachenbehauptung auf und drängt stillschweigend zu einer bestimmten Handlungsweise. Jede kann durch Argumente verschiedener Stärke unterstützt oder verworfen werden. Irgendeine davon zu unterdrücken wäre ein Angriff auf die freie Kommunikation von Ideen. Professor Burt Neuborne, der ehemalige National Legal Director der American Civil Liberties Union, stimmt zu. Er glaubt, dass

> „durch ein Verbot der Rede über rechtmäßige Angebote – ob ökonomisch oder politisch – Menschen wie Ratten in einem Laborlabyrinth behandelt werden. Der Versuch, Verhaltensmuster zu lenken, die der Elite ‚weiser‘ erscheinen, und den Fluss veröffentlichter Information zu rationieren, ist eine Orwellsche Vorgehensweise, die in unserem System politischer und wirtschaftlicher Demokratie keinen Platz hat.“[210]

Dennoch werden Unterschiede gemacht. Der gegenwärtig beliebteste basiert auf der Motivation. Prediger und Politiker versuchen zu überreden, wird uns gesagt – Werbeunternehmen wollen nur Geld verdienen. So Caspar Henderson, der in dem ansonsten bewundernswerten „Index on Censorship“ schreibt: „Vor allem anderen wird Werbung hergestellt, um Menschen zu überreden, Dinge zu kaufen.“[211] Daher kann sie, unabhängig von ihrer Erscheinungsform, nicht „Rede“ sein. Fügt man das Gewinnmotiv hinzu, so scheint Henderson zu glauben, wird aus einer Zensur, die er an anderer Stelle verurteilen würde, eine gerechtfertigte Regulierung.

5. J. S. Mills Zweideutigkeit

Dies ist ein anscheinend von Mill akzeptiertes Prinzip. Seine Unterscheidung zwischen „selbstbezogenen" und „andersbezogenen" Handlungen – eine Unterscheidung, die jeder seiner Kritiker angriff, von James Fitzjames Stephen bis hinab zu Mary Whitehouse – führt ihn zur Schlussfolgerung, dass

> „... Handel eine soziale Handlung ist. Wer es unternimmt, der Öffentlichkeit irgendwie geartete Güter zu verkaufen, tut das, was das Interesse anderer Personen, und der Gesellschaft im Allgemeinen, weckt; und somit fällt sein Verhalten unter die Rechtsprechung der Gesellschaft . . . [D]ie . . . Lehre vom freien Handel . . . beruht auf Fundamenten, die sich, obwohl gleichermaßen solide, von dem in diesem Aufsatz zur Geltung gebrachten Prinzip der individuellen Freiheit unterscheiden."[212]

Dies wiederum eröffnet ihm die Möglichkeit, mit dem Sozialismus zu flirten, ohne zugeben zu müssen, dass dieser mit der Freiheit im liberalen Sinn unvereinbar ist. Dieser Flirt ist jedoch nicht ohne Risiko, denn er macht seine Lehre von der absoluten Freiheit der Rede verwundbar. Wenn ich Sie dazu anstifte oder Ihnen helfe, einen Mord zu begehen, kann ich als ein Haupttäter bestraft werden. Es gibt hier kein Problem, und Mill sieht auch keines. Aber angenommen, ich überrede Sie, sich in den Alkoholismus zu trinken. Sie sollten nicht bestraft werden, denn Sie schaden nur sich selbst. Sollte ich für den Rat an Sie, sich zu schaden, bestraft werden? Nein, sagt er, denn das ist eine selbstbezogene Handlung:

> „Wenn es Menschen erlaubt sein muss, in allen Angelegenheiten, die nur sie allein betreffen, in ihrem scheinbar besten Interesse und auf eigene Gefahr zu handeln, dann müssen sie gleichfalls die Freiheit haben, sich untereinander zu beraten, was in dieser Angelegenheit zu tun sei; Meinungen auszutauschen und Vorschläge zu machen und entgegenzunehmen. Es muss erlaubt sein, Ratschläge zu geben zu allem, was zu tun erlaubt ist."[213]

Aber nehmen wir an, ich bin ein Gastwirt oder habe irgendein anderes finanzielles Interesse am Verkauf alkoholischer Getränke – gilt dann diese Verteidigung für Werbung? Das ist eine mit geschäftlichem Handel eng verbundene Aktivität, und „Handel ist eine gesellschaftliche Handlung". Offenkundig ratlos fährt Mill fort:

> „Es ist nur dann zweifelhaft, wenn der Anstifter einen persönlichen Vorteil aus seinem Ratschlag zieht; wenn er es sich zu seiner Aufgabe macht, aus Lebensunterhalts- oder finanziellen Vorteilsgründen, das zu fördern, was die Gesellschaft oder der Staat für etwas Übles hält. Dann ist in der Tat ein neues, komplizierendes Element eingeführt; nämlich die Existenz von Klassen von Menschen, deren Interesse dem entgegensteht, was als öffentliche Wohlfahrt gilt, und deren Lebensart darauf beruht, sich ihr zu widersetzen. Sollte hier eingegriffen werden oder nicht?"[214]

Er schreibt eineinhalb Seiten Zweideutigkeiten, ohne eine klare Antwort zu geben. Er hasst eindeutig den Gedanken an irgendeine Einschränkung seines Arguments für die Redefreiheit, aber er will auch die Tür offenhalten für irgendeine Art öffentlicher Kontrolle der wirtschaftlichen Aktivität. Aber was immer Mill über Werbung gedacht haben mag, seine von ihm gewählte Unterscheidung von Handlungen erlaubt es jenen, die ihn lesen mögen, einen potentiellen Unterschied zwischen Arten von Reden auszubeuten.[215]

6. Die amerikanischen Gerichte

Das Prinzip ist auch, wenn auch nur zum Teil, von den amerikanischen Gerichten akzeptiert worden. Der erste Zusatz zur Verfassung der Vereinigten Staaten schützt die freie Rede:

> „Der Kongress wird keine Gesetze verabschieden, die der Etablierung einer Religion dienen oder die freie Ausübung einer solchen verbieten; oder die Freiheit der Rede oder der Presse einschränken; oder das Recht der Menschen darauf, sich friedlich zu versammeln und bei

der Regierung eine Petition einzureichen, dass Missstände behoben werden."

Eine liberale Interpretation hat die weitestmögliche Redefreiheit zugelassen. Schriften, die hierzulande heimlich von Hand zu Hand gereicht würden, stehen in Amerika offen zum Verkauf. Aber die kommerzielle Rede liegt zum Teil außerhalb dieses Schutzes. In einem jüngeren Fall zum Beispiel verurteilte die Federal Trade Commission die R. J. Reynolds Tobacco Co. Inc. dafür, in der Presse eine falsche und irreführende Anzeige geschaltet zu haben. Das Unternehmen hatte gewisse Behauptungen über den Zusammenhang zwischen dem Rauchen und Herzkrankheiten abgestritten. Das Unternehmen gewann – aber nur, weil seine Anzeige keine Preise oder Markennamen nannte. Als solches stellte sie „Rede" dar und war, unabhängig davon, wie fehlerhaft sie war, von der Regulierung ausgenommen. Aber die Erwähnung eines Preises oder eines Markennamens hätte sie, unter sonst gleichen Bedingungen, zu einer normalen Werbung degradiert, die im öffentlichen Interesse der Regulierung unterliegt.[216]

7. Keine vertretbare Unterscheidung

Dessen ungeachtet ist diese Unterscheidung zwischen normaler und kommerzieller Rede bestenfalls grundlos. Sie folgt aus der Prämisse, dass die Liebe zum Geld ein schlimmeres Motiv für die Lüge ist als jedes andere. Somit ist es mir erlaubt, mich um Kopf und Kragen zu lügen, um Menschen in die Kirchen oder Gewerkschaften zu bringen. Ich kann über meine Gespräche mit Gott reden oder darüber, wie phantastisch die Arbeiter in irgendeinem fernen Land leben, wo ausländische Journalisten keinen Zutritt haben. Das alles ist „Rede". Ich habe ein Recht, das zu sagen. Jeder, der versucht, mich zum Schweigen zu bringen, wird die volle Wucht liberaler Empörung erhalten – und verdienen. Aber wenn ich nur andeute, dass meine Vitamin-C-Spritzen – für nur je 19,99 Pfund – meine sexuelle Leistungsfähigkeit verbessern, wird der Ruf laut, mich zu verklagen, und kaum ein Wort wird zu meinen Gunsten gesprochen. Das sei nicht Rede, sondern ordinäre Werbung.

Ein Motiv ist jedoch nur gut oder schlecht im Verhältnis zu den wahrscheinlichen Auswirkungen. Ich habe keine Zweifel, dass gewisse Unternehmen ziemlich gut vom Anpreisen eines gefährlichen oder unangenehmen Lebensstils leben. Aber abgesehen von dem Fall, dass wir Gewinn als etwas absolut Böses betrachten, trifft jeder auf der beschriebenen Grundlage gemachte Angriff auf die Werbung weit mehr auf die Fürsprecher des Christentums und des Kommunismus zu. Es mag sein, dass Jesus für uns gestorben ist. Sicher sind Millionen, vielleicht sogar mehrere Zigmillionen, in seinem Namen getötet worden. Die Marxisten haben seit 1917 wiederholt versucht, einen Pfad zu ihrer klassenlosen Utopie zu konstruieren. Jedesmal führte dieser Pfad ins Nichts. Jedesmal wurde er mit Leichen gepflastert. Ich argumentiere nicht für die Unterdrückung der Bibel oder der Werke von Karl Marx. Aber wenn wir die Aussagen entsprechend der Motivation hinter ihrer Äußerung unterscheiden sollen, warum drangsalieren wir überhaupt die Werbung? Genau so vernünftig wäre es, auf einem sinkenden Schiff die Badewannenhähne zuzudrehen.

8. Das finanzielle Motiv in der Werbung ist nicht einzigartig

Es kann natürlich sein, dass ich das wesentliche nicht begriffen habe – dass finanzielle Motive, ungeachtet ihrer Wirkungen, einzigartig unsauber sind. Aber angenommen, das sei zutreffend, so könnte es nur von jenen Feinden der Werbung gegen sie verwendet werden, die ihre Zeit unentgeltlich dieser Schlacht widmen. Die Feministinnen und andere, die Werbung als intellektuelle Prostitution verurteilen, mögen eine direkte Antwort verdienen. Viele der Gesundheitsaktivisten jedoch, die über bezahlte Werbung höhnen, sollten zunächst ihre eigene Motivation erklären. Denn „die Anti-Raucher-Bewegung“, sagt Peter L. Berger,

> „ist nicht mehr eine kleine Truppe von einsamen Fanatikern. Stattdessen ist die Bewegung groß und gut orga-

> nisiert und bietet einer beträchtlichen Zahl von Leuten sowohl Arbeit als auch Status . . . Am stärksten ist sie in den am besten gebildeten Segmenten der oberen Mittelschicht repräsentiert (Segmente, die manchmal als die ‚neue Klasse' oder die ‚Wissensklasse' bezeichnet werden – allgemein gesagt, die Intelligenz). Diese Schicht hat, im Gegensatz zum privaten Sektor, ein kollektives Interesse am Staat, weil sie im Vergleich zu anderen Segmenten der Mittelschicht einen größeren Teil ihres Einkommens und ihres Status von staatlichen Ausgaben und Regierungsprogrammen bezieht."[217]

Vielleicht engagieren sich diese besoldeten Angestellten leidenschaftlich für die Wahrheit dessen, wofür sie zu werben eingestellt wurden. Aber das unterscheidet sie noch nicht vom Werbetexter, der glaubt, dass die Marke X wirklich eine wunderbare Zigarette ist. Es ist unehrlich oder dumm, etwas anderes zu behaupten.

9. Ein praktisches Argument dafür, einige Werbung als „Rede" gelten zu lassen

Was jedoch den Standpunkt der Gesundheitsaktivisten betrifft, ist das beste Argument für die Freiheit der Werbung ein praktisches. Dieser Standpunkt ist nicht vollständig entwickelt worden. Auf der Grundlage einer Hypothese, die noch nicht bewiesen ist, werden wir auf einen potentiell gefährlichen Pfad der Einschränkungen gedrängt.

Die Behauptungen der Gesundheitsaktivisten basieren hauptsächlich auf epidemiologischen Forschungsergebnissen. Nun ist die Epidemiologie, was immer ihre Verdienste in der Vergangenheit waren, heute eine weitgehend redundante Wissenschaft. Sie ist am besten dazu geeignet, die Ursachen von Infektionskrankheiten zu ermitteln. Antibiotika haben diese unter Kontrolle gebracht. Im Verlauf der vergangenen zwei Generationen hat es einen Mangel an Krankheiten gegeben, bei denen diese Methoden voraussichtlich brauchbare Ergebnisse hervorbringen. Aufgrund dessen haben sich Epidemiologen zunehmend der Ermittlung von Zusammenhängen zwischen den führenden degenerativen Krankheiten – wie Herzkrankheiten und verschiedenen Krebskrankheiten – und spezifischen Angewohnheiten persönlicher Eigenschaften zugewandt.

Das Problem hier ist, dass es unmöglich ist, aus Zusammenhängen ursächliche Verknüpfungen abzuleiten. Es gibt zu viele, sowohl bekannte als auch unbekannte, variable Ursachen, als dass irgendwelche sicheren Schlussfolgerungen gezogen werden könnten. Wenn die wirkliche Ursache einer neuen Krankheit – durch entsprechende Laborforschung – ermittelt ist, zeigt sich üblicherweise, dass die Epidemiologen falsch gelegen haben. Als zum Beispiel die ersten AIDS-Fälle in Kalifornien erschienen, setzten die Epidemiologen ihre sämtlichen üblichen Methoden zur Auffindung der Ursache ein. Sie betrachteten den ethnischen und religiösen Hintergrund, die von den Opfern konsumierten Mengen an Alkohol, Tabak und anderen Drogen, ihre Wohnorts- und berufliche Vergangenheit und die sexuellen Verhaltensweisen. Sie entdeckten einen starken Zusammenhang mit der Verwendung von Amylnitrit und deuteten an, dass dies die Ursache der Krankheit sein könnte. Der Zusammenhang war sehr stark – so stark wie der zwischen dem Rauchen von Zigaretten und Lungenkrebs. Wie wir wissen, wird AIDS nicht durch den Gebrauch von Amylnitrit verursacht.[218]

Wenn Zusammenhänge in Ursachenverknüpfungen umbenannt werden, kann man in der Arbeit normalerweise Zeichen von Ignoranz oder Unehrlichkeit finden.

Man betrachte die über Ernährung erhobenen Behauptungen. Dem oben zitierten Bericht zufolge

> „ist das Risiko einer Herzkrankheit um so größer, je höher der Cholesterinspiegel im Blut ist . . .
>
> gibt es stichhaltige Beweise dafür, dass die Menge an (meist von tierischem Fett stammenden) gesättigten Fettsäuren in der Ernährung ein wichtiger Bestimmungsfaktor für den Cholesterinspiegel ist.“[219]

Dr. James Le Fanu zufolge ist „diese These plausibel, aber durchlässig wie ein Sieb“.[220] Die epidemiologische Forschung, auf der sie beruht, ist mangelhaft, sagt er. Er verweist auf die berühmte von Ancel Keys begonnene interkulturelle Studie, in der das Vorkommen von Herzerkrankungen in verschiedenen Ländern mit dem Konsum von Milchprodukten abgeglichen wurde. Es wurde angeblich gezeigt, wie japanische Einwanderer nach Amerika, die die fettreiche Ernährung ihres neuen Landes übernahmen, auch ein höheres Risiko einer Herzkrankheit erwarben. Aber es scheint, dass dort, wo zwei ähnliche Länder verglichen wurden, keine derartige Korrelation gezeigt wurde, auch nicht, wenn verschiedene Menschengruppen innerhalb desselben Landes verglichen wurden. Auch durch anschließende Laboruntersuchungen wurde nie gezeigt, wie der Fettkonsum mit dem Cholesterinspiegel zusammenhängt.

Le Fanu schließt daraus, dass es keine bewiesene Verknüpfung zwischen der verzehrten Fettmenge und der Auftrittshäufigkeit von Herzerkrankungen gibt. Die Verknüpfung wird gemacht, um uns zur Annahme einer Ernährungsweise zu ermuntern, die mehr der Ideologie der Ernährungswissenschaftler verdankt als ihrer wissenschaftlichen Forschung. Er verurteilt die verschiedenen Gremien, die es sich zur Aufgabe machen, uns etwas anderes zu erzählen:

> „In ihren sämtlichen, selbstgerechten öffentlichen Mahnungen scheinen sie die ernsten Konsequenzen ihrer Propaganda nicht sehen zu können, dass sie die Öffentlichkeit über die Komplexität von Krankheiten fehlinformieren, Tragödien trivialisieren, Patienten für ihre Krankheiten verantwortlich machen, die Milchindustrie stigmatisieren und die Medizin als wissenschaftlich basierten Berufsstand herabwürdigen.“[221]

Ich behaupte nicht, dass Le Fanu recht hat und dass die Autoren des Berichts unrecht haben. Ich bin nicht qualifiziert, das zu beurteilen. Alles, was ich sagen kann, ist, dass Le Fanu als medizinischer Autor und als Experte auf dem Gebiet der Herzkrankheiten geachtet ist. Wenn er bereit ist, rundheraus zu bestreiten, dass tierische Fette notwendigerweise schlecht für das Herz sind, muss ich die im Bericht gemachten Unterstellungen bezweifeln, dass diese spezielle Debatte nun beendet ist.

Man betrachte auch die über den Tabak erhobenen Behauptungen. Viele von ihnen sind zumindest übertrieben. Soweit erkennbar haben Raucher ein höheres als durchschnittliches Lungenkrebs- oder Herzerkrankungsrisiko. Wir können über die Gründe dafür streiten. Aber die Beweislage selbst scheint so eindeutig zu sein, wie eine solche Beweislage sein kann. Dennoch erscheinen viele andere Behauptungen, die uns als bewiesene Wahrheiten präsentiert werden, auf nichts anderem zu beruhen als auf Thesen. Für die alarmierendste Behauptung, nämlich dass Raucher bei Nichtrauchern ihrer Umgebung tödliche Krankheiten verursachen können, gibt es keinen stichhaltigen Beweis. Von Zeit zu Zeit wird der Welt wieder einmal eine „beweiskräftige Studie" präsentiert. Diejenigen, die in der vergangenen Generation veröffentlicht wurden, variierten zwischen uneindeutig und unehrlich. Nach Sichtung von etwa 100 von ihnen berichtet Peter N. Lee von so vielen hartnäckigen Fehlklassifikationen, dass sie sämtliche angeblichen Zusammenhänge zwischen Passivrauchen und Lungenkrebs erklären können. Im Klartext bedeutet das, dass er glaubt, dass keine der Studien bislang irgendwem, der die Spur gesunden Menschenverstandes hat, auch nur den geringsten Grund zur Sorge gegeben hat.[222]

Ich gebe zu, dass Unsicherheit für sich kein ausreichender Grund für Tatenlosigkeit ist. Wenn dem so wäre, würde niemals irgendetwas, im guten oder bösen, unternommen werden. Aber wir betrachten hier eine Reihe von Behauptungen, die Auswirkungen auf unser Leben als solches haben könnten. Wir verfügen über den stärkstmöglichen Grund dafür, die Wahrheit wissen zu wollen. Diese Wahrheit ist möglicherweise bereits von den Gesundheitsaktivisten entdeckt worden. Aber sie ist noch nicht abschließend festgestellt worden. In der Zwischenzeit muss sie in einer umfassenden und freien öffentlichen Diskussion überprüft und differenziert werden. Die Leute, die am ehesten die Gegendarstellung verfassen und finanzieren werden, sind die betroffenen Hersteller. Es könnte in diesem Fall wünschenswert sein, wenn sie sich, wie die R. J. Reynolds Tobacco Company, auf die reine Informationsverbreitung beschränken würden, ohne Markennamen oder Preise zu nennen oder die üblichen Verkaufstaktiken einzusetzen. Aber so, wie die menschliche Natur nunmal ist, werden einige finanzielle Interessen befriedigt werden müssen, wenn die Argumente geliefert werden sollen. Daher muss Werbung nicht nur zugelassen, sondern auch ermutigt werden – alles um unserer Gesundheit willen.

Außerdem: Selbst unter der Voraussetzung, dass die gegenwärtige Gesundheitsorthodoxie die bewiesene Wahrheit wäre, wäre die Werbung für ungesunde Produkte oder Lebensstile immer noch gerechtfertigt. Man betrachte die Zigarettenwerbung. In einem Zeitalter, in dem die meisten Raucher den gesundheitlichen Warnungen einige Aufmerksamkeit gewidmet haben, sind sie empfänglich dafür, zu einer Marke zu wechseln, von der in vernünftigem Maß behauptet werden kann, dass sie sicherer ist. Somit werden sie zunehmend Zigaretten mit Filter oder besseren Filtern kaufen, und mit einem angegebenen niedrigeren Teergehalt. Wo Tabakwerbung verboten ist, wird dieser Wandel verzögert. Sie wurde 1975 in Norwegen verboten. Im Jahr 1982 betrug der Verkauf von Filterzigaretten 85 Prozent des Zigarettenmarktes. In unserem Land, wo die Werbung nur reguliert ist, umfasst er 94 Prozent des Marktes.[223] In diesem Fall hat das Werbeverbot eindeutig den freien Informationsfluss behindert. Es unterscheidet sich nicht von jeder anderen Zensurhandlung. Insofern das Wissen über Zigarettenfilter und niedrigere Teergehalte lebensrettend sein kann, ist das Werbeverbot eine Handlung, die schlimmer ist als viele andere.

10. Werbung ermöglicht andere Formen der Rede

Schließlich ist Werbung, unabhängig von ihrem Status als Rede, unabhängig von ihrer Wirkung auf die Gesundheitsdebatte, notwendig für die Beibehaltung einer freien Presse. Ihr Wert für die britische Presse wurde im Jahr 1988 auf 6.961 Millionen Pfund geschätzt.[224] Das ist sehr viel Geld; aber selbst eine geringfügige Verringerung würde deutlich spürbar sein. Die Qualitäts-Tageszeitungen bezogen fast 65 Prozent ihres Gesamtumsatzes aus dem Verkauf von Werbeplätzen; die Qualitäts-Sonntagszeitungen fast 30 Prozent. Der Verlust von Tabakwerbung alleine – ganz abgesehen von Alkohol, Pharmazeutika und Finanzdienstleistungen – würde Umsatzverluste von jeweils 0,26 Prozent und 4,29 Prozent verursachen. Vielleicht sind diese Verluste gering. Aber in einer Branche, in der Gewinnspannen klein oder sogar negativ sind, kann man erwarten, dass die Verluste eine beträchtliche Wirkung auf die Gewinnträchtigkeit haben werden. Manche Zeitungen könnten eingestellt werden. Andere könnten ihre Berichterstattung einschränken. Es gäbe weniger Artikel von erstklassiger Qualität und weniger Besprechungen im Kultur- und Wissenschaftsbereich. Da einige Boulevardzeitungen einen größeren Teil ihres Umsatzes durch den öffentlichen Verkauf erzielen und eher höhere Gewinnspannen haben, wären sie weniger betroffen. Daher wäre die Nettowirkung eines Verbots nur der Tabakwerbung die, britische Zeitungen im Ganzen noch weiter in den unteren Teil des Marktes zu drücken. Der relative Einfluss der Boulevardpresse auf das Meinungsbild – der innerhalb der gebildeten Klassen ohnehin schon weithin verurteilt wird – würde zunehmen.

11. Eine weitere Verteidigung

Die Redefreiheit ist nicht die einzige Grundlage, auf der die Werbung verteidigt werden kann. Es gibt andere Grundlagen. Und zwar:

Die weiteren Folgen der Zensur

Erstens sind die Feinde der Werbung oft die Feinde sämtlicher Freiheit. Die Ideologie der Gesundheitslobby zum Beispiel ist eine Art nationaler Sozialismus. Die Autoren des oben zitierten Berichts

> „glauben, dass die Gesundheit ihrer Bürger eine der wichtigsten Ressourcen ist, die eine Nation für das Erreichen der meisten ihrer anderen legitimen nationalen Ziele benötigt“.[225]

Dieser Argumentation zufolge gehören unsere Körper nicht uns selbst, sondern dem Staat. Die Wortwahl im größten Teil des Berichts erinnert den Leser an Deutschland in den 1930er Jahren.[226] Der einzige Unterschied ist der, dass die Gesundheitslobby damals keine Diskretion nötig hatte. Sie griff offen als „liberale Perversion“ die Vorstellung an, dass man das Recht auf die Verfügung über den eigenen Körper haben sollte. Sie sprach stattdessen von der „Pflicht zur Gesundheit“.[227] Da die Gesundheit nun ein integraler Bestandteil des deutschen nationalen Interesses geworden war, so argumentierten sie, könne es nicht länger möglich sein, Substanzen zu tolerieren, die der Gesellschaft als ganzer schaden, unabhängig von den Wünschen jener Individuen, die sie konsumieren.[228]

Für diese Leute ist die Regulierung der Werbung nichts weiter als ein Auftakt zur Regulierung der Produktverfügbarkeit. Es gibt keinen Zweifel, dass sie das Rauchen verbieten möchten. Für die Autoren des Berichts

> „kann als das endgültige gesundheitliche Ziel im Hinblick auf das Rauchen von Zigaretten die Eliminierung von allem bis auf das gelegentliche Zigarettenrauchen betrachtet werden“.[229]

Nigel Smith zufolge würde „der Tabak, wenn er morgen entdeckt würde, verboten werden“.[230] Er sei nur erlaubt, weil er den Leuten zu vertraut sei, als dass sie ihn als das erkennen, was er ist. Seine, Smiths, Aufgabe sei es, den Schleier der Antiquität wegzureißen, woraufhin eine angemessene Handlung vollzogen werden könne.

Noch nachdrücklicher äußert sich David Simpson. Im Fernsehen erklärte er im Jahr 1990, dass,

> „würden Zigaretten heute erfunden, sie unmöglich zugelassen geschweige denn beworben oder gefördert würden . . . Keine anständige Gesellschaft würde einfach so die Werbung für ein Produkt zulassen, das auch nur ein Zehntel so gefährlich ist wie Zigaretten. Aus diesem Grund wollen wir sie verbieten.“[231]

Es mag ungerecht sein, spontane Äußerungen in einem Fernsehstudio wörtlich zu interpretieren. Simpson mag gemeint haben, dass sich das Wort „verbieten“ nicht auf „Zigaretten“, sondern auf „Reklame“ und „Werbung“ bezieht. Aber bis er das klarstellt, werde ich seine Worte ihrer natürlichen Bedeutung entsprechend nehmen. Er ist ein Prohibitionist.

Wir mögen Werbung für gefährliche Produkte missbilligen. Aber wenn wir nicht auch die eigentlichen Produkte verbieten wollen, müssen wir die Forderung nach Werbeverboten als ersten Schritt dorthin betrachten.

Die überschätzte Macht der Werbung

Zweitens gibt es keinen Beweis dafür, dass Werbeverbote den erwünschten Zweck, nämlich sinkenden Konsum, erzielen. Die Behauptungen der Werbeindustrie sind unkritisch übernommen worden. Werbung wird als eine ungemein mächtige Kraft der Meinungsbildung betrachtet. Wenn sie den richtigen Ansatz und genug Geld haben, so scheint man zu glauben, könnten Saatchi & Saatchi einen Markt für überzuckerten Katzenkot erschaffen. Wenn nur die Werber ausgeschaltet werden könnten, so die Schlussfolgerung, würde der Markt für ungesunde Produkte zusammenbrechen.

Diese Ansicht über die Werbung ist übertrieben. Sie kann keine Märkte aus dem Nichts erzeugen. Sie kann ihren Niedergang nicht aufhalten. Die Geschichte der Werbung ist voll von gescheiterten Kampagnen. Vor 30 Jahren wurde eine neue Zigarettenmarke eingeführt, die „Strand“ genannt wurde. Keine Geldausgabe konnte ihr einen Platz auf dem Markt verschaffen. Sie wurde zurückgezogen. Einige Jahre zuvor hatte die Ford Motor Company in Amerika den Edsel gekauft. Eine Rekordsumme wurde für die Werbung für ihn ausgegeben. Auch er scheiterte und wurde zurückgezogen. Man denke an die quadrophonischen Schallplatten. Man denke an das Betamax-Format in diesem Land. Man denke an feuchtes Toilettenpapier. Man denke an all das vergeblich ausgegebene Werbegeld, um die schrumpfenden Märkte für Guinness und „The Sun“ zu stützen.

Ebenso wenig können Werbeverbote einen Markt schwächen. Seit dem Werbeverbot von 1975 ist der Zigarettenkonsum in Norwegen ziemlich konstant geblieben. Hier dagegen ist er um ein Viertel gesunken.[232] Was den Alkoholkonsum betrifft, so wurde 1955 in Frankreich die Werbung für Whisky verboten. In jenem Jahr wurden 157.000 Gallonen Whisky importiert. 1979 wurden 6.294.000 Gallonen importiert.[233]

Der wahre Zweck der meisten Werbung ist viel bescheidener. Sie kann den Anteil eines Herstellers in einem bereits existierenden Markt errichten oder ausweiten. Dies ist eindeutig die Absicht der Werbung für Getränke und Zigaretten. Die Unternehmen versuchen nicht, den Gesamtmarkt zu vergrößern. Jedes konkurriert stattdessen um einen größeren Anteil in einem Markt, der in den meisten wohlhabenden Ländern entweder stagniert oder rückläufig ist.

Der ökonomische Wert der Werbung

Drittens, wenn Werbung irgendeine breitere Funktion hat, dann die, den effizienten Ablauf einer Marktwirtschaft aufrechtzuerhalten. An dieser Stelle, meine ich, sollte ich kurz abschweifen und die Argumente für die Marktwirtschaft darstellen. Die Grundtatsache des Lebens ist Knappheit. Wir haben unendliche Bedürfnisse, aber nur begrenzte Ressourcen. Wir müssen diese Ressourcen so einsetzen, dass der größtmögliche Ertrag an Konsumentenzufriedenheit zustandekommt. Wenn wir eine bestimmte Anzahl an Bleistiften herstellen, können wir nur eine bestimmte Anzahl an Fernsehapparaten herstellen. Wenn wir einen bestimmten Aufwand in die Produktion von Konsumgütern stecken, können wir nur einen bestimmten Aufwand der Produktion von Kapitalgütern widmen. Nehmen wir wieder die Bleistifte: Wie holen wir aus ihnen unter dem geringstmöglichen Aufwand den größten Nutzen heraus? Nehmen wir billigeres Graphit, das schneller abnützt, oder eines, das langsamer abnützt, dafür aber teurer ist? Befestigen wir den Radiergummi am oberen Ende mit Plastik, das bei der Herstellung Öl benötigt, oder mit Messing, das vom anderen Ende der Welt herbeigeschafft werden muss? Welches Schmirgelmittel mischen wir in den Gummi – Quarzsand oder Bimsstein? Dies sind wichtige Fragen. Wenn sie falsch beantwortet werden, müssen wir mit weniger Bleistiften und weniger Fernsehern auskommen.

Die Marktwirtschaft neigt dazu, die richtigen Antworten zu finden. Sie tut dies, weil alles einen Preis hat, der den relativen Wert wiedergibt. Die Gesamtheit des menschlichen Wissens über Kosten ist in der unüberschaubaren Struktur der Preise kodiert, die die zu jedem gegebenen Zeitpunkt vorgenommenen subjektiven Bewertungen aller Wirtschaftsgüter wiedergibt. Die Funktion dieser Struktur ist es, Informationen in der kürzestmöglichen Form darüber zu vermitteln, welche Güter in welchem Umfang, zu welcher Qualität und mit welchen Mitteln verlangt werden. Geschäftsleute antworten auf diese Signale oder antizipieren sie. Die Funktion von Gewinn und Verlust ist es, zu zeigen, wessen Antworten die besten sind.

Ich erwähnte soeben Öl. Betrachten wir einige der Wirkungen einer verstärkten Nachfrage nach Benzin. Die erste und offensichtlichste wird eine Knappheit an den Zapfsäulen sein, da die Tankstellen bei den bestehenden Preisen bald ausverkauft sein werden. Dann werden die Ölfirmen, da sie größere Lieferaufträge bekommen, ihre Preise erhöhen. Vielleicht ist das Angebot an Rohöl feststehend. Wahrscheinlicher ist, dass es mehr kosten wird, vom Markt weitere Zufuhr zu bekommen. In jedem Fall steigen die Preise.

Nun wird Öl auch von den Herstellern von Farbe und Schallplatten, neben vielen anderen Dingen, gebraucht. Wenn die Kosten eines ihrer Hauptrohstoffe steigen, erhöhen sie ihre Preise oder suchen sie nach einem Ersatzmittel für Öl? Das hängt von den ihnen zur Verfügung stehenden technischen Möglichkeiten ab und von den subjektiven Bewertungen ihrer Produkte. Die Farbenhersteller könnten trotz der höheren Preise auf eine stabile oder steigende Nachfrage treffen. Die Schallplattenhersteller dagegen könnten es für notwendig erachten, beim Öl zu sparen. Das wiederum könnte dazu führen, dass Hersteller von Ersatzprodukten aktiver werden, die Löhne ihrer Facharbeiter erhöhen und die Geschäfte örtlicher Immobilienmakler verbessern, weil sie plötzlich größere Grundstücke brauchen.

Und die Bleistifthersteller könnten davon überzeugt werden, von Plastik auf Messing umzustellen.

Die Reaktionen auf eine einzige Änderung in der Nachfrage würden sich in der ganzen Wirtschaft fortsetzen und unendlich viele weitere kleine oder große Änderungen auslösen. Diese Antworten Jahre nach dem Ereignis zurückzuverfolgen, nachdem sämtliche Informationen in der Zentrale gesammelt sind, würde den intelligentesten Statistiker überfordern. Sie in der Gegenwart zu verfolgen wäre unmöglich. Nur ein Narr würde jemals versuchen, sie vorherzusagen. Doch die Kodierung der Information in den Preisen ermöglicht die Durchführung – manchmal unmittelbar, manchmal mit einer geringen Zeitverzögerung – einer Anpassung, die fast immer von Leuten vorgenommen wird, die nie den wahren Grund verstehen, warum sie gemacht wird.

Selbst in einem Zustand des reinen Gleichgewichts wäre es einer zentralen Planwirtschaftsbehörde niemals möglich, den kleinsten Bruchteil dessen zu sammeln, was im Preismechanismus weitergereicht wird, ganz zu schweigen davon, darauf zu reagieren. In der realen Welt, wo sich die Struktur der Auswahlen von einem Augenblick auf den nächsten verändert, muss jeder Versuch, ohne den Markt auszukommen, in Chaos münden. Er muss in einer Verschwendungsorgie enden. Wenn niemand weiß, was relativ knapp ist, wird alles in rücksichtsloser Vergeudung verschleudert, bis alles weg ist. Sehr wahrscheinlich wird niemand die wenigen Dinge, die schließlich produziert werden, überhaupt kaufen wollen.

Die allgemeine Funktion der Werbung ist es, bei der Koordination ökonomischer Aktivitäten zu helfen. Durch Werbung aller Art wird sowohl Produzenten als auch Konsumenten Wissen allgemein zur Verfügung gestellt. Ohne sie würde der Wettbewerb leiden. Ohne ihn würden wir leiden.

Die Verschanzung des Oligopols

Viertens, und aus dem obigen abgeleitet, führen Werbeverbote in der Tendenz oft dazu, etablierte Unternehmen vor dem Wettbewerb von Neuankömmlingen auf dem Markt zu schützen. Die Tabakunternehmen behaupten, dass sie von der Aussicht beunruhigt sind, keine Werbung mehr betreiben zu können. Vielleicht sind sie das momentan. Aber wenn sie heimlich miteinander übereinkommen können, wer von ihnen wieviel Marktanteil bekommen soll, werden sie sich dem Ruf nach einem Werbeverbot anschließen. Damit würde sämtlicher effektiver Wettbewerb eingestellt. Sie wären nicht in der Lage, sich gegenseitig die Kunden wegzulocken. Aber sie wären auch vor dem Risiko geschützt, dass ihre Kunden von einem Neueinsteiger auf dem Markt weggelockt werden. Die verschiedenen Berufskörperschaften haben dies vor mehr als einem Jahrhundert entdeckt, und ihre Mitglieder haben seitdem davon profitiert.

Intoleranz als Narrheit der Schwachen

Fünftens sympathisiere ich mit jenen Minderheitengruppen, die am ideologischen Inhalt der Werbung Anstoß nehmen. Dieser existiert zweifellos. Die Feministinnen und andere radikale „Dekonstruktionisten“ haben zum Teil recht: Werbung geht oft über die einfache Anpreisung eines Produktes hinaus und schließt die Anpreisung ganzer Lebensstile oder Ideologien ein. Man denke an einen typischen Werbespot: Ein Vater und sein junger Sohn kommen verdreckt von einer mannhaften Sportveranstaltung nach Hause. Rastet die Ehefrau aus? Geht sie nach oben und schluckt eine Handvoll Valium? Nein, sie lächelt und winkt mit einer Waschmittelpackung. Bald sind die Kleidungsstücke sauber und bereit, wieder verdreckt zu werden. Wir haben hier die Porträtierung einer genügenden Anzahl von sexuellen und ökonomischen Rollenklischees, um einen durchschnittlichen Soziologen in schäumende Wut zu versetzen. Die Botschaft ist, dass Frauen endlos aktiv und ihren Männern gegenüber ständig zu Diensten sein müssen; dass ein Mann ein Einkommen verdienen muss, dass er sich ein großes Haus leisten kann und eine Frau, die für ihn den Haushalt führt; dass Jungen abgehärtet werden müssen, damit auch sie auf dem Markt bestehen können, wenn sie erwachsen sind. Es gibt keinen Hinweis auf nichtkonforme Sexualität. Jeder ist weiß. Die Eltern sind beide etwa 35 Jahre alt. Wenn es ein weiteres Kind gibt, dann ist es eine jüngere Tochter, die bei ihrer Mutter bleibt und sogar im Haushalt hilft.

Dieselbe Methode kann bei fast jeder anderen Werbung angewendet werden. Ich erinnere mich an einen Werbespot, in dem ein robust gebauter, attraktiver Individualist in einer überfüllten Bar allein deswegen bedient wurde, weil er das Wort „Cinzano“ murmelte; an einen anderen, in dem ein Mann, indem er in seiner Pfeife St. Bruno rauchte, für die Frauen so attraktiv wurde, dass er Wachen brauchte, um sie sich fernzuhalten; an einen weiteren, in dem zwei Anwälte beim Weg durch das Gerichtsgebäude darüber streiten, ob die leichtbekleidete junge Frau vor ihnen Silvikrin-Haarspray verwendet hat oder nicht.

Ich bin mir sicher, dass manche Menschen dies als zutiefst beleidigend empfinden. Aber wer dies für überragend wirkungsvoll hält, dem mangelt es an einem Sinn für Verhältnismäßigkeit. Wer behauptet, dass jeder Mann, der die Flake-Werbung mag, auch lernt, dass Frauen es mögen, vergewaltigt zu werden, ist ein Narr der Millie-Tant-Variante. („Millie Tant“ ist eine britische Comicfigur, die Karikatur einer radikalen Feministin. Anm. d. Übers.)

Ich könnte auch hinzufügen, dass keine unpopuläre Minderheit es sich leisten könnte, für die Zensur einzutreten – es sei denn, sie ist auch die herrschende Elite. Sie ist eine Waffe, die von jedem geschmiedet werden kann, die aber am häufigsten von den Mächtigen genutzt wird. Betrachten wir nochmal die jüngste freiwillige Vereinbarung mit den Tabakunternehmen. Es wurde vereinbart, dass

> „keine Zigarettenwerbung in einer Zeitschrift erscheinen soll, deren weibliche Leserschaft mehr als 200.000 umfasst, von denen ein Drittel oder mehr zwischen 15 und 24 Jahre alt ist“.

Was anderes ist das als eine grobe Beleidigung von Frauen? Benötigen sie einen besonderen Schutz dieser Art? 15-jährige Mädchen – wie auch Jungen – brauchen möglicherweise Schutz. Aber eine 18-jährige Frau ist erwachsen. Sie darf wählen. Sie kann auf eigene Verantwortung ein Unternehmen gründen. Sie kann eine Hypothek aufnehmen. Sie darf heiraten und sich scheiden lassen. Sie kann bankrott gehen und ins Gefängnis gehen. Haben die Männer, die diese Vereinbarung entwarfen und unterzeichneten, diese Dinge vergessen? Oder meinten sie schlicht, dass, welche Veränderungen des rechtlichen Status auch immer in diesem Jahrhundert stattgefunden haben, sie es immer noch mit „kleinen Fräuleins" zu tun hätten – schwächere Wesen, die dankbar für ein starkes, paternalistisches Tätscheln auf den Kopf sein sollten? Oder ist es lediglich ein weiterer Beweis, der sich zu den vielen anderen fügt, dass Macht von den Mächtigen genutzt wird?

III Fazit

Daher sage ich, dass Werbung ein Recht ist, das wir nur auf eigene Gefahr einschränken. Sie mag ordinär sein. Sie mag lügnerisch sein. Sie mag die falschen Ansichten oder Lebensstile fördern. Aber es gibt keine logischen oder praktischen Möglichkeiten, sie einzuschränken, es sei denn unter Inkaufnahme von Kosten, die ich für völlig unakzeptabel halte.

Ich bezweifle nicht, dass mir entgegengehalten werden wird, dass ich lediglich für das Recht von bereits sehr wohlhabenden Leuten streite, weiterhin mit dem unnötigen Leid anderer Geld zu verdienen – dass ich die großen Namen und die Argumente des Liberalismus gebrauche, um die schäbigsten aller Motive zu verteidigen. Das ist jedoch ein Berufsrisiko. Wenn ihre Feinde keinen Frontalangriff vornehmen können, wird jede Freiheit unweigerlich an ihren äußersten Rändern angegriffen, an jenen Orten, wo es am wenigsten bequem oder ehrenhaft ist, für ihre Verteidigung zu kämpfen. Aber es ist dort, wo die Schlacht gewonnen oder verloren wird. Anderswo auf dem Feld ist der Boden weniger steinig und flattern die Flaggen tapferer im Wind. Aber jene, die um ihre Lagerfeuer sitzen und damit prahlen, wie sie jeden Angriff auf das Recht der Konservativen oder der Labour-Partei, ihre Meinungen im „Guardian“ oder im „Telegraph“ kundzutun, zerschmettern werden – sie verkünden lediglich ihre Absicht, ein armseliges letztes Gefecht zu führen, bei dem die Schlacht schon verloren sein wird und bei dem sie im Hinblick auf ihren eigenen Ruf bei den Siegern am besten beraten sind, ihre unbrauchbaren Waffen zu begraben und sich zu verkriechen, bis sie unsichtbar sind.

Ich werde das Recht auf Werbung unabhängig davon verteidigen, was gegen mich gesagt wird, ob von Freund oder Feind. Ich überlasse es dem Leser, für sich zu entscheiden, ob ich aufrichtig bin und ob die verwendeten Namen und Argumente missbraucht wurden.

Tabak, Kinder und Lockspitzel: Ein Grund zur Sorge

Die allgemeine Übereinstimmung in diesem Land ist, dass Kindern das Rauchen oder der Gebrauch irgendeines anderen Tabakproduktes untersagt sein sollte. Angesichts unserer gegenwärtigen Einstellungen und unseres gegenwärtigen Wissens wäre es schwer für uns, etwas anderes zu vereinbaren. Einerseits sind Kinder eine besondere Kategorie von Menschen. Ihnen sind viele Dinge verboten, die Erwachsene ohne weiteres Nachdenken tun. Sie sind weitgehend davon befreit, die rechtlichen Folgen ihrer Handlungen zu tragen. Das leitende Prinzip ist, dass es ihnen an der Fähigkeit zu einer fundierten Entscheidung mangelt und sie deshalb geschützt werden sollten, bis sie alt genug sind, mutmaßlich in der Lage zu sein, zu wissen, was sie tun. Andererseits ist Tabak mit einer Anzahl unangenehmer, oft tödlicher Krankheiten in Verbindung gebracht worden. Es gibt also wenig Raum für Zweifel, dass Kinder und Tabak soweit möglich auseinander gehalten werden sollten.

Nun, diese Übereinstimmung umfasst nicht die Mittel, mit denen die zwei getrennt zu halten sind. Wie soll das geschehen? Wer soll schützen – die Eltern oder der Staat? Meine eigene Ansicht ist, dass der weit größte Teil der Last den Eltern auferlegt werden sollte. Als Liberaler lehne ich die Vorstellung ab, dass es Gesetze gegen alles geben sollte, was Missfallen erzeugt. Ich fürchte eine Staatsmacht, die über einen sehr kleinen Bereich hinaus ausgeweitet wird. Selbst innerhalb dieses Bereiches werden staatliche Befugnisse selten so effektiv eingesetzt, wie uns glauben gemacht wird. Mit jeder Ausweitung wird der Staat gleichzeitig weniger effektiv und potentiell repressiv.

Paternalistischer Kindesmissbrauch

Eltern dagegen haben ein unmittelbares und natürliches Interesse am Wohlergehen ihrer Kinder. Sie sind am besten in der Lage, diesem Wohlergehen Vorschub zu leisten. Ihnen sollte diese Vorschubleistung anvertraut werden. Wenn beobachtet wird, wie ein Vater eine Zigarre in den Mund seines kleinen Sohnes steckt, mag dies bestraft werden. Bei extremeren Fällen des Missbrauchs mag es sogar gerecht sein, ihm die Obhut über den Jungen zu entziehen. Aber abgesehen von solchen Extremfällen muss die Hauptverteidigungslinie für Kinder die spontanen Bemühungen ihrer Eltern sein.

Wenn wir die Kinder und Tabakgebrauch betreffenden Gesetze betrachten, so ist es nicht meine Ansicht, die sich durchgesetzt hat. Abschnitt 7 des Gesetzes über Kinder und junge Menschen von 1933 macht den Verkauf irgendeines Tabakproduktes an eine Person unter 16 Jahren in England und Wales zu einer Straftat. Bis das Kinderschutzgesetz (Tabak) von 1986 diese Verteidigung ausschloss, war es einem Ladenbesitzer möglich, zu behaupten, er habe nicht gewusst, dass, mit Ausnahme von Zigaretten, ein Tabakprodukt für die Nutzung durch den Käufer bestimmt war. Aber seit fast 60 Jahren ist es jetzt eine absolute Straftat, Kindern Zigaretten zu verkaufen. Das ist das Gesetz.

Wenn wir jedoch die allgemeine Praxis betrachten, dann sehen wir, dass bis vor sehr kurzem meine Ansicht die Oberhand hatte. Mit Verabschiedung des Abschnitts 7 des Gesetzes von 1933 schuf das Parlament das, was die Amerikaner ein „opferloses Verbrechen" nennen. Ein Kind, das sich 20 Zigaretten kauft, mag sich selbst nichts Gutes tun. Insofern ist es, in einem technischen Sinn, das Opfer des Erwachsenen, der sie ihm verkauft hat. Aber es gibt keinen Kläger. Wenn jemand meine Brieftasche stiehlt, habe ich einen Grund, zur Polizei zu gehen und Hilfe zu erwarten. Das Kind, das Zigaretten kauft, hat keinen normalen Grund, den Verkäufer anzuprangern. Wenn kein Polizist oder ein besorgter Passant anwesend ist, gibt es keine Zeugen der Transaktion. Daher haben wir ein Gesetz, das sowohl nachdrücklich als auch größtenteils nicht durchsetzbar ist.

Vor einigen Jahren, als ich ein kleiner Junge war, ging ich unverhohlen jeden Abend zum örtlichen Kiosk, bot eine Halfcrown an und bat um „zehn Number 6 und eine ‚Evening News'". Es wurde mir nie verweigert. Erst viele Jahre später entdeckte ich, dass ich Beihilfe zu einer Straftat geleistet hatte. Meinen Vater und den Kioskverkäufer schien das nicht zu stören, ich hätte genauso gut eine Stange Lakritz kaufen können. Sicher, das eine Mal, als er mich eine Zigarette rauchend fand, bekam ich von meinem Vater Prügel. Aber das war seine Maßregelung. Jeden, der sich geweigert hätte, mir Zigaretten zu verkaufen, hätte er als Wichtigtuer betrachtet.

Seit damals sind die mit dem Tabak verbundenen Gesundheitsrisiken öffentlich bekannter geworden. Soweit ich es beurteilen kann, sind Ladenverkäufer heutzutage weniger willens, Kindern Zigaretten zu verkaufen. Manche sind noch bereit dazu. Aber in einem weit größeren Umfang als in der Vergangenheit müssen Eltern ihre eigenen Besorgungen machen, bevor sie es sich am Abend mit einer Zeitung und einer Zigarette bequem machen können.

Eltern gegen Tabak

Dieser Zustand in der Praxis ist jetzt angefochten worden. Am Dienstag, den 9. Januar 1990 versammelte sich eine Gruppe von Politikern und Mediengrößen und gründete „Parents Against Tobacco“, auf Deutsch „Eltern gegen Tabak“. Ihr erklärtes Ziel war, „eine Barriere zwischen den Tabakschiebern und unseren Kindern und Jugendlichen zu errichten“.[234] In diesem Punkt waren sie sehr entschieden. „Die Eltern dieses Landes“, erklärten sie,

> „werden nicht zulassen, dass aufgrund der Aktivitäten und der Produkte einer skrupellos zynischen Industrie die Gesundheit ihrer Kinder bedroht und ihr Leben möglicherweise verkürzt wird“.[235]

Natürlich gebrauchen diese Leute die hysterischsten Worte, um ein sehr kleines Problem zu beschreiben. Die Tabakunternehmen zielen mit ihrer Werbung nicht aktiv auf Kinder. Clive Turner vom Tobacco Advisory Council sagte über die verbliebenen Fälle, in denen Kindern Zigaretten verkauft wurden:

> „Das ist nicht gut für uns. Es wirft ein schlechtes Licht auf die verantwortlichen Verkäufer. Und es gibt den Gegnern des Tabaks viel zu viel Gelegenheit zur Kritik.“[236]

Es gibt keinen Grund, seine Aufrichtigkeit anzuzweifeln. Keiner wagt es, den Wert des Tabakmarktes für Jugendliche auf höher als 70 Millionen Pfund zu schätzen – wobei aus offensichtlichen Gründen klar ist, dass niemand mehr tun kann, als den Wert zu erraten. Das ist zweifellos viel Geld. Es stellt aber nur zwischen einem und zwei Prozent des Tabak-Einzelhandelmarktes dar.[237] Der Hauptzweck der Kampagne scheint der zu sein, Werbeverbote und Einschränkungen des von Erwachsenen betriebenen Rauchens in der Öffentlichkeit zu erlangen. Zu diesem Zweck ist die behauptete Gefahr für Kinder lediglich eine bequeme und wirkmächtige Ausrede.

Chris Cooper, dessen Pamphlet ein Beispiel gesunden Menschenverstandes ist, hat diese Aspekte der Kampagne bereits gründlich entlarvt. Ich werde seine Argumente nicht wiederholen. Stattdessen werde ich mich auf die direkten Mittel konzentrieren, mit denen Zigaretten den Kindern verweigert werden.

Lockspitzel

Angesichts der Tatsache, dass das bestehende Gesetz nicht ordentlich durchgesetzt wurde, entschieden die Organisatoren von Parents Against Tobacco, Lockspitzel einzusetzen. Kinder, die offensichtlich jünger als 16 waren, wurden in verschiedene Tabak- und Kioskläden geschickt, um dort Zigaretten zu verlangen. Wo sie erfolgreich waren, wurden die Behörden informiert und die gesetzesbrechenden Ladenbesitzer verurteilt.

Ich habe zwei Einwendungen gegen diese Mittel. Erstens neigt ihr Gebrauch dazu, dem Staat eine Autorität zuzugestehen, die ich von individuellen Eltern ausgeübt sehen möchte. Wenn das Rauchen von Minderjährigen wirklich ein bedeutendes Problem ist, ist es an ihnen, die Tabakläden zu blockieren – auf die traditionelle Art –, und nicht, die Polizei und die Gerichte um Hilfe zu rufen. Zweitens sind die Mittel an sich höchst gefährlich.

Es gibt viel, was ein Gericht von einem Lynchmob unterscheidet. Einer der grundlegendsten Punkte jedoch ist, dass letzterer aufgrund eines Gerüchts agieren kann. Im Fall des ersteren wird ein Mensch nur dafür bestraft, was er nachgewiesenermaßen getan hat – niemals dafür, was er nach Ansicht anderer sei. Unsere Anwälte prahlen stolz, dass dieser Unterschied in England voll und ganz realisiert ist. Die Regel, unter der dies realisiert worden ist, ist „eine der am sorgfältigsten und tief verwurzelten Prinzipien unseres Strafrechts" genannt worden.[238] „Dieses Prinzip ist", wie Richter Channel erklärt,

> „dass es der Staatsanwaltschaft nicht erlaubt ist, zu beweisen, dass der Gefangene die Straftat begangen hat, der er angeklagt ist, indem Beweise dafür vorgelegt werden, dass er eine Person mit schlechtem Charakter ist und jemand, der die Angewohnheit hat, Straftaten zu begehen, denn das entspräche einer Aufforderung an die Jury, zu sagen, dass der Gefangene, weil er andere Straf-

> taten begangen hat, aus diesem Grund der bestimmten Straftat schuldig ist, deretwegen er vor Gericht steht."[239]

Ein Beispiel: Ein Einbruch wird begangen, und kurz darauf werde ich in der Nähe des Tatorts gesehen. Ich habe eine Reihe von Vorstrafen. Die Planung und Durchführung dieses Einbruchs ähnelt sehr jenen, für die ich verurteilt wurde. Als ich zum Verhör gebracht werde, verhalte ich mich verdächtig und bin nicht in der Lage, eine zufriedenstellende Erklärung für meine Anwesenheit in der Umgebung zu der fraglichen Zeit zu geben. Ein anderer Hauseigentümer identifiziert mich eindeutig als einen, der früher am Abend dessen Grundstück beobachtet hat. Es scheint, als habe die Polizei ihren Täter gefunden.

Aber ohne mein Geständnis oder die Vorbringung guter forensischer Beweise gibt es keinen gerichtsfesten Fall gegen mich. Jegliche Klagen gegen mich werden vom Gericht abgewiesen werden. Die Staatsanwaltschaft darf nicht damit anfangen, der Jury meine Vorstrafen und ihre Ähnlichkeiten mit dieser Straftat darzustellen. Sie kann nicht mein Verhalten vor dem anderen Haus heranziehen. Es kann sein, dass ich nach meiner letzten Verurteilung ein ehrlicher Mensch geworden bin. Die Ähnlichkeiten könnten zufällig sein – oder, nach einer viel genaueren Untersuchung, für die dem Gericht sowohl die Zeit als auch die Möglichkeit fehlt, könnten die Ähnlichkeiten mehr scheinbar als real sein. Ich könnte mich aus einer ganzen Reihe von Gründen vor dem anderen Haus aufgehalten haben. Wenn ich unklug genug bin, anzugeben, dass ich ein Mann von untadeligem Charakter bin, ist es der Staatsanwaltschaft freigestellt, in einer Widerlegung alle meine bekannten Vorstrafen vorzubringen. Ansonsten ist es der Jury nur erlaubt, auf jene Beweise zuzugreifen, die meine Schuld in der Tat beweisen könnten, deretwegen ich gegenwärtig angeklagt bin.

Der Wert eines fairen Gerichtsverfahrens

Zweifellos werden aufgrund dieser Ausschließlichkeitsregel viele schuldige Menschen freigesprochen. Die Boulevardblätter sind ständig mit Berichten über eine Jury gefüllt, die einen Mann von einer Vergewaltigungsanklage freigesprochen hat, nur um am Ende über seine lange Vorgeschichte an Sittlichkeitsvergehen informiert zu werden. Aber der Nutzen einer Justizregel kann nicht anhand jeder ihrer einzelnen Anwendungen erkannt werden. Wir sind ignorante, beschränkte Wesen. Wenn von juristischem Pragmatismus die Rede ist oder von der Notwendigkeit, jeden Fall für sich selbst zu beurteilen, dann schmeichelt es unserer Natur. Tatsächlich stehen wir vor einer einfachen Wahl. Wir können abstrakte Prozessregeln aufstellen, die unserer Meinung nach langfristig die größte Zahl gerechter Urteile hervorbringen. Oder wir können ohne Regeln auskommen und gegen alle Erfahrung hoffen, dass uneingeschränktes Ermessen nicht zu Willkürjustiz degeneriert.

Während die Zulassung von ähnlichen Tatsachen als Beweise ein offensichtlicher Bruch des oben dargestellten Prinzips – dass Handlungen, nicht Neigungen, die einzigen angemessenen Bestrafungsobjekte sind – wäre, erlaubt die Nutzung der Verführung zur Straftat einen ebenso ernsthaften Bruch, wenn auch weniger direkt. Betrachten wir es nochmal: Ein Kind geht in einen Laden und bittet um eine Schachtel Zigaretten. Es mag die beständige Praxis des Ladeninhabers sein, den Verkauf an Kinder zu verweigern. Aber in diesem Fall verkauft er. Vielleicht ist er aufgrund einer persönlichen Sorge abgelenkt und merkt nicht, was er tut. Vielleicht ist das Kind sehr bezaubernd und reizend. Das vielleicht angewiesen wurde, nicht mehr als eine einfache Bitte vorzutragen. Das aber kein Lob dafür bekommt, den ganzen Tag lang Erwachsene zu beobachten, von Laden zu Laden zu gehen und nur Verweigerungen zu sammeln. Kinder haben keine besonderen Skrupel, was Wahrheit und Lüge betrifft. Wie jeder Leser von Richmal Crompton weiß, schenkt die Sorte Kind, die sich als Lockspitzel einsetzen lässt, solchen Angelegenheiten überhaupt keine Beachtung. Das Geld wird genommen, die Zigaretten werden ausgehändigt. Die Behörden werden informiert und der Ladeninhaber vor das Amtsgericht zitiert, um sich für seine Handlung zu verantworten.

Es stimmt, dass er in diesem Fall auf eine spezifische Klage Rede und Antwort stehen muss. Aber das ist offensichtlich nur im technischsten aller Sinne so. Man würde es selbstverständlich als ungeheuerlich betrachten, wenn eine Kategorie von Personen umherstreifen würde, um eine andere Klasse allein aufgrund der Hoffnung zu verführen, dass eine strafbare Handlung vollzogen werden könnte – wie es der Fall wäre, wenn ich in einer Kneipe umhergehen und die Getränke anderer Leute umhauen würde in der Hoffnung, dass mir jemand einen Grund gibt, ihn zusammenzuschlagen. Die einzige Rechtfertigung kann nur sein, dass die künstliche Straftat an Stelle vorheriger realer Straftaten steht, für die keine Beweise erbracht werden können. Was wir hier also haben, ist ein Mittel, mit dem jemand vor Gericht zitiert wird, um sich für seine vermutete Neigung zu verantworten.

Lockspitzel: Ein Mittel der Despotie

Der Einsatz von Lockspitzeln ist eine alte Praxis. Sie ist so alt wie die Missherrschaft selbst. Sie erreichte in den despotischen Staaten Europas des frühen 19. Jahrhunderts ihre vollste Entfaltung, und seither sind in ihrer Methodik keine bedeutsamen Fortschritte gemacht worden. In der angelsächsischen Welt ist sie immer mit Abscheu betrachtet worden. Es gibt die natürliche Neigung, sie als Mittel der Repression zu betrachten, und gleichzeitig die Tatsache, dass ihr Gebrauch von unseren eigenen Gerichten ungern gesehen wird, wenn sie nicht tatsächlich verboten ist. Ich kann es kaum glauben, dass die Organisatoren von Parents Against Tobacco offen damit prahlen können, diese Praxis einzusetzen. Aber sie setzen sie ein; und ihre wiederholt gemachte Behauptung – dass die vom Tabak ausgehende Gefahr für Kinder so groß ist, dass nichts sie hindern darf, sie zu schützen – scheint sie davon abzuhalten, breitere Konsequenzen zu bedenken. Da dem so ist, kann ich nur im Vorbeigehen fragen, ob es nicht eine andere Erwägung gibt, auf die ich sie aufmerksam machen kann.

In den amerikanischen Rechtssystemen kann Verführung zu strafbaren Handlungen als Argument der Verteidigung dienen. Wir haben vermutlich im Fernsehen gesehen, wie vorsichtig Polizeispione sein müssen, wenn sie mit ihren vorgeblichen Komplizen sprechen. Sie dürfen observieren und informieren. Wenn gezeigt werden kann, dass sie darüber hinausgegangen sind und angestiftet haben, werden ihre Beweise nicht akzeptiert.

In England ist keine vergleichbare Verteidigung möglich. Wenn jemand von der Polizei zu einer Straftat verführt wird, hat der Richter kein Ermessen, ihre Beweise nur deswegen abzuweisen, weil sie mit unfairen Methoden beschafft wurden. Allerdings kann eine Verführung zur Straftat nicht völlig ungestraft begangen werden. Während sie nicht an sich ungesetzlich ist, kann sie dennoch zu strafrechtlicher Verfolgung führen.

Die allgemeine Regel des Gewohnheitsrechts ist, dass jeder, der den Auftrag zu einer Straftat gibt, der Komplizenschaft schuldig ist. Kodifiziert ist diese Regel im Abschnitt 8 des Accessories and Abettors Act von 1861, abgeändert durch den Criminal Law Act von 1977:

> „Wer der Verübung einer verfolgbaren Straftat Beihilfe leistet, für sie Ratschläge gibt oder ihn erteilt, wird, unabhängig davon, ob dieser eine Straftat gemäß Gewohnheitsrecht oder gemäß einem verabschiedeten oder zu verabschiedenden Gesetz ist, ist dafür haftbar zu machen, als Haupttäter vor Gericht gestellt, angeklagt und bestraft zu werden."

Die Behörden besitzen eine gewisse, unklare Immunität gegen Strafverfolgung. Zu Beginn des 20. Jahrhunderts wurde ein weiblicher Polizeispitzel beauftragt, ein Abtreibemittel zu kaufen; in der darauffolgenden Gerichtsverhandlung gegen den Verkäufer wurde ihr beschieden, dass sie keine Komplizin gewesen sei.[240] Hätte sie eine Abtreibung vorgenommen oder sich an einer beteiligt, hätte sie sich dem Hauptangeklagten auf der Anklagebank anschließen können. Aber es scheint, dass, solange es keinen irreparablen Schaden gibt und die Verführung der Verurteilung eines Wiederholungstäters dient, gegen den mit üblichen Mitteln keine Anklage zu erbringen war, der Verführer nicht haftbar zu machen ist.

Parents Against Tobacco: Eine kriminelle Vereinigung?

In bezug auf Privatbürger mag die Sache aber anders aussehen. Hier, wie sonstwo, mag es jetzt nicht mehr der Fall eines Polizisten sein, der lediglich ein Bürger ist, der in seinem Vollzeitjob das tut, was auf eigene Rechnung zu tun er das Recht hat. Es gibt zu diesem Punkt wenig Bestimmtes. Das, was existiert, ist jedoch interessant.

Vor etwa 30 Jahren entschied ein Herr Smith, einen korrupten Mitarbeiter des öffentlichen Dienstes zu entlarven. Um dies zu tun, bot er ihm Bestechungsgeld an, was gegen den Public Bodies Corrupt Practices Act von 1889 verstieß. Smith wurde erwischt und bestraft. Sein Motiv für das Angebot des Bestechungsgeldes wurde als irrelevant betrachtet.

Wenn ich also Parents Against Tobacco beitrete und ein Kind losschicke, um eine Packung Zigaretten zu kaufen, kann es sein, dass ich – ungeachtet meiner tugendhaften Absicht – Beihilfe zu einer Straftat gemäß Abschnitt 7 des Gesetzes von 1933 leiste. Es kann beim Strafmaß etwas Nachlass geben; keinen jedoch bei der Entscheidung über die Frage meiner Schuld. Ich höre, dass viele der Verführungen von örtlichen Gewerbeaufsichtsbeamten überwacht werden. Als solche sind sie wahrscheinlich vor Strafverfolgung geschützt. Aber mir liegt ein Exemplar der Ausgabe von „Parents Against Tobacco“, dem offiziellen Organ der Kampagne, vom Dezember 1990 vor. Auf Seite 19 steht der Nachdruck eines Artikels, „Alex‘s Day“, der aus einer früheren Ausgabe stammt. Er beginnt folgendermaßen:

> „Am Sonntag, den 20. Dezember 1989, nahm mich mein Onkel, Dr. Sam Everington, mit zu 25 Tabakhändlern in London, um herauszufinden, ob sie Zigaretten an Jugendliche unter 16 verkaufen, da ich jünger als 16

bin. Das Ergebnis war, dass in 19 von 25 Fällen mir diese verkauft wurden."

Um zu beweisen, dass sie ihm verkauft wurden, wurde dieser kleine elfjährige Junge mit drei Packungen Benson & Hedges in den Händen fotographiert.

Da Dr. Everington ein Privatbürger ist, sollte FOREST vielleicht in Betracht ziehen, diesen Artikel an den Generalstaatsanwalt zu schicken. Sie sollte auf jeden Fall in Betracht ziehen, eine Liste jener Mitglieder von Parents Against Tobacco aufzustellen, deren Enthusiasmus für die „Schaffung einer Blockade" sie möglicherweise zu Gesetzesbrechern gemacht hat.

Ich habe nicht den Wunsch, Kinder rauchen zu sehen. Ich glaube, dass es eine gefährliche Angewohnheit ist. Aber Gesetze sind nicht das einzige oder das beste Mittel, um die Jugend von Zigaretten fernzuhalten. Selbstverständlich muss das Gesetz, was immer ich über seine Weisheit oder Wirksamkeit denke, eingehalten werden. Aber ich bin absolut gegen die Verwendung der sichersten bekannten Methode für seine Durchsetzung. Wenn Verführung zur Straftat nicht aufgrund ihrer allgemeinen Gefährlichkeit für unsere Freiheiten aufgegeben wird, müssen wir, soweit es uns möglich ist, sicherstellen, dass ihre Ausübung gewisse unangenehme persönliche Kosten mit sich bringt.

Rettet die Kinderlein, versklavt die Erwachsenen[241]

Ich werde am kommenden Sonntagmorgen [27.10.2002] bei BBC Radio Scotland auftreten, um das Thema Passivrauchen und Kinder zu diskutieren. Ein Forscher am Royal Brompton Hospital in London behauptet, dass Kinder von rauchenden Eltern mit einer höheren als durchschnittlichen Wahrscheinlichkeit eine Reihe ernster Erkrankungen erleiden werden. Der Pressemitteilung zufolge, die mir die BBC-Redakteure hilfreich zur Verfügung stellten, gehören Asthma, Meningitis und plötzlicher Säuglingstod dazu, sowie etwas, das „Leimohr“ genannt wird. Ich werde nur neun Minuten Zeit haben, meine Argumente vorzutragen – neun Minuten, die ich mit mindestens zwei verschiedenen Gruppen von Gesundheitsfaschisten teilen muss. Daher werde ich hier sagen, was ich nur zum Teil den Zuhörern sagen werde.

Mein erster Punkt wird sein, dass die Beweislage über das Passivrauchen aller Art bislang nicht überzeugend gewesen ist. Sie wurde erstellt, indem das Vorkommen von Lungenkrebs und anderen Krankheiten bei nichtrauchenden Partnern von Nichtrauchern mit dem bei nichtrauchenden Partnern von Rauchern verglichen wurde. Eine solche Beweislage ist zwangsläufig dürftig. Sie stützt sich sehr auf die Beantwortung von Fragebögen. Menschen sind vergesslich, und Menschen lügen. Es hat auch – zumindest in den berühmteren Studien – einen Mangel an rigorosen Kontrollvergleichen anderer Variablen gegeben. In der Hirayama-Studie in den 1980er Jahren zum Beispiel blieben unterschiedliche Belastungen aufgrund von Straßenverkehr oder Belastungen in der Wohnung aufgrund der Nutzung von Festbrennstoffen für Heizung und Herd unberücksichtigt. Das britische Gesundheitsamt hat versucht, die Auswirkungen solcher Fehler zu minimieren, indem es eine Metaanalyse durchführte. Das bedeutet effektiv, den Durchschnitt von Ergebnissen aus einer Anzahl von Studien zu nehmen. Es ist aber offensichtlich, dass ein Durchschnittsergebnis nur so verlässlich ist wie die Ursprungsergebnisse, die zur Berechnung herangezogen wurden.

In jedem Fall sind die Durchschnittsergebnisse statistisch irrelevant. Eine in den späten 1980er Jahren oft erhobene Behauptung war, dass das Passivrauchen die Wahrscheinlichkeit, an Lungenkrebs zu erkranken, um 30 Prozent erhöht. Die Zahlen, auf denen diese Behauptung beruhten, waren weit weniger dramatisch. Es wurde behauptet, dass bei Menschen, die keinem Tabakrauch anderer Leute ausgesetzt sind, die Wahrscheinlichkeit, an Lungenkrebs zu erkranken, 10 zu 100.000 ist, mit Ausgesetztsein dagegen 12 oder 13 zu 100.000. Selbst wenn dies nicht durch statistische Fehler erklärt werden könnte, würde keiner auch nur einen Pfennig bezahlen, um sich gegen ein solches Risiko zu versichern. Das zu den erschreckenden 30 Prozent!

Ich weiß wenig über Epidemiologie. Aber das wenige, das ich weiß, überzeugt mich, dass keine epidemiologische Behauptung – und besonders nicht in bezug auf den Zusammenhang zwischen Tabak und schlechter Gesundheit – es wert ist, beachtet zu werden, wenn nicht vollständig dargelegt wird, welche Studien die Grundlage für die Behauptung bilden. Wieviele Menschen wurden beobachtet? Wann, wo und für wie lange wurden sie beobachtet? Wenn sie nicht direkt beobachtet wurden, wie wurde die Exaktheit ihrer Befragungsantworten überprüft? Inwiefern wurden andere mögliche Ursachen des Problems untersucht? Jedesmal, wenn ich mir die Mühe gemacht habe, die detaillierten Studien zu betrachten, sind die Behauptungen in sich zusammengefallen. Ich gebe zu, dass es im vergangenen Jahrzehnt andere Studien gegeben hat, die ich nicht besonders beachtet habe. Aber es gibt keinen Grund zur Annahme, dass ihre Methodologie rigoroser war als die jener, die ich in der Vergangenheit untersucht habe. Und ich bin sicher, dass, wäre eine überzeugendere Verknüpfung gefunden worden, diese weltweit für Schlagzeilen auf den ersten Seiten gesorgt hätte.

Mein zweiter Punkt wird weniger technisch sein. Nehmen wir des Arguments wegen an, dass die Behauptungen über die Gesundheit von Kindern annehmbar wahr sind. Was ist daraus zu schließen? Über Handlungen hüllt sich die Pressemitteilung in Schweigen, und ich nehme an, dass mir im Studio erklärt werden wird, dass Eltern ermahnt werden müssen – auf ihre Kosten oder die des Steuerzahlers –, zu Hause nicht zu rauchen, wenn die Kinder anwesend sind. Aber angenommen, sie achten zu wenig auf diese Mahnungen – was zweifellos passieren wird –, was dann? Die natürliche Antwort ist nicht, dass jene, die diese Untersuchung benutzen, traurig mit dem Kopf schütteln und sich anderen Dingen zuwenden werden. Es wird so sein, dass, wenn die Eltern ihr Verhalten nicht freiwillig ändern, sie dann dazu gezwungen werden müssen; und wenn das nicht möglich ist, werden ihre Kinder an einen Ort gebracht werden müssen, wo sie angeblich sicherer sein werden. Ich habe die Behauptung gelesen, auch wenn ich mich gegenwärtig nicht erinnern kann, wo, dass das Rauchen in der Umgebung von Kindern einem „Kindesmissbrauch" gleichkommt.

Nun, ich werde die Fakten der riesigen Jugendwohlfahrtsbürokratie ignorieren, die in diesem Land gewachsen ist – eine Bürokratie, die sich kontinuierlich vergrößert, indem sie neue Ausreden dafür findet, Kinder wegzustehlen. Ignorieren werde ich auch die dokumentierten Fakten darüber, genau wie sicher diese Orte sind, wohin gestohlene Kinder normalerweise verbracht werden. Was ich entwickeln werde, ist ein Prinzip, dessen Etablierung ich beobachten kann. Wenn das Rauchen im eigenen Heim als Ausrede für einen Eingriff der Jugenwohlfahrtsbehörden verwendet wird, ist das Prinzip etabliert, dass Eingriffe vorgenommen werden können, wann immer irgendein Aspekt heimischen Lebensstils mit irgendeiner Gefahr für die Gesundheit eines Kindes verknüpft werden kann. Wenn dieses Prinzip zugelassen ist, kann es unendlich ausgeweitet werden.

Nehmen wir an – und ich halte dies für wahrscheinlich –, es könnte gezeigt werden, dass asiatische Kinder überdurchschnittlich in Gefahr sind, später im Leben an Hämorrhoiden und Magenkrebs zu leiden, weil ihnen ihre Eltern stark gewürztes Essen geben. Wenn wir Eingriffe im Fall rauchender Eltern zulassen, warum nicht im Fall von Eltern, die viel Currypulver oder Mononatriumglutamat verwenden? Von Juden glaubt man, dass sie mehr als durchschnittlich zu Depressivität neigen. Vielleicht ist das aufgrund irgendeines genetischen Unterschieds der Fall. Aber es kann auch die Auswirkung des Leistungsdrucks sein, der jüdischen Kindern schon sehr früh auferlegt wird. Und viele in der Arbeiterschicht scheinen ihre Kinder mit Fischstäbchen und Pommes frites zu ernähren. Vielleicht wird diese Kost später im Leben Probleme verursachen.

Wo sollen wir die Grenze setzen? Gegenwärtig wird sie, im großen und ganzen, noch zu defensiv gezogen. Wenn Eltern ihren Kindern absichtlich oder grob fahrlässig Schaden zufügen und dieser Schaden groß genug ist, um hinreichend offensichtlich zu sein, gibt es einen Grund für einen Eingriff – aber sonst nicht. Der Hauptmissbrauch durch die Behörden ist immer noch ein Fall fabrizierter Behauptungen über Dinge wie „satanischen Missbrauch" oder minutiöses Eingehen auf eine reale Vernachlässigung zu Hause, kombiniert mit einer Weigerung, den möglicherweise größeren Schaden an den angeblich sicheren Orten zur Kenntnis zu nehmen. Aber wenn das oben dargestellte Prinzip im Fall des Rauchens akzeptiert wird, dann wird keine Familie im Land in Sicherheit sein.

Die Wahrheit, so vermute ich, ist, dass sich die meisten Gesundheitsfaschisten nicht wirklich Sorgen um die Kinder machen. Ihre wirkliche Sorge ist, wie sie Erwachsene vom Rauchen abhalten können. Als sie in den 1960er Jahren ihren Krieg gegen den Tabak begannen, beteuerten sie ihre Rechte, als unsere Beschützer aufzutreten, auf offen autoritäre Weise. Seit damals sind sie durch die Antwort, dass Erwachsene das Recht haben sollten, mit sich selbst das zu tun, was ihnen gefällt, in die Defensive gedrängt worden. Daher begannen sie in den 1980er Jahren, Statistiken über das Passivrauchen anzufertigen. Diese erlaubten ihnen die Behauptung, dass das Rauchen nicht eine rein selbstbezogene Handlung sei und es daher in der Öffentlichkeit reguliert werden dürfe, um Schaden an anderen abzuwenden.

Die wichtigsten anderen, die zu schützen sind, sind natürlich Kinder. Was wir jetzt sehen, ist das, was mein Freund Stuart Goldsmith das „Rettet-die-Kinderlein-Argument" nennt. Dieses wird als Ausrede verwendet, um das Verhalten von Erwachsenen zu regulieren, wenn sich alle anderen Ausreden als mangelhaft herausgestellt haben. Wir sehen es im Streit über Internet-Pornographie, über Werbung im Allgemeinen, über Drogen und über so gut wie alles, was einige Erwachsene vielleicht mögen, aber andere ihnen verbieten möchten, und wo eine offene Rechtfertigung zurückgewiesen wurde oder nicht leicht vorstellbar ist.

Ich akzeptiere keine bisher gesehene Behauptung, dass es so etwas wie Passivrauchen gibt. Aber wenn es existiert, ist die Vermutung angemessen, dass Kinder unter seinen unfreiwilligen Opfern seien. Aber die einzige Antwort in einer freien Gesellschaft ist die, diesem Umstand nicht durch das Gesetz beizukommen. Die Welt ist ein unvollkommener Ort, und keine Anzahl an Gesetzen kann sie vollkommen machen. Strafgesetze helfen, die schwerwiegenderen Schäden zu verhindern, die wir uns gegenseitig zuzufügen geneigt sein könnten. Aber wenn Gesetze gemacht werden, um Kinder vor mehr zu behüten als den unangemessensten Handlungen oder Lebensstilen ihrer Eltern, dann ist das ein Missbrauch unseres Rechtssystems. Es ist unwahrscheinlich, dass solche Gesetze ihren angegebenen Zweck erfüllen. Es ist sogar wahrscheinlich, dass sie größeren Schaden verursachen als das, was als Begründung für ihre Verabschiedung herangezogen wird.

Ich werde mich wundern, wenn ich am Sonntagmorgen all dies werde sagen können. Aber zumindest habe ich es geschrieben.

Die Passivrauch-Hysterie: Wenn die Propaganda der herrschenden Klasse sich als Wissenschaft maskiert[242]

Eine der Hauptnachrichtenmeldungen heute handelt von einem weiteren Bericht über das Passivrauchen. Dieser wurde von der Weltgesundheitsorganisation veröffentlicht und behauptet, dass jedes Jahr weltweit 603.000 Nichtraucher sterben, weil sie den Tabakrauch anderer inhaliert haben. Ein Drittel davon, fügt er hinzu, sind Kinder, und sie sind oft dem Rauch in ihren Wohnungen ausgesetzt. Diese Schlussfolgerungen basieren auf einer Betrachtung von Todesfällen im Jahr 2004 in 192 Ländern.[243]

Wissenschaft oder Propaganda?

Wissenschaftlich ist dieser Bericht wertlos. Das muss uns schon der gesunde Menschenverstand sagen. Mit an Sicherheit grenzender Wahrscheinlichkeit ist sein Zweck nicht die Beschreibung der Welt, sondern die Rechtfertigung der Macht derjenigen, die die Welt beherrschen. Er dient dazu, Steuern und andere Angriffe auf die Massen sowie die Beschäftigung einer Armee von Anhängern zu rechtfertigen. Der Umfang dessen, was moderne Staaten stehlen können, ist ohne Beispiel, und keine einzige Ideologie reicht heutzutage aus, um das zu legitimieren, was sie tun. Aber die Anti-Raucher-Bewegung ist ein wichtiger Strang in der Koalition der Kräfte, aus denen der bevormundende Staat besteht. Zusammen mit der Politischen Korrektheit, dem Ökologismus, Arbeitsschutzvorschriften und dem allgemeinen Wunsch, jeden Aspekt unseres Lebens zu regulieren, ist der Krieg gegen den Tabak die Entsprechung der Besessenheit mit religiöser Konformität oder der Leidenschaft für große militärische Einrichtungen, die die Legitimation früherer herrschender Klassen waren.

Als Beweis dafür betrachte man dieses Zitat der BBC-Reportage über den Bericht:

> „‚Dieser hilft uns, die wirklichen Kosten des Tabaks zu verstehen‘, sagte Armando Peruga von der Tobacco Free Initiative der WHO, der die Studie leitete.“

Allein der Name dieser Organisation sagt uns, dass der Bericht Propaganda ist. Es ist genauso unwahrscheinlich, dass die Tobacco Free Initiative die Gefahren des Passivrauchens leugnet, wie die katholische Kirche die Göttlichkeit Christi leugnen wird. Dann gibt es die Empfehlungen in diesem Bericht. Sie lauten:

> „dass die Bestimmungen der WHO-Rahmenkonvention über die Beschränkung des Tabaks sofort umgesetzt werden sollten, um an sämtlichen Innenraum-

> arbeitsplätzen, öffentlichen Plätzen und öffentlichen Transporteinrichtungen vollständig rauchfreie Räume herzustellen". (Seite 7 des Berichts.)

Es wird akzeptiert, dass ein Verbot des Rauchens in der Privatwohnung derzeit nicht durchsetzbar ist. Aber der Bericht fährt fort:

> „[D]iese Programme tragen entscheidend dazu bei, das Rauchen zu entnormalisieren, und sind hilfreich bei der Akzeptanz und Durchführung anderer Programme, die zur Senkung der Tabaknachfrage beitragen, wie zum Beispiel der Erhöhung der Tabaksteuer und einem umfassenden Verbot der Tabakwerbung, -promotion und des Tabaksponsorings." (Ebd.)

Das ist alles gänzlich vorhersehbar. Der Bericht ist lediglich ein weiteres Werk der Anti-Rauch-Propaganda. Das Endziel ist eine Welt, in der niemand raucht. Dieses ist schrittweise zu erreichen. Wenn noch nicht in den Wohnungen, so kann es aber überall sonst verboten werden. Als ich heute morgen im Radio die Reportage hörte, stand ich dem Bericht sofort ablehnend gegenüber. Jetzt, da ich ihn gelesen habe, habe ich keine Zweifel über seine Natur.

Da ich mir aber schon die Mühe gemacht habe, ihn zu lesen, kann ich auch erklären, warum der Bericht im Hinblick auf seine spezifischen Behauptungen über die 603.000 Todesfälle aufgrund Passivrauchens wertlos ist.

Der Beweis der Gefahr des Aktivrauchens

Ich beginne mit der Feststellung, dass im Jahr 2004 ungefähr 60 Millionen Menschen gestorben sein sollen. Von dieser Zahl sind 603.000 etwa ein Prozent. Die meisten Staaten sind nicht einmal in der Lage, die offensichtlicheren Bevölkerungsstatistiken zu sammeln. Wahrscheinlich haben die meisten afrikanischen Regierungen keine Ahnung, wieviele Menschen an Krankheiten wie Tuberkulose oder Malaria sterben – und dies sind unmittelbare Todesursachen. Wahrscheinlich haben sie keine richtige Vorstellung davon, wieviele Menschen jedes Jahr geboren werden oder sterben. Die Erwartung, dass auch nur in einer Minderheit der 192 untersuchten Länder verlässliche Statistiken über das Passivrauchen – von dem nur behauptet wird, dass es die Ursache anderer Todesursachen ist – zur Verfügung stehen, erfordert einen heldenhaften Glauben an die Ehrlichkeit und Kompetenz von Menschen, deren Inkompetenz und Unehrlichkeit allseits bekannt sind. Der Bericht behauptet nicht einmal, über verlässliche Statistiken zu verfügen. Er gibt zu, dass

> „[f]ür Länder, die keine Umfragedaten über das Passivrauchen haben, die Belastung modelliert wurde". (Seite 3 des Berichts.)

Das heißt, die Zahlen wurden geraten. Wer die Debatte über den „Klimawandel" verfolgt hat, wird wissen, dass Fakten, die aus Computermodellen abgeleitet werden, bestenfalls zweifelhaft sind.

Aber abgesehen von den Zahlen habe ich wirklich Zweifel, ob es einen Grund gibt für die Annahme, dass das Passivrauchen die Ursache anderer Todesursachen ist. Selbst im Fall des Aktivrauchens ist die Schadensbeweislage recht schwach. Die Aussage, dass das Inhalieren größerer Mengen an pflanzlichem Rauch den Lungen nicht guttut, scheint angemessen. Aber es ist sehr schwer zu sagen, welchen langfristigen Schaden es verursacht. Blicken wir jenseits der propagandistischen Behauptungen, dass das Rauchen die größte verhinderbare Ursache tödlicher Krankheiten ist, sehen wir nur eine Menge Spekulation. Weil wir die gesamte Progression von Tuberkulose und Malaria beobachten konnten, kennen wir ihre Ursachen. Wir waren in der Lage, Daten zu sammeln und Hypothesen aufzustellen und zu testen. In bezug auf Herzerkrankungen und Lungenkrebs sind wir nicht in dieser Position. Diese scheinen lange Vorlaufzeiten zu haben, während derer keine Symptome auftauchen. Sie auf irgendeine bestimmte Ursache zurückzuführen ist bislang nicht möglich gewesen.

Nach 60 Jahren der Erforschung der Auswirkungen des aktiven Rauchens sind das beste, was irgendwer gefunden hat, lediglich mögliche Korrelationen. Sie sind nicht mehr als mögliche Korrelationen, weil sie auf drei grundsätzlich schwachen Untersuchungsmethoden beruhen.

Erstens gibt es Kohortenstudien. Man nimmt zwei Gruppen von Menschen, wobei der einzige signifikante Unterschied zwischen den beiden der ist, dass die eine aus Rauchern besteht und die andere nicht. Die Mitglieder dieser Gruppen werden dann durch das Leben begleitet, periodisch befragt und ihre Krebsraten im hohen Alter verglichen. Diese Methode ist unzuverlässig, weil Menschen oft über ihr Verhalten die Unwahrheit sagen oder nicht in der Lage sind, darüber genau Buch zu führen. Anders als bei Tuberkulose und Malaria wird direkte Beobachtung durch Fragebogenforschung ersetzt. Es ist auch möglich, dass andere wichtige Variablen übersehen werden.

Zweitens gibt es Fallstudien. Hier werden Menschen, die bereits Krebs haben, gefragt, ob sie in der Vergangenheit geraucht haben und wenn ja, wieviel. Diese Methode ist noch unzuverlässiger. Es gibt das gleiche Problem der auf Selbstangaben beruhenden Daten, und es gibt die gleiche Möglichkeit, dass andere Variablen ignoriert werden könnten. Es gibt das zusätzliche Problem, dass nicht jeder Befragte die Fragen nach seinem

Lebensstil in der Vergangenheit beantworten will. Das Ergebnis ist eine unausgewogene Stichprobe.

Drittens gibt es ökologische Studien. Hier werden Belastungen als mögliche Krankheitsursachen eingeschätzt und dann mit dem Krankheitsvorkommen verglichen. Wenn diese Methode klar dargestellt wird, ist offensichtlich, dass sie fehlerhaft ist. Individuen werden nicht gefragt oder untersucht. Das einzige, was passiert, ist, dass umfangreiche Statistiken zusammengebracht werden und dann geschaut wird, was daraus auftaucht. Man stelle sich diesen möglichen Fall vor:

In London sterben drei Menschen pro 100.000 an Lungenkrankheiten. In Teheran sterben zwölf pro 100.000 an Lungenkrankheiten. Im Iran ist Blei im Benzin erlaubt, in Großbritannien nicht. Daraus können wir schließen, dass Blei in Benzin die Todesfälle aufgrund von Lungenkrankheiten um bis zu 400 Prozent erhöht.

Eine solche Behauptung sollte nie aufgestellt oder akzeptiert werden. Sie nimmt keine Rücksicht auf weitere Unterschiede zwischen London und Teheran – das Klima, den Umfang der Industrie in den beiden Städten, die Altersverteilung und das ethnische Profil in beiden Städten, den Standard der medizinischen Versorgung und so weiter. Der einzige Vorteil ökologischer Studien ist, dass sie, unter der Annahme, dass die zugrundeliegenden Statistiken selbst die Realität abbilden, Korrelationen aufzeigen.

Aber eine Korrelation, ob stark oder schwach, ist nicht dasselbe wie eine Ursache. Korrelationen können zu Hypothesen über Ursachen Anlass geben, stellen aber an sich keinen Ursachenbeweis dar. Auf der Grundlage dieser drei Methoden die Aussage zu machen, dass Rauchen Krebs verursacht, ist etwa so zulässig wie die Behauptung, dass, weil die meisten Fahrer von an Unfällen beteiligten Autos an dem Tag Brot gegessen hatten, Brot die Ursache von Autounfällen ist.

Die Gefahr des Passivrauchens

Bis jetzt habe ich die Möglichkeit einer Verknüpfung zwischen aktivem Rauchen und Herzkrankheiten oder Lungenkrebs diskutiert. Obwohl sie nicht zuverlässig sind, ist es möglich, von Korrelationen zu sprechen. Unter Berücksichtigung unterschiedlicher Absorbtionsraten wissen wir, was für eine Konzentration von Substanzen eine Zigarette in die Lungen transportiert. Wir können auch die sehr grobe Zahl an Zigaretten herausfinden, die manche Menschen rauchen oder geraucht haben. Aber es gibt kein Standardmaß dafür, wieviel Tabakrauch Nichtraucher passiv inhalieren mögen. Es gibt zu viele offensichtliche Variationen – Größe des Raums, Belüftung, wieviele Zigaretten im Raum geraucht wurden, wie lange man sich im Raum aufhielt, und so weiter und so fort. Wie beim aktiven Rauchen ist die Forschung von der Befragung von Menschen abhängig. Jemand ist vielleicht in der Lage, zu sagen, wieviele Zigaretten er jede Woche im Jahr 1998 geraucht hat. Was kann er über die Dichte des Zigarettenqualms in der Kneipe sagen, wo er zu trinken pflegte?

Fairerweise muss man sagen, dass die Autoren des Berichts still und leise die Wertlosigkeit ihrer Bemühungen zugeben:

> „Bei jeder Untersuchung dieser Art gibt es Unsicherheiten. Diese Einschränkungen umfassen Unsicherheiten bei: den zugrundeliegenden Gesundheitsdaten; den Belastungsdaten; der Auswahl der Studienpopulation (insbesondere der Ausschluss potentieller Wirkungen bei Rauchern); den Reichweiten der Wirkung und ihre Übertragungsfähigkeit auf andere Populationen und Belastungsbedingungen; der Last des aktiven Rauchens (abgezogen von der Gesamtlast, bevor die Belastung durch den Passivrauch geschätzt wird); und der Anfälligkeit von Ex-Rauchern. Aufgrund der Lücken in den Daten aus spezifischen Regionen, der Altersgruppen, die durch Modellierung ergänzt werden mussten, und

> der Variation der Belastungsdefinitionen in verschiedenen verfügbaren Studien ist die Schätzung der Belastungen eine der Schwächen dieses Ansatzes.“ (Seite 7 des Berichts.)

Aber anscheinend ist nichts davon in irgendeine der Pressemitteilungen oder der Reportagen der Tobacco Free Initiative eingebracht worden. Den Autoren wurde ein Auftrag gegeben. Außer in den Fällen, wo Kinder betroffen sind, wurden Behauptungen über aktives Rauchen üblicherweise mit dem Argument der freien Wahl beiseitegewischt. Es mag sein, dass sich Raucher Schaden zufügen, aber das ist ihr Problem. Die ganze Passivrauch-Hysterie scheint als eine Möglichkeit fabriziert worden zu sein, zu zeigen, dass Raucher anderen schaden. Damit wird mit formal liberaler Begründung, Dritte vor Schädigung zu schützen, eine Unterdrückung gerechtfertigt. Die Autoren dieses Berichts haben ihren Auftrag so gut es ging erfüllt, ungeachtet dessen, dass sie nicht wissen, was Passivrauchen eigentlich ist.

Was ist zu tun?

Feindliche Besprechungen von Anti-Rauch-Propaganda schließen oft damit, der betroffenen Körperschaft Verschwendung von Steuergeldern vorzuwerfen, und mit der Forderung, dass sie ihr Management reformiert. Ich glaube, das damit ein Mangel an Verständnis gezeigt wird. Aus Sicht unserer verschiedenen Herrscher war die Tobacco Free Initiative keine Geldverschwendung. Auch die vielen Forschungsprojekte und Kampagnen anderer Körperschaften sind keine. Ein zentraler Zweck dieser Körperschaften ist es, uns über die Gefahren des Rauchens zu belügen. Wer dort arbeitet, wird für seine Fähigkeit beschäftigt, voreingenommene Forschung durchzuführen und die resultierende Propaganda als wissenschaftliche Tatsache zu verkleiden.

Es hat keinen Sinn, vom gegenwärtigen Gesundheitsestablishment Änderungen zu verlangen. Die Erwartung, dass diese Leute beginnen, die Wahrheit zu sagen, ist so naiv wie die Erwartung, dass ein Immobilienmaklerbüro anfängt, Fahrstunden anzubieten.

Diese Flut an Propaganda und Lebensstilregulierung kann nur eingestellt werden, wenn man alle relevanten Körperschaften schließt – alle dort Beschäftigten pensionslos auf die Straße wirft und alle Datensätze vernichtet. Es kann sein, dass die umfassenden Forschungskürzungen, die mir vorschweben, uns einiges zufällig wahren und sogar nützlichen Wissens berauben. Aber das Leben in einer freieren Welt, wo die Wahrheit mehr Respekt erhielte, würde uns zweifellos für diesen Verlust entschädigen.

Anmerkungen

1 „The Daily Telegraph“, London, 20.09.1989.

2 Im Jahr 1970 wurde im Parlament gesagt, dass „es keinerlei Beweise dafür gibt, dass die Einnahme von Schnupftabak schädlich sein könnte“ („Hansard“, 15.12.1970). Diese Ansicht ist wiederholt von Dr. M.A.H. Russell untermauert worden, einem Experten, dessen Schriften gegen das Rauchen oft im „Guardian“ veröffentlicht werden (eine genaue Betrachtung seiner extravaganteren und absurderen Behauptungen findet sich in meinem „The Right to Smoke: a Religious View“, FOREST 1989 – das, füge ich hinzu, jeden Penny wert ist. Für seine Beweise hinsichtlich des Schnupftabaks siehe „The Lancet“, 01.03.1980; „The British Medical Journal“, 26.09.1981; „The Lancet“, 14.12.1985). Soweit ich weiß, hat niemand jemals angedeutet, dass die passive Schnupftabakeinnahme gefährlich sein könnte. Im Jahr 1978 akzeptierte die Regierung die Beweislage und befreite den Schnupftabak von der Verbrauchssteuer in der Hoffnung, dass sie den Konsum von einem für gefährlich gehaltenen Tabakprodukt auf ein bislang für völlig sicher gehaltenes verlagern könnte. Der hierdurch entstandene Unterschied im Preis ist beachtenswert. Meine rauchenden Freunde geben durchschnittlich zehn Pfund pro Woche für Zigaretten aus. Mit fünf Pfund habe ich Schnupftabak gekauft, der für den Rest des Jahrhunderts vorhalten wird.

3 Tatsächlich gibt es keinen soliden Beweis für irgendein Risiko aufgrund von „passivem Rauchen“. Es wird ständig behauptet, dass solche Beweise gefunden worden sind, und Skeptiker werden auf den „Fourth Report of the Independent Scientific Committee on Smoking and Health“ verwiesen, ein im März 1988 von der Regierung veröffentlichtes 68-seitiges Dokument. Dieser Bericht stützt tatsächlich die Behauptung, dass ein nichtrauchender Ehepartner eines Rauchers ein um etwa 10 bis 30 Prozent höheres Risiko hat, Lungenkrebs zu bekommen, als ein nichtrauchender Ehepartner eines Nichtrauchers. Aber wenn wir uns die Zahlen anschauen und nicht das, womit sie oft überlagert werden, so erkennen wir, dass der Anstieg des Lungenkrebsrisikos von 10 zu 100.000 auf 12 oder 13 zu 100.000 beträgt. Erstens würde nur ein Narr oder Fanatiker, dem der gesunde Menschen-

verstand egal ist, angesichts eines solch trivialen Risikos in Panik geraten. Zweitens kann eine statistische Variation, die so breit ist, als ziemlich bedeutungslos betrachtet werden (siehe T.E. Utley, „Morality overcome by fumes", „The Times", London, 29. März 1988).

4 Maurice Weaver, „Stubbing out the habit", „The Daily Telegraph", London, 20.09.1989.

5 Wo ich gerade dabei bin, im Fernsehen gemachte Aussagen zu zitieren, könnte ich auch die Worte von Joyce Epstein hinzufügen, der stellvertretenden Direktorin von ASH. Gefragt am 12.08.1989 in der BBC-Sendung „Over to You", ob Zigaretten komplett verboten werden sollten, antwortete sie, dass es „kein Recht auf Rauchen" gebe. Das ist natürlich zweideutig. Sie mag gemeint haben, dass wir kein Recht haben, das zu tun, was sie für schädlich für uns hält. Andererseits mag sie der schrecklichen – und gänzlich unenglischen – Vorstellung die Stimme verliehen haben, dass alles, was nicht ausdrücklich erlaubt ist, gesetzlich verboten ist. In beiden Fällen, das brauche ich kaum zu sagen, hätte sie Schwierigkeiten, irgendeinen prinzipiellen Einwand gegen Stalin oder Hitler zu erheben.

6 „The Daily Telegraph", London, 14.11.1989. Es mag von Interesse sein, dass in Griechenland starke Zigaretten bis 2006 verkauft werden dürfen.

7 Ebd.

8 Unter den eingebildeten – oder zumindest unbewiesenen – Gefahren des Tabaks betrachte man folgendes: Im „Hamburger Fremdenblatt" (22.03.1944) wurde ein Artikel von einem G. Wenzmer veröffentlicht. Unter dem Titel „Sollte Frauen das Rauchen erlaubt sein?" argumentierte er, dass das Rauchen die Eierstöcke schädige. Es wurde behauptet, dass Ehen von starken Rauchern im Durchschnitt 0,66 Kinder hervorbrachten, während Ehen von Nichtrauchern durchschnittlich drei Kinder hatten – zitiert bei Richard Grunberger, „A Social History of the Third Reich", Weidenfeld & Nicolson, London 1971, S. 264.

9 Robert Proctor, „Racial Hygiene: Medicine under the Nazis", Harvard University Press, Mass. 1988, S. 248.

10 Ebd., S. 240.

11 Zitiert bei Heather Ashton & Rob Stepney, „Smoking: Psychology and Pharmacology", Travistock Publications, London 1983, S. 144.

12 Man nehme zum Beispiel das Gloucestershire County Council, das seinen Angestellten zwei Jahre gab, um das Rauchen aufzugeben. Ein Scheitern

würde die Entlassung bedeuten („The Daily Telegraph", London, 6. Oktober 1989). Man nehme auch eine der Abteilungen im Registergericht des High Court of Justice. Im Januar 1990 verfügte der Oberbeamte dort ein Rauchverbot unter der Angabe, dass eine separate Einrichtung für Raucher bereitgestellt würde. Bis zum nachfolgenden August wurde keine solche Einrichtung angeboten – obwohl, als möglicher Ausgleich dafür, das Verbot von Zeit zu Zeit aufgehoben wurde. Das Justizministerium als ganzes unterzieht sich derzeit einem lächerlichen Verfahren einer „Beratung" in Vorbereitung der Auferlegung eines allgemeinen Verbots.

13 Tatsächlich war es der 21. Oktober, der wahre 12. fiel auf den vorvergangenen Mittwoch. Sämtliche europäischen Daten vor der Kalenderreform von 1582 werden noch immer im alten Stil gegeben, der am Ende des 15. Jahrhunderts seit 325 nach Christus neun Tage verloren hatte. Dies ist ein trivialer Punkt, aber da er zweifellos im Jahr 1992 bis zum Erbrechen in den Leserbriefen der „Times" thematisiert werden wird, kann ich das eigentlich hier machen, bevor es andere tun.

14 4. Buch Mose 16:46-50.

15 Plinius der Ältere, „Naturalis historia", Buch XII, Kap. xxxii.

16 Einige Orakel wurden allein mit zwanghaften Mitteln besetzt. Siehe zum Beispiel Trimalchios Erinnerung: „Oh, mit meinen eigenen Augen habe ich die Sybille bei Cumae in ihrem Käfig hängen sehen. Und wenn die Jungen kamen und sie fragten: ‚Sybille, was möchtest du', so antwortete sie: ‚Ich möchte sterben.'" („Cena Trimalchionis", Kap. 48.)

17 Plinius, op. cit., XXXVIII, liii.

18 Ebd., lxiii.

19 Ebd., lxvii: „[in casu phthisiscis] fimi... aridi sed pabulo viridi pasto bove fumum harundinehaustum prodesse tradunt". Später in seinem Werk (XXIX, v) verweist Plinius ohne erkennbare Ironie auf die beliebte Grabinschrift „turba perivi medicorum" (ich wurde von den Ärzten umgebracht).

20 Herodotus, „The Histories", übersetzt von Aubrey de Sélincourt (überarbeitet von A.R. Burn), Penguin Books, Harmondsworth, Middlesex, 1972, S. 295 (im Original – D, lxxiv-lxxv).

21 Eine Legende der Huronen zum Beispiel erzählt davon, wie, lange vor dem Kommen des weißen Mannes, eine große Hungersnot über das Land kam. Alle Stämme kamen zusammen in einem Rat und riefen den großen Manitu um Hilfe. Die Antwort war, dass ein schönes und nacktes Mädchen aus den

Wolken herabschwebte. Es setzte sich vor den Menschen auf den Boden, stützte sich mit seinen Handflächen ab und verkündete, dass es gesandt worden war, um Nahrung zu bringen. Mit diesen Worten kehrte es in den Himmel zurück. Wo seine rechte Handfläche gewesen war, spross Mais, und wo die linke gewesen war, Kartoffeln. Aber wo es gesessen hatte, erschien Tabak (siehe W. Koskowski, „The Habit of Tobacco Smoking", Staples Press Ltd, London, 1955, S. 39-40). So sehr diese Geschichte unsere Phantasie ansprechen mag, ist sie wahrscheinlich nicht wahr.

22 Der früheste erhaltene Bericht über das Rauchen wurde 1497 vom päpstlichen Missionar Romano Pane in seinem „De Insularium Ritibus" geschrieben.

23 Dies wird in jenem Jahr von Jean Liébault in „L'Agriculture et Maison Rustique" wiedergegeben. Einige Jahrhunderte lang wurde er unter heilkundlichen Autoren unter dem Namen „petum" geführt, was von einem alten brasilianischen Wort für die Pflanze abgeleitet zu sein scheint. Die Etymologie der volkstümlichen Namen wie „Tabak", „Tobak" und so weiter ist weniger leicht zu bestimmen. Sie könnten von Ortsnamen wie „Tobasco" oder „Tobago" abgeleitet sein; oder von „Toboca", dem Namen der von einigen Indianern gerauchten Pfeife in Y-Form. Von Zeit zu Zeit sind andere Erklärungen vorgebracht worden. Aber statt einer Besprechung all dieser scheint es gerechtfertigter zu sein, zu sagen, dass niemand den Ursprung kennt.

24 Da ich sechs Monate gebraucht habe, um eine halbe Unze zu verbrauchen, halte ich diese Konsumquote für fast unglaublich. Jedoch las ich, dass Napoleon acht Pfund pro Monat nahm und dass Friedrich der Große, der Schnupftabakdosen, außer als Schmuckstücke, verachtete, seine Hosentasche täglich mit Schnupftabak füllte!

25 Paul Hentzner, „Itinerarium", Nürnberg 1612 – zitiert bei Compton Mackenzie, „Sublime Tobacco", Chatto & Windus, London, 1957, S. 88.

26 Koskowski, op. cit., S. 35.

27 Mackenzie, op. cit., S. 345. Das Leben dieses Autors (1883-1972), der sowohl Romanschriftsteller, Essayist, Dichter, Dramatiker, als auch ein klassisch Liberaler war, umfasst ziemlich genau die große sozialistische Unterbrechung. Aber er fand Trost im Tabak. Er rauchte seine erste Zigarette im Jahr 1887 und seine erste ganze Zigarre 1891; und nach seiner eigenen, groben Schätzung hatte er bis zum 29. August 1956 200.000 Tabakpfeifen

gerauchte. (Ebd.)

28 Zitiert bei Graf Egon Corti, „Die Geschichte des Rauchens“, nach der engl. Ausgabe George G. Harrap, London, 1931, S. 257

29 Ebd., S. 254-255.

30 Oscar Wilde, „The Picture of Dorian Gray“, New American Library, New York 1962, S. 93.

31 Florence King, „I’d Rather Smoke than Kiss“, in „National Review“, New York, 09.07.1990.

32 „Ilias“, IX, 322-328:

„ὦ πέπον εἰ μὲν γὰρ πόλεμον περὶ τόνδε φυγόντε
αἰεὶ δὴ μέλλοιμεν ἀγήρω τ’ ἀθανάτω τε
ἔσσεσθ’, οὔτέ κεν αὐτὸς ἐνὶ πρώτοισι μαχοίμην
οὔτέ κε σὲ στέλλοιμι μάχην ἐς κυδιάνειραν:
νῦν δ’ ἔμπης γὰρ κῆρες ἐφεστᾶσιν θανάτοιο
μυρίαι, ἃς οὐκ ἔστι φυγεῖν βροτὸν οὐδ’ ὑπαλύξαι,
ἴομεν ἠέ τῳ εὖχος ὀρέξομεν ἠέ τις ἡμῖν.“

[Deutsche Übersetzung nach H.J. Voß bearbeitet von E. Gottwein, http://www.gottwein.de/Grie/hom/il12de.php (abgerufen am 09.08.2016).]

33 Zitiert in Corti, op. cit., S. 103.

34 Ebd., S. 99.

35 David Ogg, „England in the Reign of Charles II“, Oxford University Press, 2. Auflage 1956, Band 1, S. 292.

36 „The Diary of Samuel Pepys“ (Robert Latham und William Matthews, Hrsg.), Bell & Hyman Limited, London 1972, Bd. VI, S. 120.

37 Ebd., Fußnote 2.

38 Zitiert bei Mackenzie, op. cit., S. 157-158.

39 W. Hale-White, „Textbook of Pharmacology and Therapeutics“, Pentland Young, Edinburgh; zitiert in Ben Whittaker, „The Global Fix: the Crisis of Drug Addiction“, Methuen, London, 1988, S. 146.

40 Siehe zum Beispiel David Loshak, „A Whiff of Consolation for the Smoker“, in „The Daily Telegraph“, London, 30.10.1981; oder den verstorbenen T.E. Utley, „Lighting up for Liberty“, in „The Times“, London, 03.08.1987.

41 Siehe zum Beispiel Cornelia H. Dam: „Die Handlung des Rauchens, selbst bei normalen Ereignissen, entsprach dem Schwur gegenseitigen Vertrauens unter den Indianern, so wie es die Einnahme von Salz unter den Arabern

ist, und der Schwur der Friedenspfeife wurde von Individuen oder Stämmen selten gebrochen, bis der weiße Mann kam und den Indianern den materiellen Vorteil der Niederträchtigkeit beibrachte." („Tobacco among the Indians", in „The American Mercury", XVI.61, Januar 1929, S. 76.)

42 Joseph Addison, Richard Steele et al., „The Spectator", Nr. 568, 16. Juli 1714, „Everyman"-Ausgabe, London, 1966, Bd. 4, S. 287.

43 Thomas Babington Macaulay, „History of England from the Accession of James II" (1849-61), Everyman Books, J.M. Dent, London, 1910, Bd. 1, S. 285 (Kapitel III).

44 „Quoy qu'en dise Aristote, et sa digne Cabale,
Le Tabac est divin, il n'est rien qui l'égal..". Zeilen aus seinem „Le Festin de Pierre" von 1677, eine Versfassung von Molières „Don Juan". Corti, op. cit., S. 179 und Illustration gegenüber S. 188.

45 Siehe oben, Fußnote 21.

46 Koskowski, op. cit., S. 70.

47 Ebd. Zur Bestätigung des letzteren zitiert Koskowski B. Laufer, W.D. Hambly und R. Linton, „Tobacco and Its Use in Africa", Field Museum of Natural History, Chicago, 1930.

48 Ein Priester, der diesen Unterschied nicht machen konnte, war ein Pater Nobrega, der im Jahr 1550 sein Bedauern in einem Brief nach Hause zum Ausdruck brachte: „Sämtliche Lebensmittel sind schwer zu verdauen, aber Gott hat mit einer Pflanze Abhilfe geschaffen, deren Rauch der Verdauung und als Gegenmittel für andere Beschwerden hilft und der die Feuchtigkeit aus dem Magen vertreibt. Keiner unserer Brüder benutzt sie, auch nicht irgendein anderer Christ, um nicht die Ungläubigen nachzuahmen, die sie sehr mögen. Ich brauche sie wegen der Feuchtigkeit und meines Katarrhs, aber ich übe Enthaltsamkeit – [ich möchte] nicht, was mir nützt, sondern was gut für die vielen ist, damit sie errettet werden." Zitiert in: „The Social Role of Smoking", in Robert D. Tollinson (Hrsg.), „Smoking in Society: Towards a More Balanced Assessment", D.C. Heath, Lexington, Mass., 1986, S. 170.

49 Veröffentlicht am 27.10.1589 – zitiert in Corti, op. cit., S. 107.

50 1 Kor., 6:9-10.

51 Zu diesem und einigen folgenden Punkten, siehe mein „The Right to Smoke: A Christian View", Kapitel 2 im vorliegenden Werk.

52 1. Kor., 11:14: „Lehrt euch denn nicht schon die Natur, dass es für den

Mann eine Unehre ist, wenn er sein Haar lang trägt", „οὐδὲ ἡ φύσις αὐτὴ διδάσκει ὑμᾶς ὅτι ἀνὴρ μὲν ἐὰν κομᾷ ἀτιμία αὐτῷ ἐστιν."

53 2. Petr. 2:12: „οὗτοι δέ, ὡς ἄλογα ζῷα γεγεννημένα φυσικὰ εἰς ἅλωσιν καὶ φθοράν, ἐν οἷς ἀγνοοῦσιν βλασφημοῦντες, ἐν τῇ φθορᾷ αὐτῶν καὶ φθαρήσονται."

54 Ebd., S. 115. Zitiert nach H. Piltz, „Über den Tabak und das Rauchen", Leipzig, 1899, S. 148.

55 Corti, op. cit., S. 50.

56 Macaulay, „History", op. cit., Bd. 1, S. 129 (Kapitel III).

57 Jacob Balde, „Die truckene Trunkenheit", Nürnberg 1658. Zitiert in Corti, op. cit., S. 119.

58 Ebd., S. 110. [Quelle des deutschen Textes: http://www.pfeife-tabak.de/Artikel/Verschiedenes/Rauchverbot/verbot.html, aufgerufen am 31.08.2016.]

59 Ebd., S. 116.

60 Markus, 7:15.

61 „Koran", Sure 5, 90. [Quelle des deutschen Textes: http://islam.de/13827.php?sura=5, aufgerufen 01.09.2016.]

62 Zu diesem Punkt siehe H. J. Eysenck, „Smoking and Health", Tollinson, op. cit., S. 32-37.

63 Mackenzie, op. cit., S. 102.

64 „Misocapnus Sive de Abusu Tobacci Lusus Regius" (Hass des Rauchens, oder eine königliche Betrachtung des Tabakgebrauchs), London, 1603. Ich habe nie ein Exemplar dieses Pamphlets gesehen, sondern folge der von Corti, op. cit., S. 76-77 geschriebenen Zusammenfassung.

65 „A Counterblaste to Tobacco", 1604, Rodale Press, London, 1954, S. 32.

66 Ebd., S. 36.

67 Mackenzie, op. cit., S. 110.

68 Corti, op. cit., S. 92.

69 Mackenzie, op. cit., S. 213-214, zitiert ein Beispiel einer erteilten Lizenz, datiert vom 03.06.1756:

„Auf Antrag an Seine Majestät und seinen Rat wurde hiermit angeordnet, zum Zweck des Tabakexports nach Frankreich, entsprechend der Vorgehensweise im letzten Krieg mit Frankreich, unter dem großen Siegel für das folgende Schiff einen Pass auszuhändigen. Die ‚Marion of Glasgow', gebaut in Großbritannien, Last ungefähr 150 Tonnen, eine Mannschaft von zwölf, Schiffsführer Alexander Morrison, beladen mit 200 Holzfässern Tabak, die von Glasgow nach Bordeaux segelt.

Ich bin beauftragt, Ihnen diese Information der Kommissare des königlichen Zolls zu übermitteln und den entsprechenden Beamten im Hafen von Glasgow, von dem das Schiff abzulegen hat, die notwendigen Anweisungen zu geben."

70 Gordon L. Dillow, „The Hundred-Year War Against the Cigarette", nachgedruckt aus der Ausgabe Februar/März 1981 von „American Heritage" des Tobacco Institute, Washington D.C., S. 6.

71 Ebd., S. 7.

72 Ebd.

73 Ebd., S. 12.

74 Ebd., S. 14. Man vergleiche das jedoch mit den 695 Milliarden, die 1978 produziert wurden – S. 6. Viele davon wurden für den Export und nicht für den nationalen Konsum produziert. Aber die schier unvorstellbare Zahl gebietet Achtung vor der produktiven Kraft der amerikanischen Volkswirtschaft.

75 Zitiert bei Milton Friedman, „An Economist's Protest: Columns in Political Economy", Thomas Horton, New Jersey, 1972, S. 160.

76 Ebd.

77 Whittaker, op. cit., S. 137.

78 Er produziert die folgende Tabelle – die ich kürze – durchschnittlicher Zahlen pro Kopf der Bevölkerung:

Land	Gerauchte Zigarren pro Kopf		Gerauchte Zigaretten pro Kopf	
	Vor 1914	1927	Vor 1914	1927
Deutschland	119	103	195	502
England	12	4	201	811
Frankreich	16	10	96	248
Niederland	---	157	---	341
Italien	34	39	104	372
Schweden	38	33	115	233
USA	90	62	143	840

79 Ebd., S. 265-267.

80 Schriftliche Antwort, „Hansard“, 19.12.1988, S. 28.

81 M. A. Plant, „Drugs in Perspective“, Hodder & Stoughton, London, 1987, S. 66.

82 M.A.H. Russell 1971, zitiert in Heather Ashton und Rob Stepney, „Smoking: Psychology and Pharmacology“, Tavistock Publications, London, 1983, S. 140.

83 John Stuart Mill, „On Liberty“ (1859), Everyman Books, J. M. Dent., London, 1977, S. 73.

84 „The Times“, London, 03.04.1986.

85 „The Times“, London, 12.07.1986.

86 Zitiert in Ashton und Stepney, op. cit., S. 144.

87 „The Times“, London, 27.01.1986.

88 Edward Norman, „Christianity and the World Order“ (die BBC-Reith-Vorlesungen für 1978), Oxford University Press, 1979, S. 2. In diesem Aufsatz übernehme ich nicht Dr. Normans Sicht, dass den christlichen Doktrinen keine politische Ideologie innewohne. Aber ich bewundere die Kraft und Klarheit, mit der er die Anmaßung heutiger politischer Kleriker bloßstellt.

89 Siehe Edward Gibbon, „History of the Decline and Fall of the Roman Empire“ (1776-1787), Everyman Books, J. M. Dent, London, 1962, Bd. 3, S. 119 (oder, in jeder Ausgabe, den ersten Absatz in Kapitel XXVII).

90 Eine 1971 herausgegebene Warnung des Royal College of Physicians; zitiert in Whitaker, op. cit., S. 147.

91 Markus 9:44 (wiederholt in 9:46).

92 Matt. 7:16.

93 Ayn Rand, „Atlas Shrugged“, Random House, New York, 1957, zitiert in Ayn Rand u.a., „Capitalism: The Unknown Ideal“, New American Library, New York, 1967, S. 323.

94 Lev., 20:15.

95 „Metaphysik“ I, 1, und „Analytica posteriora“ II, 15 et passim.

96 Thomas von Aquin, „Summa Contra Gentiles“, Bd. I, Kap. iii. Sämtliche Übersetzungen [ins Englische] von diesem Werk sind meine eigenen. Jene von den „Summa Theologiae“ sind entweder mit denen der dominikanischen Pater abgeglichen oder von ihnen gänzlich übernommen. Was diese rationalistische Behauptung angeht, so wird sie formell noch immer von der römisch-katholischen Kirche aufrechterhalten. Siehe Heinrich Joseph

Dominikus Denzinger: „Wenn jemand abstreitet, dass der eine und einzige Gott unser Schöpfer und Herr durch die Schöpfung durch das natürliche Licht menschlicher Vernunft erkannt werden kann, möge ihn der Kirchenbann treffen." („Enchiridion Symbolorum Definitionum et Declarationum de Rebus Fidei et Morum", 1873, 31. Auflage, Herder, Freiburg, 1960, Cap. 1806.

97 Die klarste und längste Entwicklung der Epistemologie Rands findet sich in David Kelley, „The Evidence of the Senses: A Realist Theory of Perception", Louisiana State University Press, 1986.

98 David Hume, „A Treatise of Human Nature", 1739, Buch I, Teil III, Sektion xii.

99 René Descartes, „Discours de la Méthode", 1637, Teil IV. Siehe auch Augustinus (354-430), „De Civitate Dei", Buch XII, Kap. 26: „Si fallor sum".

100 Matt., 6:27.

101 Anselm (1033-1109), „Proslogion", Kap. 1.

102 Aus dem ersten der 39 Glaubensartikel, denen alle Anglikaner zustimmen sollen.

103 Röm., 13:9

104 Thomas von Aquin (1226-1274), „Summa Theologiae", I-II, 94, 2. Das eingebettete Zitat „Quae natura omnia animalia docuit" ist in meinem Text nicht identifiziert. [Ich glaube, es ist von Ulpian, einem römischen Juristen des 3. Jahrhunderts – „was die Natur jedes Tier gelehrt hat". SIG, Januar 2005.]

105 Zitiert in William Edward Hartpole Lecky, „History of European Morals from Augustus to Charlemagne", 1869, Longmans, Green, London, 1911, Bd. 2, S. 112.

106 Ebd.

107 Macaulay, „History", op. cit., Bd. 1, S. 129 (oder, in anderen Ausgaben, der elfte Paragraph in Kapitel II).

108 Leslie Stephen (der Vater der Schriftstellerin), zitiert in Gertrude Himmelfarb, „Victorian Minds", Weidenfield & Nicolson, London, 1968, S. 310.

109 Siehe Gibbon:

„Dieses freiwillige Martyrium [von Simeon Stylites] muss das Empfindungsvermögen sowohl des Geistes als auch des Körpers allmählich zerstört haben; es kann auch nicht angenommen werden, dass die Fanatiker, die sich selbst quälen, eine lebhafte Zuneigung zum Rest der Menschheit verspüren. In jedem Zeitalter und Land ist das Kennzeichen von Mönchen ein grausames, gefühlloses Naturell gewesen: Ihre strenge Gleichgültigkeit, die selten durch persönliche Freundschaft besänftigt wird, ist durch religiösen Hass entzündet; und ihr gnadenloser Eifer kam bei der Ausübung des heiligen Amts der Inquisition heftig zum Tragen.“ (Gibbon, op. cit., Bd. 4 [Kap. XXXVII], S. 18.)

110 Siehe ein sehr berüchtigtes Beispiel in Eusebius, „Kirchengeschichte“, Buch V, Kap. 8. Als Origenes von Alexandria, der schon als Knabe ein Schwärmer war, etwa 20 Jahre alt war, über den Text von Matthäus, 19:12 nachdachte – „es gibt Verschnittene, die von Mutterleib so geboren sind; und es gibt Verschnittene, die von den Menschen verschnitten worden sind; und es gibt Verschnittene, die sich selbst verschnitten haben um des Reiches der Himmel willen. Wer es fassen kann, der fasse es“ –, fasste er einen Entschluss und kastrierte sich auf der Stelle. Erst einige Zeit später erkannte er, dass seine Exegese zu wörtlich gewesen war. Seine Geschichte kann zur Illustrierung mehr als nur einer Moral herangezogen werden.

111 Hohelied, 1:2.

112 Lukas, 22:15.

113 Sprichwörter, 23:20-21.

114 I Kor., 6:10.

115 M. A. H. Russell im Jahr 1976, zitiert in Ashton und Stepney, op. cit., S. 53.

116 M. A. H. Russell im Jahr 1977, zitiert in ebd., S. 140.

117 M. A. H. Russell im Jahr 1971, zitiert in ebd.

118 M. A. H. Russell im Jahr 1977, zitiert in ebd.

119 Eine umfassendere Diskussion dieses Punktes (von der meine eigene weitgehend eine Kurzfassung ist) findet sich in Ashton und Stepney, op. cit., S. 58-60.

120 M. A. H. Russell im Jahr 1980, zitiert in Ashton und Stepney, op. cit., S. 141.

121 Office of Population Censuses and Surveys, 1980, zitiert ebd.

122 Whitaker, op. cit., S. 153.

123 Whitaker, op. cit., S. 146.

124 Siehe seinen Artikel „Lighting up for Liberty“, in „The Times“, London, 03.08.1987.

125 Siehe ihren Artikel „I Don’t Want to Scream and Yell at the Family, so I Smoke“, in „The Guardian“, London und Manchester, 25.05.1981.

126 David Loshak, „A whiff of consolation for the smoker“, „The Daily Telegraph“, London, 30.10.1981.

127 Thomas von Aquin, „Summa Theologiae“, I-II, 30, 4.

128 Thomas von Aquin, „Summa Contra Gentiles“, Lib. III, cap. cxxii. Sein hier diskutiertes Hauptthema ist die interessante und vielleicht wichtige Frage, ob Unzucht und Analverkehr zu unnatürlichem Samenaustritt führen und so die Fortpflanzung behindern.

129 Zitiert in Ashton und Stepney, op. cit., S. 4.

130 Zu diesem Punkt siehe Augustinus, op. cit., Lib. I, cap. 19.

131 Ein höchst erbauliches Beispiel der Güte Gottes in dieser Hinsicht findet sich im Buch Ijob.

132 Procopius, „De Bello Persico“, Lib. XXIII, cap. 1. Siehe auch J. N. Biraben und J. le Goff, „La Peste dans le Haut Moyen Age“, in „Annales: Economies, Sociétés, Civilisations“, 24, 1969, S. 1484-1510.

133 Boethius, „De Consolatione Philosophiae“, Lib. V, cap. 90-105.

134 Psalmen, 44:21, 22.

135 Siehe Thomas von Aquin: „Das menschliche Gesetz verbietet nicht jedes Laster, von dem tugendhafte Menschen Abstand nehmen, sondern nur die schwerwiegenderen Laster ... [die] ... wenn sie nicht verboten wären, es unmöglich machen würden, die menschliche Gesellschaft zu ertragen.“ („Summa Theologiae“, I-II, 96, 2.)
Isoliert betrachtet, könnte dies als deutlicher Widerspruch gegen die Position von Ambrosius verstanden werden. In vielerlei Hinsicht verdient Thomas tatsächlich eine prominente Position in der Geschichte libertären Denkens. Aber ungeachtet dessen war er auch ein katholischer Theologe des 13. Jahrhunderts; und obwohl er sich nachdrücklich gegen den wahnsinnigen religiösen Eifer stellte, der Gesellschaften in Stücke zerreißt, widersetzte er sich nicht der Intoleranz an sich. Zu diesem Punkt siehe ebd., II-II. 8 und 10.

136 Erzählt von Peter Taylor in „Smoke Ring: The Politics of Tobacco“, The Bodley Head, London, 1984, S. 83.

137 Dies ist keine revolutionäre Behauptung von Rechten. Ohne Durchsicht der Verfassungsdokumente der britischen und amerikanischen Geschichte wende ich mich nochmals Thomas von Aquin zu:
„Gesetze können aus zwei Gründen ungerecht sein. Erstens können sie der Menschheit zum Nachteil gereichen ... entweder im Hinblick auf ihren

Zweck – wenn beispielsweise ein Herrscher Gesetze auferlegt, die belastend sind und nicht dem Allgemeinwohl dienen, sondern seiner eigenen Habgier oder Eitelkeit, oder im Hinblick auf ihren Schöpfer – wenn er beispielsweise seine ihm angemessene Machtbefugnis überschreitet – oder im Hinblick auf ihre Form, wenn ihre Last ungleich verteilt wird, obwohl ihr Zweck das Allgemeinwohl war. Solche Gesetze entsprechen mehr der Gewalt als dem wahren Gesetz ... Sie stimmen ihnen daher in ihrem Gewissen nicht zu, außer vielleicht zur Vermeidung des Skandals und der Unordnung." („Summa Theologiae", I-II, 96, 4.)

138 Siehe Thomas von Aquin:
„Der Sturz einer solchen Regierung ist nicht streng genommen Aufruhr, es sei denn, er wird von einer solchen Störung der Ordnung begleitet, dass die Gemeinschaft größeren Schaden erleidet als von der tyrannischen Regierung." (Ebd., II-II, 42, 2.)

139 Margaret Thatcher, „In Defence of Freedom: Speeches on Britain's Relations with the World 1976-1986", Aurum Press, London, 1986, S. 17.

140 Betrachten Sie als Beispiel folgendes: Im Dezember 1983 behauptete David Simpson, der Direktor der Aktionsgruppe Action on Smoking and Health (ASH), dass die letzten vier Könige Großbritanniens an den Folgen des Rauchens gestorben seien. Am 22. des Monats setzte Bernard Levin in der „Times" diese Behauptung der Lächerlichkeit aus und nannte ihren Autor einen „unverantwortlichen und absurden" Fanatiker. Sein einziger Beleg scheint tatsächlich der gewesen zu sein, dass erstens jeder dieser Könige gelegentlich geraucht hat und zweitens jeder von ihnen jetzt tot ist. Post hoc ergo propter hoc.

141 Zahlen zitiert in H. Ashton und R. Stepney, „Smoking Psychology and Pharmacology", London, Tavistock Publications, 1983, S. 11.

142 Schriftliche Antwort, „Hansard" (britisches Parlamentsprotokoll), 19.12.1988, S. 28.

143 „Guardian", 31.03.1977; zitiert in Ashton und Stepney, op. cit., S. 140.

144 Zitiert ebd., S. 140.

145 Ebd., S. 141.

146 Ebd., S. 141.

147 Whitaker, op. cit., S. 153.

148 Ashton und Stepney, op. cit., S. 141.

149 Ebd., S. 142.

150 Ebd.

151 Whitaker, op. cit., S. 149.

152 Ashton und Stepney, op. cit., S. 25.

153 Ebd., S. 24.

154 Unabhängig davon, ob Rauchen jemals gut für die Gesundheit sein kann oder nicht, hat das Aufgeben des Rauchens auf jeden Fall ein Todesopfer gefordert. Im Jahr 1986 gab es eine bedauernswerte Dame, die, nachdem sie mit dem Rauchen aufgehört hatte, prompt an den Folgen eines Asthmaanfalls starb, der aufgrund nervöser Unruhe ausgelöst worden war. Siehe „The Times", London, 17.10.1986.

155 Ashton und Stepney, op. cit., S. 25.

156 Berichtet in „The Times", London, 13.11.1984. Ich habe noch nie eine solche Karte gesehen; aber die öffentliche Aufmerksamkeit, die dieser Plan erhielt, mag als ausreichend betrachtet worden sein, so dass man darauf verzichtete, ihn tatsächlich umzusetzen.

157 Siehe Fußnote 2 oben.

158 „The Times", London, 20.01.1987.

159 Berichtet in „The Times", London, 30.01.1987. Es entbehrt nicht einer glänzenden Ironie, dass die Partei der rauchgeschwängerten Räume ernsthaft Maßnahmen gegen die Zigarette diskutiert.

160 Im Britischen Museum liegt dauerhaft ein Exemplar der Magna Carta aus. Ihr Latein ist nicht sehr klassisch und die Schriftzeichen schwer auszumachen. Aber der 39. Artikel lautet:

„Nullus liber homo capiatur vel imprisonetur aut disseisietur aut utlagetur aut aliquo modo destruatur nec super eum ibimus nec super eum mittemus nisi per legale iudicium parium suorum vel per legem terr[a]e."

Grob übersetzt bedeutet das:

„Es darf kein freier Mann festgenommen oder inhaftiert oder um sein Eigentum gebracht oder geächtet oder auf irgendeine andere Weise geschädigt werden – es sei denn durch das rechtmäßige Urteil seiner Standesgenossen, oder durch das Landrecht."

161 J. S. Mill, „On Liberty", op. cit., S. 72-73.

162 In der BBC gesendete Wahlwerbung, berichtet in der „Times", London, 22.06.1945.

163 Thatcher, op. cit., S. 16.

164 M. A. Plant, „Drugs in Perspective“, Hodder and Stoughton, London, 1987, S. 69.

165 Douglas Jay, „The Socialist Case“, Victor Gollancz, 1947, S. 258. Es lohnt sich der Hinweis, dass diese Bemerkung nicht irgendeine beiläufige war, die ein Journalist aufgriff und aus dem Zusammenhang zitierte. Sie stammt aus der zweiten, überarbeiteten Auflage eines Buches, das erstmals zehn Jahre zuvor herausgegeben worden war, und ist somit das Produkt einiger Überlegung hinsichtlich ihrer Bedeutung. Es mag sein, dass es sozialistische Libertäre gibt. Jay war nicht einer von ihnen.

166 „The Times“, London, 30.01.1987.

167 „The Times“, London, 14.01.1987.

168 Zitiert in Whitaker, op. cit., S. 151.

169 Ebd., S. 152.

170 Ebd.

171 „The Times“, London, 13.03.1987.

172 Ebd.

173 Zitiert bei Friedman (1972), S. 160.

174 Whitaker, op. cit., S. 137.

175 „The Times“, London, 15.08.1986. Es überrascht nicht, dass die Anti-Raucher die Daten hinsichtlich des norwegischen Falls verzerrt haben. Dort wurde ohnehin stetig weniger geraucht. Das Werbeverbot verursachte keine nennenswerte Änderung dieses Abwärtstrends, in keine Richtung. In Ländern ohne Werbeverbote – wie Großbritannien – hat es sogar stärkere Abwärtstrends beim Rauchen gegeben, und keinen Abwärtstrend in Ländern mit gänzlichen oder teilweisen Verboten. Siehe Michael J. Waterson, „Advertising and Cigarette Consumption“, Advertising Association, London, 1984.

176 T. B. Macaulay, „Critical and Historical Essays“,1844, Everyman Books, J. M. Dent, London, 1909, Bd. 2, S. 209.

177 Siehe zum Beispiel die in „The Times“, 20.01.1987, zitierten Kommentare.

178 Ebd.

179 Enoch Powell, „Freedom and Reality“, Elliot Right Way Books, Kingswood, Surrey, 1969, S. 133 et passim. Siehe auch Ulpians sklavische Maxime: „Quod principi placuit legis habet vigorem.“

180 Siehe als Beispiel hierfür die Studie von A. B. Atkinson und J. Townsend, zusammengefasst in Ashton und Stepney, op. cit., S. 146.

181 „Volenti non fit iniuria."

182 Siehe Jara Krivanek, „Addictions", Allen and Unwin, London, 1988.

183 Aus „Mémoires d'outre-tombe", zitiert in F. Bastiat, „Selected Essays on Political Economy", englische Übersetzung Seymour Cain, The Foundation for Economic Education, New York, 1975, S.49-50.

184 Richard Brinsley Sheridan, „The Critic: or a Tragedy Rehearsed", 1779, I. Akt, II. Szene. Puff fährt fort:
„Selbst die Auktionatoren jetzt – die Auktionatoren, sage ich – obwohl die Schurken kürzlich für ihre Rhetorik gelobt wurden –, das ist nicht ihr Verdienst: Man entferne sie von ihren Kanzeln, und sie sind so langweilig wie ihre Kataloge – ich war es, der ihnen als erster beibrachte, ihre Anzeigen mit rühmenden Superlativen zu bevölkern, wobei jedes Beiwort das vorangehende übertrifft, wie die Bieter sich bei ihren eigenen Versteigerungen! Von mir lernten sie, ihrer Phraseologie vielfältige Splitter exotischer Metaphern beizufügen: Ich rief auch ihren Einfallsreichtum hervor: Ja, mein Herr, von mir wurden sie angewiesen, ideale Wände mit überflüssigen Früchten zu schmücken – kleine Bäche in visonären Wäldchen anzudeuten – höflichen Stauden beizubringen, dem dankbaren Boden zustimmend zuzunicken; oder im Notfall emporkommende Eichen aufzuziehen, wo zuvor noch nie eine Eichel war; ohne die Hilfe eines Nachbarn eine entzückende Nachbarschaft herzustellen; oder in den Sümpfen Lincolnshires den Tempel der Hygeia zu errichten!" (Ebd.)

185 Thomas Babington Macaulay, „Essays", op. cit., Besprechung von Robert Montgomereys „Poems", 1830, Bd. 2, S. 647.

186 Da dies von der Anti-Alkohol-Lobby regelmäßig geleugnet wird, verweise ich den Leser auf M. J. Waterson, „Advertising and Alcohol: A Review of the Evidence", in: Digby Anderson (Hrsg.), „Drinking to Your Health: The Allegations and the Evidence", The Social Affairs Unit, London, 1989, S. 90-117. Wenn der Alkoholkonsum in Litern 100-prozentigen Alkohols gemessen wird, tranken wir 9,44 Liter pro Kopf im Jahr 1978 und 9,13 Liter pro Kopf im Jahr 1987 (S. 96). Im Vergleich dazu wurden 1986 in Frankreich 13,2 Liter pro Kopf getrunken und 10,5 in Westdeutschland (S. 99).

187 Alwyn Smith & Bobbie Jacobson (Hrsg.), „The Nation's Health: A Strategy for the 1990s: a Report from an Independent Multidisciplinary Committee Chaired by Professor Alwyn Smith", King Edward's Hospital Fund

for London, London, 1988. Die Sponsoren waren: The Health Education Council (bis April 1987), The Health Education Authority (seit April 1987), King Edward's Hospital Fund for London, The London School of Hygiene and Tropical Medicine, The Scottish Health Education Group.

188 Ebd., S. 2.

189 Ebd., S. 83, 91. An der ersten Stelle diskutieren die Autoren Lebensmittel und die fünf „breiten Strategien" dafür, wie unsere Ernährungsweise zu ändern sei. Es soll eine Preispolitik geben, die „die Umstellung von schädlichen zu gesunden Lebensmitteln erleichtern" soll.

190 Ebd., S. 4.

191 Ebd., S. 85. Siehe auch weiter unten, hinsichtlich der feministischen Behauptungen.

192 Ebd., S. 248.

193 Ebd., S. 243-244.

194 Ebd., S. 77.

195 British Satellite Broadcasting, 17 Uhr, 28.05.1990 – aus einer Studiodebatte unter der Leitung von Jackie Spreckley mit Brendan Brady vom Tobacco Advisory Council.

196 Dieser war bereits in der vorangegangenen Vereinbarung von 10 auf 15 Prozent erhöht worden.

197 Entnommen der Presseerklärung 86/96, veröffentlicht am 24.03.1986 vom Ministerium für Gesundheit und soziale Sicherheit.

198 „‚Smoking is cut' by bans on tobacco promotion", „The Daily Telegraph", London, 06.09.1991.

199 Rukshana Mosam, „Where Sex Adds Up", „Ms London", London, 08.05.1989.

200 Naomi Wolf, „The Beauty Myth", „The Sunday Times", London, 09.09.1990. Dieser Artikel ist eine kondensierte Form ihres Buches, das ich noch nicht gelesen habe.

201 „The Daily Telegraph", London, 16.05.1991.

202 Ebd.

203 Mill, „On Liberty", op. cit., Kap. II, „Of the Liberty of Thought and Discussion".

Siehe auch Macaulay. Obwohl er hinsichtlich der Werbung zweifellos ein Snob war, war er ein felsenfester Liberaler, wenn es darum ging, die Redefreiheit im Allgemeinen zu verteidigen. Er sagte:

„Menschen sind am ehesten in der Lage, eine Frage zu klären, wenn sie diese frei diskutieren können. Eine Regierung, die in die Diskussion eingreift, kann sie nur weniger frei machen als sonst. Menschen sind am ehesten in der Lage, gerechtfertigte Meinungen zu bilden, wenn sie keinen anderen Wunsch haben, als die Wahrheit zu wissen, und von allen Einflüssen befreit sind, sowohl der Hoffnung als auch der Furcht. Die Regierung kann, als Regierung, nichts hinzufügen als den Einfluss der Hoffnung und der Furcht, um ihre Doktrinen zu stützen. Sie trägt Kontroversen nicht mit Vernunft, sondern mit Drohungen und Bestechungen aus. Wenn sie Vernunft einsetzt, dann nicht vermöge irgendeiner Macht, die zu ihr als Regierung gehört. Somit haben wir, statt eines Streits der Argumente, einen Streit zwischen einem Argument und der Macht. Statt eines Streits, in dem die Wahrheit, wie sie der menschliche Geist in seiner natürlichen Verfassung sieht, einen deutlichen Vorteil über die Unwahrheit hat, einen Streit, in dem die Wahrheit nur zufällig siegreich sein kann." („Review of Southey's Colloquies",1829, in: „Essays", op. cit., Bd. 2, S. 209.)

204 Immanuel Velikovsky, „Worlds in Collision", Macmillan, New York, 1950 [deutsch: „Welten im Zusammenstoß"].

205 Zitiert in Martin Gardner, „Fads and Fallacies in the Name of Science", Dover Publications, New York, 1957, S. 31.

206 Zitiert in ebd., S. 323.

207 Zitiert in ebd., S. 321.

208 David Simpson, „Letter", „The Droitwich Advertiser", 08.01.1987.

209 ders., „Letter", „The Doctor", 24.07.1986. In derselben Ausgabe antwortete der Chefredakteur wie folgt:

„Als Zeitung respektieren wir alle Meinungen, auch wenn wir nicht notwendigerweise mit ihnen übereinstimmen. Wenn jemals die Zeit kommt, dass wir einem Leser nur deswegen das Recht verweigern, eine vernünftige Meinung zu äußern, weil sie unserer eigenen Meinung widerspricht, werden Sie in unserer Titelzeile Hammer und Sichel sehen."

210 Zitiert aus seinem Kommentar: „Censorship Stifles Choice", in „Philip Morris Magazine", Mai/Juni 1990, S. 43.

211 „Index on Censorship", London, vol. 20, no. 1 (Januar 1991), S. 4.

212 John Stuart Mill, „On Liberty", op. cit., S. 150 (Kapitel V, „Applications").

213 Ebd., S. 154.

214 Ebd.

215 Der Leser wird natürlich erkennen, dass Mills Verwirrtheit über Handlungen logisch getrennt ist von seinen Argumenten hinsichtlich der Rede, die für sich selbst stehen oder fallen. Als liberaler Konservativer bewundere ich Mill als einen großartigen Mann. Aber anders, als es die Unterstützer totalitärer Ideologien mit ihren intellektuellen Führern tun müssen, bin ich nicht gezwungen, unsere intellektuellen Führer mit sklavischer Verehrung zu betrachten. Hinsichtlich der Teile, die wahr sind, gehört „On Liberty" zu den edelsten Werken, die je geschrieben wurden. Andere Teile davon sind sehr bedauerlich, und es dient keinem guten Zweck, dies zu leugnen.

216 Siehe Douglas J. Den Uyl und Tibor R. Machan, „Should Cigarette Advertising be Banned?", in „Public Affairs Quarterly", 2 (4), Oktober 1988, S. 19-30.

Inwiefern die Anzeige degradiert worden wäre, bleibt uneindeutig. Das Oberste Gericht hat entschieden, dass kommerzielle Rede unter dem Schutz des ersten Verfassungszusatzes steht, aber nicht im selben Umfang wie nichtkommerzielle Rede. Es wird gesagt, dass totale Verbote von wahrheitsgemäßer kommerzieller Werbung, die an ein breitgefächertes Publikum wertvolle Informationen verbreitet, jetzt in den Vereinigten Staaten unhaltbar sind, obwohl die genauen Grenzen der staatlichen Regulierung immer noch vorsichtig neu definiert werden. (J. J. Boddewyn, „Tobacco Advertising in a Free Society", in Robert D. Tollison (Hrsg.), „Smoking and Society: Toward a More Balanced Assessment", D.C. Heath and Company, Lexington, Mass., 1986, S. 320.)

217 Peter L. Berger, „Environmental Tobacco Smoke: Ideological Issue and Cultural Issue", in Robert D. Tollison (Hrsg.), „Clearing the Air: Perspectives on Environmental Tobacco Smoke", D.C. Heath, Lexington, Mass.,1988, S. 85-86.

218 Siehe J.P. Vandenbroucke und V.P.A.M. Pardoel, „An Autopsy of Epidemiological Methods: The Case of ‚Poppers' in the Early Epidemic of the Human Immuniodeficiency Syndrome (AIDS)", „American Journal of Epidemiology", 1989, 129, S. 455-457.

219 Smith und Jacobson, op. cit., S. 31.

220 James Le Fanu, „Diet and Disease: Nonsense and Non-science", in: Digby Anderson (Hrsg.), „A Diet of Reason: Sense and Nonsense in the Healthy Eating Debate", The Social Affairs Unit, London, 1986, S. 119.

221 Ebd., S. 124.

222 Peter N. Lee, „Misclassification of Smoking Habits and Passive Smoking: A Review of the Evidence", Springer-Verlag, Berlin, 1988.
Es ist gegenwärtig in Mode, Skeptiker auf den „Fourth Report of the Independent Scientific Committee on Smoking and Health" zu verweisen, ein von der Regierung im März 1988 veröffentlichtes 68-seitiges Dokument. Dieser Bericht unterstützt tatsächlich die Behauptung, dass ein nichtrauchender Ehepartner eines Rauchers ein etwa 10 bis 30-prozentiges höheres Risiko als der nichtrauchende Ehepartner eines Nichtrauchers hat, Lungenkrebs zu bekommen. Aber wenn wir diese stützenden Daten betrachten, und nicht das, was meist darüber aufgehäuft wird, dann sehen wir, dass das Lungenkrebsrisiko von 10 zu 100.000 auf 12 oder 13 zu 100.000 ansteigt. Erstens könnte nur ein Narr oder Fanatiker, der den gesunden Menschenverstand außer acht lässt, über ein so triviales Risiko in Panik geraten. Zweitens kann eine so breite statistische Variation als ziemlich bedeutungslos betrachtet werden (siehe T. E. Utley, „Morality Overcome by Fumes", „The Times", London, 29.03.1988).

223 Boddewyn, op. cit., S. 315.

224 Diese und die folgenden Zahlen habe ich von der Advertising Association erhalten.

225 Smith und Jacobson, op. cit., S. 4.

226 Man nehme das Zitat am Beginn des 8. Kapitels (S. 105): „Die Medizin ist eine soziale Wissenschaft, und die Politik ist nichts weiter als Medizin im Großen." Ihr Autor, Rudolf Virchow, starb vor der Machtergreifung Hitlers. Aber er war einer jener Theoretiker des medizinischen Autoritarismus, die Josef Mengele und allen anderen Ärzten den Weg bereiteten, die es als ihre Pflicht betrachteten, dabei zu helfen, das Volk von unerwünschten Elementen zu reinigen. Eine umfassende Diskussion des engen Zusammenhangs zwischen deutscher medizinischer Meinung und dem Nationalsozialismus findet sich bei dem unten zitierten Robert Proctor.

227 Robert Proctor, „Racial Hygiene: Medicine under the Nazis", Harvard University Press, Cambridge, Mass., 1988, S. 248.

228 Ebd., S. 240.

229 Smith und Jacobson, op. cit., S. 77.

230 British Satellite Broadcasting, op. cit.

231 „Right to Reply", Channel Four, 17.02.1990. Da ich gerade im Fernsehen gemachte Aussagen zitiere, sollte ich auch die Worte von Joyce Epstein,

der stellvertretenden Direktorin von ASH, hinzufügen. Auf die Frage in der BBC-Sendung „Over to You“ am 12.08.1989, ob Zigaretten vollständig verboten werden sollten, antwortete sie, dass es „kein Recht auf Rauchen“ gebe. Das ist natürlich zweideutig. Vielleicht meinte sie, dass wir kein Recht haben, das zu tun, was ihrer Meinung nach schädlich für uns ist. Andererseits hat sie die fürchterliche – und komplett unenglische – Idee in Worte gekleidet, dass das, was das Gesetz nicht ausdrücklich erlaubt, verboten ist. Ich brauche kaum zu sagen, dass sie Schwierigkeiten hätte, einen prinzipienfesten Widerspruch gegen Stalin oder Hitler aufzubauen.

232 Boddewyn, op. cit., S. 315-316.

233 Charles Plouviez, „Food Advertising Not the Problem“, Anderson, op. cit., 1986, S. 127.

234 Ich zitiere aus Chris Coopers elegantem Verriss, „The Political Abuse of Children: A Critique of the Parents Against Tobacco Campaign“, FOREST (Freedom Organisation for the Right to Enjoy Smoking Tobacco), London, 1990, S. 2.

235 Ebd., S. 3.

236 Ebd., S. 4.

237 Ebd.

238 Von Lord Sankey, in „Maxwell v Director of Public Prosecutions“, 1935, „Appeal Cases“ 309, S. 317.

239 „R v Fisher“, 1910, „1 King’s Bench Reports“ 149, S. 152.

240 „R v Bickley“, 1909, „2 Criminal Appeal Reports“ 53, Court of Criminal Appeal.

241 Erstveröffentlichung als „Free Life Commentary 73“, 25. Oktober 2002, http://www.seangabb.co.uk/?q=node/90.

242 Erstveröffentlichung als „Free Life Commentary 100“, 26. November 2010, http://www.seangabb.co.uk/?q=node/476.

243 Mattias Öberg, Maritta S. Jaakkola, Alistair Woodward, Armando Peruga, Annette Prüss-Ustün, „Worldwide burden of disease from exposure to second-hand smoke: a retrospective analysis of data from 192 countries“, WHO, 2010, http://www.who.int/quantifying_ehimpacts/publications/smoking.pdf.

Dr. Sean Gabb ist der Autor von mehr als 40 Büchern und ungefähr 1.000 Aufsätzen und Artikeln. Er tritt in Radio und Fernsehen auf und ist ein namhafter Redner auf Konferenzen und Literaturfestivals in Großbritannien, Amerika, Europa und Asien.

Unter dem Namen Richard Blake hat er acht historische Romane verfasst, die bei Hodder & Stoughton erschienen und in sieben Sprachen übersetzt worden sind. Drei weitere historische Romane schrieb er für Endeavour Press, sowie zwei Horrorgeschichten für Caffeine Nights. Unter seinem eigenen Namen hat er vier Romane geschrieben. Seine weiteren Bücher befassen sich hauptsächlich mit Kultur und Politik.

Er lehrt hauptsächlich an Universitäten und gelegentlich an Schulen. Seine Fächer sind Latein, Altgriechisch, Geschichte, Jura und Wirtschaftswissenschaften. Seinen ersten akademischen Grad erwarb er im Fach Geschichte. Promoviert hat er in Englischer Geschichte. Er ist gegenwärtig Professor für Altertumswissenschaften an der Western Orthodox University (Dominica) und Direktor der School of Ancient Studies.

Er lebt mit Frau und Tochter in Kent.

Besprechungen anderer Bücher von Sean Gabb:

„Faszinierend zu lesen, sehr gut geschrieben, ein verblüffender Handlungsablauf, ich habe es sehr genossen.“
(Derek Jacobi, Filmstar in „Ich, Claudius – Kaiser und Gott“ und „Gladiator“)

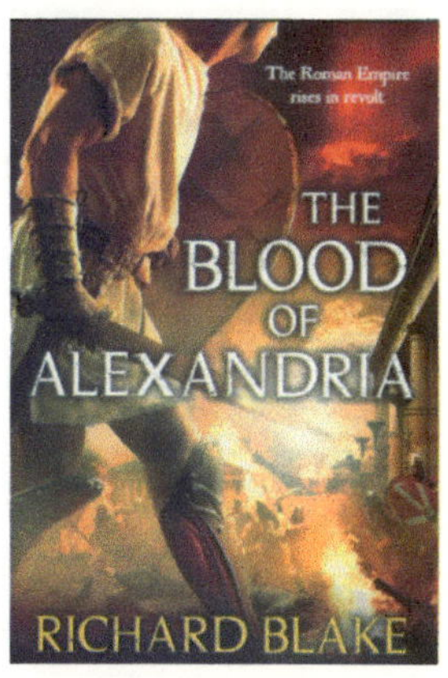

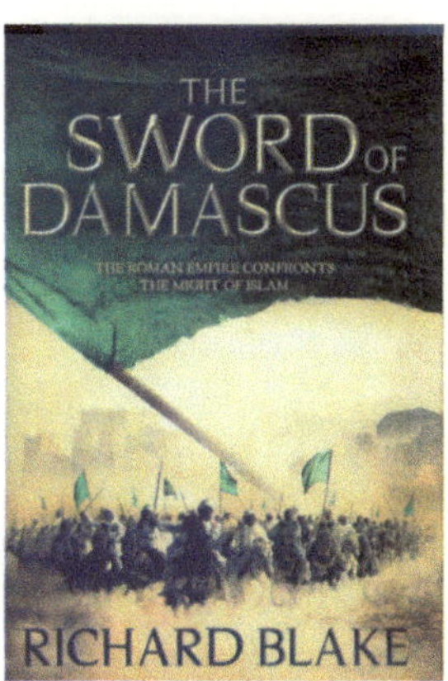

„Der Eindruck lebhafter Charaktere, eines vertrackten Handlungsablaufs und jeder Menge Blut wird durch die ungewohnte Wahl des Zeitalters verstärkt. Fies, spaßig und bildend.“
(„The Daily Telegraph“)

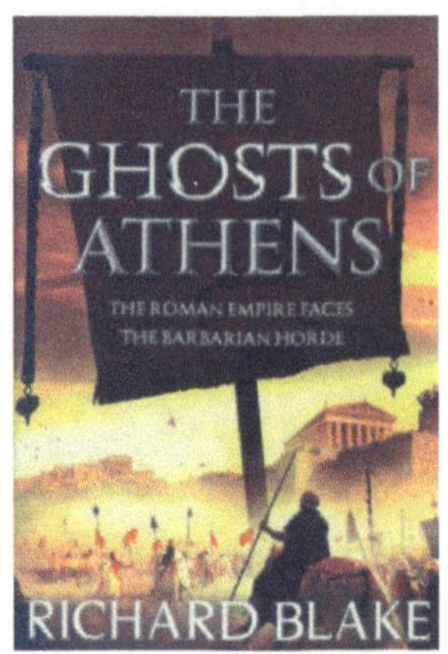

„Es wäre schwer, diese außerordentliche Serie zu sehr zu loben; eine fast perfekte Mischung aus historischen Details und historischer Atmosphäre, dem Handlungsablauf eines Verschwörungskrimis, lebhafter Charaktere, niveauvoller Philosophie und vulgärer Komödie."
(„The Morning Star")

„Eine ausgelassene und gewagte Lektüre . . . Wer Geschichte mit großen Portionen Action, Sex, Intrigen und vor allem Spaß bevorzugt, wird diesen Roman absolut lieben."
(„Historical Novels")

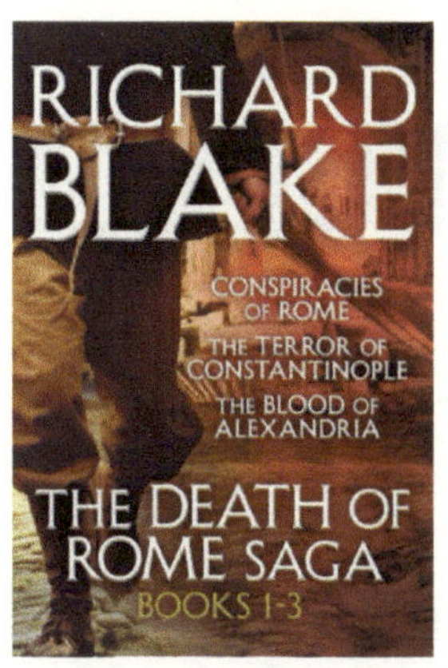

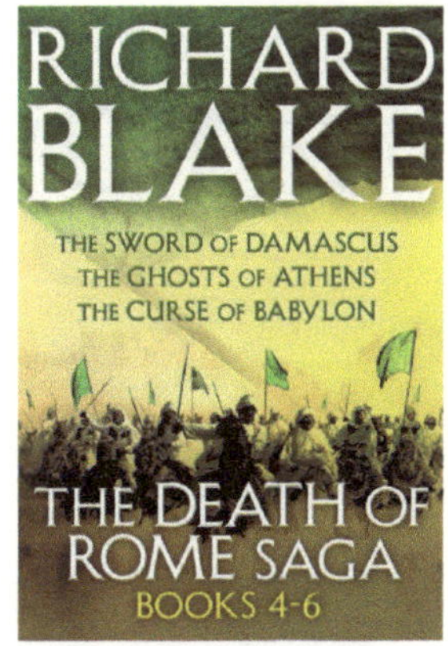

„Wie immer sind [seine] Handlungsabläufe so vertrackt wie der Geist seines sarkastischen und sehr derben Helden. Von ihrem prosaischen Anfang über eine Reihe todesverachtender und blutrünstiger Nervenkitzel wird Sie diese Geschichte in den Bann ziehen."
(„The Lancashire Evening Post")

„Er weiß, wie eine temporeiche Geschichte zu erzählen ist, und sein Wissen über das Zeitalter ist beeindruckend detailliert."
(„The Mail on Sunday")

eigentüm

Eigentum

und Recht

und Freiheit

lich frei